Wolf Rainer Wendt /
Armin Wöhrle

Sozialwirtschaft und Sozialmanagement in der Entwicklung ihrer Theorie

Beiträge zum wissenschaftlichen Diskurs

SozialWIRTSCHAFT Diskurs

Wolf Rainer Wendt / Armin Wöhrle

Sozialwirtschaft und Sozialmanagement
in der Entwicklung ihrer Theorie

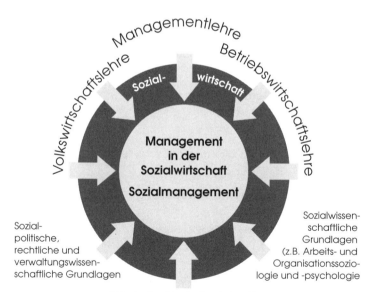

Blaue Reihe

Theorie – Politik – Praxis

Bibliografische Information Der Deutschen Bibliothek
Die Deutsche Bibliothek verzeichnet diese Publikation in
der Deutschen Nationalbibliografie;
detaillierte bibliografische Daten sind im Internet über
http://dnb.ddb.de abrufbar.

Verlag
ZIEL – Zentrum für interdisziplinäres erfahrungsorientiertes Lernen GmbH,
Neuburger Straße 77, 86167 Augsburg, www.ziel-verlag.de
1. Auflage 2007

Wissenschaftliche Beratung/Lektorat
Prof. Dr. Gotthart Schwarz

Satz und Grafik
Hammerschmidt Petra, **alex media**, Gierstorfer, Ferstl & Reichert GbR
Zeuggasse 7, 86150 Augsburg

Druck und buchbinderische Verarbeitung
Kessler Verlagsdruckerei
Michael-Schäffer-Straße 1, 86399 Bobingen

Printed in Germany

Alle Rechte vorbehalten. Kein Teil dieses Buches darf in irgendeiner Form
(Druck, Fotokopie oder einem anderen Verfahren) ohne schriftliche
Genehmigung des Verlags reproduziert oder unter Verwendung elektronischer Systeme verarbeitet, vervielfältigt oder verbreitet werden.

ISBN-10: 3-937 210-87-3
ISBN-13: 978-3-937 210-87-2

Inhaltsverzeichnis Seite

Verzeichnis der Abbildungen 8

Vorwort 9

Zum Stand der Theorieentwicklung in der Sozialwirtschaft 19
Wolf Rainer Wendt

1. Was sozial zu managen und was sozial zu bewirtschaften ist 20
1.1 Vorbemerkungen zur Theoriekonstruktion 22
1.2 Transdisziplinarität quer zu den Fächern 25

2. Die Diachronie der Theorieentwicklung: Ansätze und Importe 27
2.1 Französische Wurzeln 29
2.2 Öffnung des sozialwirtschaftlichen Diskurses 34
2.3 Neue Mixturen für emergente Probleme 38

3. **Synchronie: Entwicklungsstränge der Theorie in ihrer Verknüpfung** 44
   3.1 Die politökonomische Perspektive 46
   3.2 Die Nonprofit-Perspektive 50
   3.3 Die ökosoziale Perspektive 60
   3.4 Die Perspektive der feministischen Ökonomie 66
   3.5 Institutionstheoretische Beiträge 71
      3.5.1 Ein Exkurs: Case Management als Transaktionsinstanz zwischen formeller Versorgung und informeller Selbstsorge 76

4. **Reflexive Theorieentwicklung** 81
   4.1 Die Allokation sozialwirtschaftlicher Kompetenz 84
   4.2 Ein vorläufiges Fazit 89

Literatur 90

Zum Stand der Theorieentwicklung des Sozialmanagements 101

Armin Wöhrle

1. **Fragestellung** 101

2. **Die Suche nach der Verortung als Sozialmanagement hat begonnen** 102

3. **Ebenen zur Verortung von Sozialmanagement** 106
   3.1 Diskussionslinien, mit denen das Sozialmanagement auf den Plan tritt 106
   3.2 Referenzrahmen für das Sozialmanagement 108
   3.3 Auf welchen Ebenen kommt das Sozialmanagement vor? 110
   3.4 Bezugswissenschaften für das Sozialmanagement 112

Inhaltsverzeichnis

4. Definition Sozialmanagement und Management der Sozialwirtschaft   114
   4.1 Es existiert bereits eine Managementlehre   114
   4.2 Definitionen   114
   4.3 Wandel hinsichtlich der Begriffe und der Erwartungen an sie   116
   4.4 Berechtigte und überzogene Erwartungen   118

5. Das Verhältnis von Management und Sozialmanagement   120
   5.1 Verbindendes   120
   5.2 Sperriges und Trennendes   122

6. Das Verhältnis zwischen Sozialer Arbeit und Sozialmanagement   125
   6.1 Abgrenzendes   125
   6.2 Einholendes   126
   6.3 Folgen für die Herangehensweise   130

7. Ist Sozialmanagement ein eigenständiger Theorieansatz?   135
   7.1 Suche nach einer „Heimat" für das Sozialmanagement   135
   7.2 Sozialmanagement ist aus den Wirtschaftswissenschaften nicht einfach ableitbar   137
   7.3 Sozialmanagement hat als eigener Ansatz zu wenig Substanz   138

8. Suche nach einem geeigneten Wissenschaftstyp und Forschungsansatz   143
   8.1 Die bisherigen Abgleiche   143
   8.2 Wie das Eigenständige gewinnen?   144

9. Vorläufiges Fazit   150

Literatur   155

Die Autoren   160

Verzeichnis der Abbildungen

Abb. 1: Wissenschaftlicher Rahmen und Handlungsrahmen der Sozialwirtschaft
Abb. 2: Sozialwirtschaftliche Horizonte in Praxisbereichen
Abb. 3: Sozialwirtschaft in der Matrix von Theorieansätzen
Abb. 4: Das sozialwirtschaftliche Geviert (in Anlehnung an Ninacs 2002, 7)
Abb. 5: Die Sozialwirtschaft im Drei-Sektoren-Modell
Abb. 6: Theorie und Empirie der Sorgen und der Versorgung
Abb. 7: Der funktionale Spielraum sozialwirtschaftlichen Agierens (in Anlehnung an Frumkin, 2002, 25)
Abb. 8: Gegenständliche Bezugsrahmen in der Theorie der Sozialwirtschaft
Abb. 9: Ein Sonderfall von ... (nach Schellberg 2002)
Abb. 10: Management- und Steuerungsinstrumente einer neuen Steuerung (nach Morath/Altehage 1998, 32)
Abb. 11: Intermediärer Bereich (nach Effinger 1996, 191)
Abb. 12: Bezugswissenschaften des Managements in der Sozialwirtschaft (Wöhrle)
Abb. 13: Überblick über die Besonderheiten der Sozialen Arbeit (Schellberg 2004, 49)
Abb. 14: Tauschbeziehungen (Leistungen und Kosten) in der Sozialwirtschaft (vereinfachte Darstellung nach Zimmer/Nährlich 1998)
Abb. 15: Sektorale Wirtschaftsgliederung (Bauer 2001, 21)
Abb. 16: Begriffliche Elemente und besondere Aspekte „Sozialer Dienstleistungen" (Zusammenstellung nach Badura/Gross, zitiert nach Bauer 2001, 30)
Abb. 17: Beispiele innovativer Dienstleistungen auf den verschiedenen Handlungsebenen des Sozialwesens (Bauer 2001, 30)
Abb. 18: Entwicklungsorientierung des St. Galler Modells (Bleicher 1991)
Abb. 19: Abgleich des Sozialmanagements mit Sozialer Arbeit und Managementlehre (Wöhrle)
Abb. 20: Die transdisziplinäre Vernetzung der Wissenschaft der Sozialen Arbeit (Wendt 2005, 6)
Abb. 21: Managementlogiken in der Sozialwirtschaft (Wöhrle 2003, 151)

Vorwort

> *Entscheidend wird sein, einen gestaltenden*
> *Zugang zu den globalen Veränderungen*
> *zu finden, nicht nur einen verhindernden*
> *(Anthony Giddens 1997)*

Auch in Deutschland sehen wir die soziale Landschaft und die Arbeit in ihr im Wandel: man muss ihn diskursiv mitvollziehen und wissenschaftlich begreifen – nach dem Motto „Teil der Lösung werden, statt Teil des Problems zu bleiben." Dennoch sind die Vorbehalte gegen die „Industrienähe des Sozialmanagements" und Widerstände gegen die „Ökonomisierung der Sozialarbeit" seit Jahren notorisch und können in einem kurzen Vorwort nicht nachgezeichnet werden. Wohl aber muss an die wichtigsten Argumentationslinien dieser ermüdenden Selbstfindungsdiskussionen erinnert werden, will man das Doppelantlitz von Identitätssuche und Abwehrmentalität verstehen, das für die Theoriediskussion der Sozialarbeit seit den 70er Jahren charakteristisch ist. In dem Argumentationsrepertoire finden sich:

- Klagen über das von außen formulierte Verdikt der „Semiprofession", (das aber intern in hohem Maße verinnerlicht wurde) einerseits und die angestrengten Bemühungen um die Entwicklung und Kanonisierung einer eigenständigen „Sozialarbeitswissenschaft" andererseits.
- Die politisch motivierten Analysen der Marke „Sozialarbeit unter kapitalistischen Produktionsbedingungen" (Hollstein/Meinhold 1975), die den repressiven Charakter der Sozialarbeit „entlarven" und sie gleichzeitig zu einer der Ökonomie, dem Recht und den Verwaltungswissenschaften übergeordneten Leitdisziplin machen wollen.
- Die aus dem Grundverständnis der „Parteilichkeit für die Unterdrückten" entwickelte Abwehrhaltung gegen staatliche Institutionen und Regeln, als deren Opfer jene gesellschaftlichen Gruppen gesehen wurden, mit denen es Sozialarbeit zu tun hat und die in der Gegenbewegung forcierten Konzepte einer „aggressiven Gemeinwesenarbeit", die sich für viele professionelle Sozialarbeiter bald als zu mühsam und für den raschen Erfolg als wenig geeignet erwiesen.
- Der mit einem freiwilligen Verzicht auf die Analyse gesellschaftlicher Macht- und Herrschaftsstrukturen verbundene Rückzug aus Politik und Ökonomie und die pädagogisch-therapeutische Wende in den 80er Jahren – aus welchen allgemeinpolitischen, berufsbiographisch und professionspolitischen Gründen auch immer (es waren jenseits des akademischen Diskurses in der Auseinandersetzung der universitären Sozialpädagogik mit der Konkurrenz der neu gegründeten Fachhochschulen auch berufliche Claims abzustecken und Lehrstühle zu besetzen).

- Die nach wie vor anzutreffenden antagonistischen Argumentationsfiguren aus dem Dramolett „gute Sozialarbeit gegen böses Sozialmanagement", in dem die Sozialarbeit sich mit den Unterprivilegierten solidarisiert, humane Ideale vertritt, das Individuum gegen „das System" verteidigt, seine Selbständigkeit und Unabhängigkeit im Auge hat, wohingegen dem Sozialmanagement die Rolle des Bösen zufällt, weil es ein Herrschaftsinstrument darstelle, technizistische Konzepte gegen humane Ideale favorisiere, dem herrschenden System diene und zur wachsenden Kontrolle in einer verwalteten Welt beitrage (Hoefert, 1990, S. 2–7).

- Umso überraschender die neuerliche Wende in dem angedeuteten Argumentationsslalom sozialer Professionalisierungsdiskurse, wenn nun, – wie zu beobachten –, systemtheoretische Konzepte aus der Schule von Niklas Luhmann in die Sozialarbeit transportiert werden (Kleve 2000; Klassen 2004) unter dem Versprechen, ihre Statusdefizite zu beheben bei gleichzeitiger Vernachlässigung, Umdefinition oder weitgehender Eliminierung der für die Konstituierung der Sozialarbeit maßgebenden gesellschaftlichen Strukturen und sozialen Prozesse (Obrecht/Zwicky, 2002).

Vor dem Hintergrund dieser allzu knapp skizzierten Diskurse und immer noch befangen in deren Argumentationsmuster sind die aktuellen Bestrebungen einer den heutigen Zeiten angepassten Theoriebildung von Sozialmanagement/Sozialwirtschaft im Zeichen der Globalisierung mit ihren neuartigen Herausforderungen und tief greifenden Veränderungen zu sehen. Zwar sind Fortschritte in der Debatte der letzten Jahre festzustellen (der ideologische Impetus der frühen Jahre ist einer differenzierteren Betrachtung von Ökonomie und Staat gewichen), aber noch immer gibt es die Anzeichen eines ungeklärten Selbstverständnisses der Sozialarbeit zwischen dem für die häuslichen Aufräumarbeiten zuständigen unscheinbaren „Aschenputtel" und dem in jeder modernen Gesellschaft expandierenden und an Bedeutung gewinnenden Dritten Sektor im Übergang zu einer problemadäquat strukturierten, effizient organisierten und professionell gesteuerten Sozialwirtschaft. Mit den in dieser Debatte dominierenden Begriffen und Konzepten (Deregulierung, Flexibilisierung, Privatisierung, Marktorientierung, Kostenreduzierung etc.) tun sich viele Beschäftigte in den sozialen Berufen und Lehrende in der Ausbildung nicht nur aufgrund ihrer fehlenden Kenntnisse wirtschaftlicher Zusammenhänge schwer, sondern vielfach auch aus Gründen einer ethisch motivierten Berufsauffassung und eines politischen Selbstverständnisses, das sie in den Auseinandersetzungen der 70er Jahre formuliert und sich bewahrt haben. Misstrauen, Vorbehalte und Ablehnung sind noch längst nicht überwunden, Skepsis und defensive Routine bestimmen die einschlägigen Diskussionen. Und von einer offensiven Beschäftigung und innovativen Auseinandersetzung mit den neuen ökonomischen, politischen und gesellschaftlichen Rahmenbedingungen sind viele

noch weit entfernt. Was hindert die Organisationen, Träger und Einrichtungen im sog. „Nonprofit-Bereich" daran, sich als Sozialbetriebe zu definieren und zu prüfen, ob und wieweit marktwirtschaftliche Kriterien und Managementkonzepte geeignet sind:
- in der Diskussion um die vielzitierte „Ökonomisierung der sozialen Arbeit" kompetent mitreden zu können und diese nicht den Betriebswirten und Finanzexperten zu überlassen;
- die sozialkritische Wertorientierung und caritativ-ethische Grundhaltung bei den MitarbeiterInnen durch wirtschafts- und betriebswissenschaftliche Kenntnisse und ökonomische Kompetenz zu erweitern;
- die beklagte „rücksichtslose ökonomische Expansion" mit Deutlichkeit und Schärfe zurückzuweisen und an der Verbesserung der „Menschen- und Sozialverträglichkeit der Wirtschaft (Staub-Bernasconi 1991) mitzuarbeiten;
- problemangemessene Lösungen für die komplexer gewordenen sozialen Notlagen und gestiegenen Ansprüche an soziale Dienstleistungen zu entwickeln und anzuwenden;
- durch Wettbewerb und Kundenorientierung zur Qualitätsverbesserung, zu mehr Produktivität und Effektivität, mehr Wirtschaftlichkeit und Zufriedenheit aller Beteiligten beizutragen;
- die Verbindungslinien zwischen sozialstaatlichen Konzepten, sozialpolitischen Programmen, sozialer Infrastruktur, organisatorischen Rahmenbedingungen und wirtschaftlichen Effizienzkriterien herzustellen und zu entwickeln?

Während die einen den Dritten Sektor wegen der heterogenen und unsystematischen Vielfalt seiner Organisationen für „nicht theoriefähig" erklären (Bauer, zitiert bei Wendt, S. 28), vertreten andere die Auffassung, es gebe bisher keine Theorie des Sozialmanagements (Otto 2002) und der Sozialwirtschaft – ein Befund, dem die beiden Autoren dieses Bandes teilweise zustimmen, ihn aber gleichzeitig mit überzeugenden Argumenten relativieren, wie der aufmerksame Leser finden wird. Zwar kann auch in der Sicht von Wendt und Wöhrle von einer elaborierten Theorie des Sozialmanagements und der Sozialwirtschaft tatsächlich noch nicht gesprochen werden, – wozu bräuchte es sonst auch dieses Buch? Aber eine „Reihe heterogener Theoriebestände" wird von beiden konstatiert und zum Ausgangspunkt für weiterführende Überlegungen zum anstehenden wissenschaftlichen Diskurs gemacht.

Dass Theoriearbeit kein leichtes Unterfangen ist, vom Autor systematische Reflexions- und fundierte Analyse- und Argumentationskompetenz verlangt, vom Leser die Neugier und Bereitschaft, sich auf verschlungene Denkpfade und neue Sichtweisen einzulassen, wird bei der Lektüre beider Texte deutlich. Denn der theoretische Zugang zu den Zielsetzungen, Inhalten und Verfahrensweisen der

Sozialwirtschaft oder des Sozialmanagements „ergibt sich nicht im laufenden Betrieb", wie irrtümlich vielfach angenommen (Wendt, S. 20). Die Frage, was die Aufgabe der Sozialwirtschaft und ihres Managements ist, was in ihr und von ihr zu unternehmen sei, „aus welchem Grund, zu welchem Zweck und in welcher Form" kann nicht aus der Managementlehre und ihrem operativen Rüstzeug beantwortet werden. Dazu bedarf es anderer Zugänge, Überlegungen und theoretischer Anstrengungen. Sozialmanagement braucht – so die im vorliegenden Text erhobene und umfassend begründete Forderung von W. R. Wendt – eine „über den Betrieb hinausblickende Sozialwirtschaftslehre" (ebda.), die sich im *diachronischen* (dem Zeitverlauf folgenden) Rückblick ihre Herkunft bewusst macht und in der *synchronischen* Betrachtung aus heutiger Sicht die gefundenen zentralen Phänomene und Begriffe in einer plausiblen Verbindung von Mikrotheorie und Makrotheorie auf den Begriff und in einen theoretisch konsistenten Zusammenhang bringt.

Dieser mühevollen und von den meisten Autoren bisher weitgehend vermiedenen Arbeit unterzieht sich Wendt (wie schon in seinen bisherigen Veröffentlichungen) so auch im vorliegenden Text. Die Sozialwirtschaftslehre handelt (nach Wendt) von Unternehmen, die unter dem „*Aspekt des Auskommens*" der Gesellschaft und der Individuen mit den existenziellen Problemen zur Bewältigung des gelingenden Lebens sich befassen und ist somit von der Betriebswirtschaftslehre zu unterscheiden, die unter dem „*Aspekt des Einkommens*" Unternehmen betrachtet, die für den Markt produzieren und über ihn ihre Existenz sichern. Sozialwirtschaftliche Theorieansätze sind:
- *wohlfahrtsbezogen* (welfare-based), d.h. zielgerichtet auf die Deckung eines Bedarfs an sozialer Wohlfahrt;
- *solidaritätsbasiert* (solidarity-based), d.h. ihnen liegt ein solidargemeinschaftliches Handeln der Menschen zugrunde;
- *gemeinwesenbasiert* (community-based), d.h. die wirtschaftlichen Aktivitäten vollziehen sich im Rahmen eines lokalen Gemeinwesens;
- *sorgebasiert* (caring-based), d.h. die Menschen sorgen in einem personenbezogenen Netzwerk für einander und unterstützend sich wechselseitig (Wendt, S. 23).

Sie stehen vor der Aufgabe, mikrotheoretische Aspekte der menschlichen Sorge für andere durch gezieltes Zusammenwirken (bottom up) mit den auf der Makroebene organisierten institutionellen Arrangements und Akteuren des funktional ausdifferenzierten gesellschaftlichen Systems zu verknüpfen. Deren Diversität und Besonderheiten sind „unter einen Hut zu bringen", was angesichts der historisch gewachsenen Vielfalt und Bandbreite des Akteursspektrums zwischen genossenschaftlichen Unternehmensformen, Verbänden, Vereinen, Diensten und Einrich-

Vorwort

tungen der freien Wohlfahrtspflege, privaten Dienstleistern, Nachbarschaftshilfen, Selbsthilfegruppen, Tauschnetzwerken, Stiftungen und öffentlich geförderten Projekten keine leichte Aufgabe ist. Wendt zeigt in seinen Überlegungen Wege auf, wie frühe Projekte und theoretische Entwürfe einer Sozialwirtschaft (economie sociale) in England, Frankreich und Deutschland, die „die Grundannahmen der klassischen Nationalökonomen seit Adam Smith nicht teilten" (S. 29), für die Theoriebildungsprozesse einer sich entwickelnden sozialwirtschaftlichen Praxis zum Ende des 20. Jahrhunderts nutzbar gemacht werden können (S. 34 ff.). Aus dem reichen Fundus seiner jahrzehntelangen Beschäftigung mit den sozialen Bewegungen, ihren politischen Konzepten und philosophischen Wurzeln (er hat bei O. F. Bollnow Philosophie studiert), gelingen Wendt Verbindungslinien von den englischen und französischen Frühsozialisten (Owen, Blanc, Proudhon), über die Gründer genossenschaftlicher Organisationen in Deutschland (Schulze-Delitzsch, Raiffeisen) bis zu den Enzykliken der Katholischen Soziallehre Leos XIII. und Johannes Paul II. Besondere Aufmerksamkeit widmet Wendt in seiner Rekonstruktion der sozialwirtschaftlichen Theorieansätze den Entwicklungen und Dokumenten der Europäischen Union sowie den Diskussionen und Beschlüssen der auf den diversen Weltsozialgipfeln sich formierenden Antiglobalisierungsfront. Der solchermaßen gefundene und für die Diskussion rekonstruierte Wissensstoff wird im zweiten Teil einer systematischen Reflexion auf jenen fünf Ebenen unterzogen, die für eine künftige Sozialwirtschaftslehre relevant sind (Kap. 3, S. 44 ff.):
- der Ebene ökonomiewissenschaftlicher Theoreme der Makro- und Mikroökonomie;
- der Ebene sozialökologischer Aspekte des Versorgens und Haushaltens im Zusammenleben der Menschen;
- der feministischen Wissenschaft und ihrer Theoreme zur genderspezifischen Fürsorge und Ökonomie der Versorgung;
- der Ebene der politikwissenschaftlichen Analysen und Theoreme des modernen Wohlfahrtsstaates, seiner sozialpolitischen Konzepte, intermediären Organisationen und zivilgesellschaftlichen Entwicklung;
- und schließlich die soziologischen und organisationswissenschaftlichen Analysen zu den strukturellen Problemen und Entwicklungen moderner Gesellschaften, zur Rolle der Wohlfahrtsorganisationen und den ihnen auferlegten Veränderungszwängen.

W. R. Wendt geht es, wie schon in seinen früheren Schriften, so auch im vorliegenden Beitrag um die Rekonstruktion einer Sozialwirtschaft, die den ursprünglichen Einklang und heute getrennten Zusammenhang von „makrologisch" agierender „Wirtschaft" und „mikrologisch" erbrachter „Sorge um den Menschen" unter den aktuellen nationalen und globalen Rahmenbedingungen für Politik,

Wirtschaft und Gesellschaft ermöglichen hilft. Gerichtet sind seine Überlegungen zu einer künftigen Sozialwirtschaftslehre an den sog. „Dritten Sektor" oder Nonprofit-Bereich, der seit der Wende vom Keynesianismus zum Neoliberalismus Ende der 70ger Jahre mit ihren negativen Folgen zunehmend diskutiert wird. Dabei geht es ihm um eine konstruktive Verknüpfung von „Effizienz der privaten Wirtschaft mit der Gemeinwohlorientierung und Verantwortlichkeit der öffentlichen Hand" also ein Konzept von Sozialwirtschaft zur Behebung des dem gegenwärtigen Modell der Wirtschafts- und Sozialpolitik immanenten „Marktversagens" einerseits (mangelnde Bedarfsdeckung von kollektiven Gütern), des „Staatsversagens" (soziale Ungleichheit/Ungerechtigkeit in der Güter- und Chancenverteilung) andererseits und (worauf Wendt besonders hinweist) des „Philantropieversagens" der Gesellschaft als Ergebnis einer philosophisch-ethisch und politisch unzureichend begründeten und entwickelten privaten Wohltätigkeit in Deutschland (Wendt, S. 28).

Armin Wöhrle setzt in seinem Beitrag den Fokus seiner Überlegungen auf das „Phänomen" Sozialmanagement, das auf unterschiedlichen Wegen Eingang in die Fachdiskussionen der letzten Jahre gefunden hat. Ob als Kritik an den unzulänglichen Strukturen und Prozessen der Verwaltung und der Wohlfahrtsverbände, ob als reformorientierte Analysen, Konzepte, Strategien und Methoden für anstehende Veränderungsprozesse, als überbordende Beraterliteratur oder in Gestalt der zahlreichen Ausbildungen und Masterstudiengänge für Sozialmanagement – das „Phänomen" wächst und gedeiht, nimmt die Gestalt konkreter Handlungsempfehlungen und aufwendig durchgeführter Veränderungsprozesse an, aber es fehlt – so die These von Wöhrle – an theoretischer Reflexion, an kritischer Auseinandersetzung und „Verortung" im Bezugssystem der benachbarten Wissenschaftsdisziplinen. Mit anderen Worten: Das, was unter dem Begriff „Sozialmanagement" diskutiert, kritisiert und kontrovers beurteilt wird, hat de facto keine Vorstellung von sich selbst, kann sich nicht eindeutig und plausibel zuordnen oder abgrenzen. Von den einen mit euphorischen Heilserwartungen überfrachtet, von anderen mit emotionsgeladener Attitude abgelehnt, verbinden sich in der seit Jahren beobachtbaren Diskussion um die Vor- und Nachteile des Sozialmanagements eine stürmische Expansion in der Praxis mit anhaltender Stagnation in der theoretischen Reflexion und Selbstverortung. Stattdessen auch hier die schon angesprochenen akademischen Rituale zur Abwehr und Abwertung von Begriffen, Definitionen, Konzepten und Theorieansätzen, die nicht der eigenen Denktradition entstammen (z.B. bei Merchel (2006, 41 ff.), Haupert (2005, 17) und anderen, die Begriffe und Konzepte des Sozialmanagements/der Sozialwirtschaft wegen angeblicher „Theorieunfähigkeit" lieber vorsorglich aus dem Verkehr ziehen wollen statt sie zu diskutieren und an ihrer theoretischen Durchdringung ernsthaft zu arbeiten.

Wöhrle geht von dem Faktum aus, dass in der Praxis ein wachsender Bedarf an Konzepten, Methoden und Instrumenten zur Verbesserung der Rahmenbedingungen und Optimierung der Prozesse professioneller sozialer Arbeit besteht, der unter dem Begriffsdach des Sozialmanagements ein Bündel von Funktionen und Maßnahmen umfasst, mit denen die Arbeitsvollzüge zielgerichteter und effizienter gesteuert werden sollen. Diesen Sachverhalt in Frage zu stellen oder zu beklagen, führe nicht weiter, wohl aber, ihm eine theoretische Durchleuchtung und wissenschaftlich-akademisch Fundierung zu verschaffen. Zu diesem Zweck geht Wöhrle bei seiner „Suche nach der Verortung des Sozialmanagements" folgendermaßen vor:

- Zunächst werden Definitionen geprüft und Ebenen bestimmt, auf denen Sozialmanagement anzutreffen ist und verortet werden kann (die Makroebene und ihre politischen Spielregeln, die Mesoebene mit ihren konkreten Verflechtungen sozialwirtschaftlicher Organisationsformen, den intermediären Feldern, aktuellen Rahmenbedingungen und konkreten Programmen vor Ort, sowie die Akteursebene mit ihren kommunikativen und operativen Aufgabenstellungen zur Sicherung der fachlichen Qualität, wirtschaftlichen Effizenz, des professionellen Profils etc.).
- Sodann werden die Bezugswissenschaften des Sozialmanagements, vor allem die Betriebswirtschaftslehre (allgemeine, spezielle, funktionale, institutionale und handlungsorientierte BWL) und die allgemeinen Managementlehren erörtert, mit dem Ergebnis, dass in den Managementkonzepten ein langsamer, aber nachhaltiger „Paradigmenwechsel vom Sozialen zur Betriebswirtschaft" (S. 117) erfolgt ist, das Sozialmanagement aber grundsätzlich „schneller und im Prinzip glatter an die Managementlehre der Wirtschaftswissenschaft angedockt werden kann" (Kap. 5, S. 120 ff.) als bisher angenommen, wenn die Verbindung zur Disziplin und Fachlichkeit der Sozialen Arbeit nicht vernachlässigt wird.
- Die Diskussion des Verhältnisses zwischen Sozialer Arbeit und Sozialmanagement nimmt in den Überlegungen eine zentrale Stelle ein und erbringt in der Abwägung der verbindenden und der abgrenzenden Aspekte eine offene Pattsituation die Wöhrle in der Form von These und Antithese formuliert:
  – *„Die Inhalte, die unter der Überschrift Sozialmanagement diskutiert werden, sind mit dem Wesen der Sozialen Arbeit nicht vereinbar. Sie können nicht im Sinne einer Bereicherung zur Theoriebildung beitragen, sondern bilden eher eine Irritation und Störung, die abhält, um zu einer schlüssigen Theoriebildung der Sozialarbeitswissenschaft zu kommen.*

— *Die Inhalte, die durch die neue Diskussion eingeführt werden, stellen eine produktive Herausforderung für die Diskussion um die Sozialarbeitwissenschaften dar. In der Konfrontation mit neuen Blickwinkeln können Aufgabenstellungen der Sozialen Arbeit deutlicher gesehen und Problemstellungen produktiver gelöst werden. Die interdisziplinäre Theoriebildung wird nicht nur bereichert, sondern holt in ihrer kurzen Geschichte bereits verschüttete Inhalte wieder mit herein"* (S. 134).

- Sowenig eine Theorie des Sozialmanagements wegen der Besonderheiten des Nonprofitbereichs und seiner weitgehenden Vernachlässigung aus den klassischen Wirtschaftswissenschaften und ihren Managementkonzepten ableitbar ist, stellt sich darüber hinaus immer wieder auch die grundsätzliche Frage, ob und in wie weit eine an den Erfolgs- und Effizienzkriterien orientierte ökonomische Managementtheorie konträr zu der an ethischen Prinzipien einer auf Kommunikation, Verständigung, Verantwortung und Konsensbildung basierenden Theorie des Sozialmanagements steht oder (wider Erwarten) mit dieser doch vereinbar ist. Wenn auch die „Gefahrenquellen" der *ökonomischen Rationalität* nicht übersehen werden dürfen, so sind in der Argumentation und Beweisführung von Wöhrle ökonomisch begründete Managementansätze mit ethischen Kategorien sehr wohl vereinbar, Ökonomie und Ethik keine sich ausschließenden Denkrichtungen – wie an dem ausführlich erörterten St.Galler Managementmodell gezeigt wird (S. 141).
- Bleibt als vorläufiges Fazit der Überlegungen die Feststellung, dass die im Selbstfindungsprozess stehende Disziplin der Sozialarbeit entgegen ihrem bisher demonstrierten Abwehrverhalten ein aufgeschlossenes Interesse an den beschriebenen Ursprüngen, den vorfindbaren Handlungskonzepten des Sozialmanagements inklusive deren Begründungen, Widersprüchlichkeiten und ungeklärten Aspekten entwickeln sollte. Die durch die Ausgrenzung der Volks- und Betriebswirtschaft in den Ausbildungsgängen nach 1945 und durch die Dominanz der Sozialpädagogik (Füssenhäuser 2005) entstandene Distanz der Sozialarbeit zu ihren ökonomischen, finanziellen, rechtlichen und organisatorischen Rahmenbedingungen und Nachbardisziplinen muss endlich überwunden, die kritische Auseinandersetzung in einem wissenschaftlich geführten Dialog eröffnet werden.

Ihren Beitrag hierzu haben W. R. Wendt und A. Wöhrle in dem vorliegenden Band geleistet. Beide sind seit Jahren ausgewiesene Autoren auf dem Gebiet des Sozialmanagements und der Sozialwirtschaft, deren Publikationen nicht nur innovative Denkanstöße bieten, sondern in den letzten Jahren zunehmend auch zur theoretischen Klärung des Selbstverständnisses Sozialer Arbeit zwischen einer sich ausbreitenden „Ökonomisierung" einerseits und einem technokratisch sich verstehenden „Managerialism" beitragen. Beide sind genaue Kenner der Sozialarbeit „von innen" und haben sich dennoch den Blick „von außen" auf das Berufsfeld nicht verstellen lassen – als Psychologe, Praktiker im Jugendamt und Lehrender an

Vorwort

der Berufsakademie für Soziale Arbeit der eine, als Industriekaufmann, praktischer Organisationsberater und Dekan im Fachbereich Sozialarbeit einer FH der andere. W. R. Wendt, in Mecklenburg geboren, in der ehemaligen DDR aufgewachsen und aus politischen Gründen in Haft gewesen, hat sein Studium und sein Berufsleben in Baden-Württemberg verbracht, der Schwabe A. Wöhrle ist den umgekehrten Weg gegangen und hat seit 1993 eine Professur für Sozialmanagement an dem seinerzeit neu gegründeten Fachbereich Sozialarbeit der Fachhochschule Mittweida in Sachsen inne. Beide haben ihre Prägungen aus dem persönlichen und beruflichen Lebensweg sowie den einst diametral gegensätzlichen und auch nach der Vereinigung noch sehr unterschiedlichen Gesellschaftssystemen in innovativen Lernprozessen fruchtbar gemacht und produktiv weiterentwickelt, nicht, wie andere Berufskollegen sich abgeschottet und in ihren Denktraditionen eingeschlossen. Dies hat sie im Laufe der letzten Jahre zu maßgeblichen Vordenkern des theoretischen Diskurses und der praktischen Weiterentwicklung des Handlungsfelds Sozialmanagement gemacht, das noch immer auf der Suche nach seiner theoretischen Verortung und wissenschaftlich-akademischen Heimat ist.

Was am Ende der Überlegungen von beiden Autoren als vorläufiges Fazit ihrer Überlegungen festgehalten wird, mag den einen als Ergebnis zu wenig, anderen schon zu optimistisch formuliert sein:
- ein noch unfertiges Theoriegerüst der Sozialwirtschaftslehre, weil aus verschiedenen Elementen und heterogenen Materialien errichtet, aber immerhin eine Baustelle der Theorieentwicklung und ein Bauwerk, „das über die Fundamente hinaus ist und schon auf tragendes Mauerwerk verweisen kann" (Wendt, S. 22);
- eine Baustelle (so auch Wöhrle in seinem vorläufigen Resümee), „auf der verschiedene Anhaltspunkte und Materialien gefunden werden können, die zu eigenständigen Fragestellungen, Hypothesen Untersuchungen empirischer Natur, Literaturstudien etc. herausfordern" (S. 154). Gerichtet ist dieser Appell weniger an jene Kollegen / innen, die ihren eingefahrenen Bahnen folgen, als vielmehr an die interessierten Studierenden in den grundständigen und konsekutiven Masterstudiengängen des Sozialmanagements als Aufforderung, ihr künftiges Berufsfeld in Forschung und Lehre genauer unter die Lupe zu nehmen.

Dem ZIEL-Verlag ist zu danken dafür, dass er seit nunmehr 12 Jahren dem Diskurs über Sozialmanagement in der „Blauen Reihe" eine Plattform bietet; gratulieren darf man ihm, dass er mit dem vorliegenden Band einen wichtigen Beitrag zur theoretischen Durchdringung und Fundierung des vielfach noch unerschlossenen Feldes den interessierten Lesern und Leserinnen zugänglich macht.

München, im Januar 2007 *Gotthart Schwarz*

Literatur

Füssenhäuser, C. (2005): Werkgeschichte(n) der Sozialpädagogik: Klaus Mollenhauer, Hans Thiersch / Hans-Uwe Otto: Der Beitrag der ersten Generation nach 1945 zur universitären Sozialpädagogik. Hohengehren

Giddens, A. (1997): Jenseits von links und rechts. Frankfurt / Main

Hoefert, H. W. (1990): Sozialmanagement-Orientierung an industriellen Vorbildern? In: Soziale Arbeit, Heft 1, 1990, S. 2–7

Haupert, B.: Gegenrede. Wider die neoliberale Invasion der Sozialen Arbeit. http:// www.qualitative-sozialforschung.de/haupert.htm v. 24.09.2005

Hollstein, W. / Meinhold, M. (1975): Sozialarbeit unter kapitalistischen Produktionsbedingungen, Frankfurt / Main

Klassen, M. (2004): Was leisten Systemtheorien in der Sozialen Arbeit? Bern-Stuttgart-Wien

Kleve, H. (2000): Die Sozialarbeit ohne Eigenschaften. Fragmente einer postmodernen Professions- und Wissenschaftstheorie Sozialer Arbeit.

Merchel, J. (2001): Sozialmanagement. Eine Einführung in Hintergründe, Anforderungen und Gestaltungsperspektiven des Managements in Einrichtungen der Sozialen Arbeit. Münster, 2. Aufl. 2006

Obrecht, W. / Zwicky, H. (2002): Theorie als Selbstbestätigung – Zur Kritik der Luhmann'schen Systemtheorie und ihrer Popularität in der Sozialen Arbeit. In: neue praxis. Zeitschrift für Sozialarbeit, Sozialpädagogik und Sozialpolitik, H. 5, S. 483–498

Staub-Bernasconi, S. (1991): Stellen Sie sich vor: Markt, Ökologie und Management wären Konzepte einer Theorie und Wissenschaft Sozialer Arbeit. In: M. Lewkowicz (Hrsg.): Neues Denken in der Sozialen Arbeit. Mehr Ökologie – mehr Markt – mehr Management, S. 12–46, Freiburg

Zum Stand der Theorieentwicklung in der Sozialwirtschaft

Wolf Rainer Wendt

Zur wissenschaftlichen Beschäftigung mit der Sozialwirtschaft sind wir, jedenfalls im deutschsprachigen Raum, durch Anforderungen in der Praxis und in der akademischen Ausbildung für sie gekommen. Soll heißen, in der Sozialen Arbeit und in der institutionalisierten Wohlfahrtspflege hat es sich als notwendig erwiesen, die Art und Weise des Wirtschaftens in diesem Handlungsfeld zu studieren. Gefragt war zunächst pragmatisch, wie sich das „Geschäft" der Einrichtungen und Dienste und ihrer Träger richtig und besser betreiben lässt. Es lag nahe (und wurde auch von außen nahe gelegt), sich an vorhandene Konzepte der Betriebsführung, von *business administration*, zu halten und sich des Instrumentariums der Betriebswirtschaftslehre zu bedienen. So ausgestattet, lassen sich Geschäfte mit Aussicht auf Erfolg betreiben, lässt sich „managen", was in den einschlägigen dienstleistenden Organisationen an Aufgaben zu erledigen ist.

Die Lehre vom Management bietet aber von sich her keine Orientierung, was überhaupt zu unternehmen ist, aus welchem Grund, zu welchem Zweck und in welcher Form – und was somit in der Funktion, die das Management erfüllt, zu gestalten, zu steuern und zu entwickeln ist. Das Programm der Sozialwirtschaft, seine Konstruktion und Rekonstruktion, kann nicht Gegenstand von Darlegungen sein, die sich mit der geschickten Ausführung von Aufgaben befassen. Die ökonomische Leistungsfähigkeit, für die das Management zu sorgen hat, ist Basis für Dienste und Einrichtungen im Sozialwesen und im Gesundheitswesen, nicht deren Sachziel. Mit der *Binnenrationalisierung* in der Wohlfahrtspflege und dem *operativen* Rüstzeug des Sozialmanagements ist die sozialwirtschaftliche Handlungslogik und Ratio nicht ausgemacht und keine Theorie der Sozialwirtschaft vorhanden und so auch nicht zu erreichen.

1. Was sozial zu managen und was sozial zu bewirtschaften ist

Der theoretische Zugang zur Sache der Sozialwirtschaft ergibt sich nicht im laufenden Betrieb. Seine Vorgänge, seine Existenzgründe, seine Wirkungszusammenhänge sind zu reflektieren. Indes gehört schon zu den Funktionen des Sozialmanagements der Blick über die Aufgaben, die sich in der betrieblichen Führung stellen, hinaus. In seinen Geschäften, hauptsächlich dem *business of caring*, nimmt das sozialwirtschaftliche Unternehmen an den Austauschprozessen öffentlichen und gewerblichen Wirtschaftens, an Handel und Wandel teil. Vor, während und nach der dienstlichen Betätigung findet eine soziale Problembewältigung statt, die außerhalb des Betriebs ihren Ort bei den Menschen in ihrem alltäglichen Milieu hat. Die ganze Problembewältigung ist Gegenstand des *business of caring*, und für sie wird organisiert, geplant, gesteuert und gelenkt, und es werden vorhandene Dienstleistungen zur Lösung der Probleme herangezogen oder dazu neue Dienste, Projekte und andere Unternehmungen auf den Weg gebracht. Begreifen wir mit Bernd Maelicke das Sozialmanagement „als Strategie der Systemsteuerung" (Arnold / Maelicke 1998, 472), ist das System, das gesteuert wird, in seinen Zusammenhängen und in seiner Dynamik zu studieren. Folglich verlangt auch eine Managementlehre, die sich mit der *strategischen* Führung des humandienstlichen Betriebs und sozialer Unternehmen befasst, eine über den laufenden Betrieb hinausblickende Sozialwirtschaftslehre.

Vor einer Weile hat Ulrich Otto das Wechselverhältnis und die Einheit eines Sozialmanagements „drinnen" und eines sozialen Managements „draußen" erörtert und für den Themenhorizont des Sozialmanagements festgehalten, es beziehe sich in mehrfacher Hinsicht „auf das Ganze". So nämlich
- „mit Blick auf einen Fall über eine ganze Zeitstrecke und das Handeln im Fallverfolg und sei es auch in Dienstleistungsketten,
- mit Blick auf umfassende nicht nur dyadische Prozesse in sozialen Feldern im Sinne von Prozessmanagement,
- mit Blick auf das besser strukturierte Handeln in und zwischen Institutionen und deren schlüssigere Organisation …." (Otto 2002, 177).

Des weiteren
- „mit Blick auf den sozialwirtschaftlichen Rahmen der Ordnungs- und Wohlfahrtspolitik, des Sozial- und Bildungsrechts usw.,
- mit Blick auf das ganze große ‚Andere' der Wohlfahrtsproduktion, auf Handeln im intermediären Bereich, in sozialen Netzwerken, im dritten Sektor, im NPO-Bereich …." (Otto 2002, 178).

Otto konstatiert, es gebe – bisher – keine Theorie des Sozialmanagements. In dem vom Autor dargestellten Themenhorizont ist die Ausbildung einer solchen Theorie im Wirkungsbereich dieses Managements zu suchen, und das ist die Sphäre der Sozialwirtschaft, ausgedehnt in dem von Otto benannten ‚Anderen', der auf Erwerb ausgerichteten Wohlfahrtsproduktion.

Was sozialwirtschaftlich unternommen wird, geschieht zur Erfüllung von Aufgaben und erfolgt nach Anforderungen, die nicht im laufenden Betrieb von Einrichtungen und Diensten vorliegen, sondern auf die hin er eingerichtet worden ist und auf die hin er zweckrational künftig eingerichtet werden will. Wissenschaftlich zu erforschen und theoretisch aufzuarbeiten sind mithin diese *Aufgabenstellungen,* um ihnen – als dem *Handlungsrahmen* der Sozialwirtschaft und der Projektionsfläche ihrer Theorie – in der Anwendung der gewonnenen wissenschaftlichen Erkenntnis angemessen nachkommen zu können. Der Horizont der Aufgaben ist ein politischer und politökonomischer; er lässt sich auf der ökonomiewissenschaftlichen Makroebene überblicken. Der Horizont der sich aus humanem und sozialem Bedarf ergebenden Aufgaben ist zugleich einer des Lebens und der Lebensführung einzelner Menschen; er eröffnet sich in der Nahsicht ihrer Sorge für sich und für einander und ist auf der ökonomischen *Mikroebene* zu erfassen. Zwischen ihr und der Ebene der Makroökonomie finden wir die Sozialwirtschaft organisiert und haben die Ansätze der Theorie den Bereich ihrer Anwendung vor sich (s. Abb. 1).

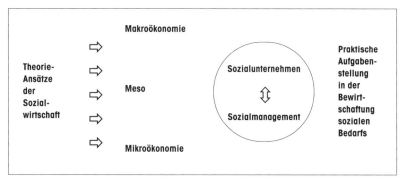

Abb. 1: Wissenschaftlicher Rahmen und Handlungsrahmen der Sozialwirtschaft

Die Erörterungen in der Theorie haben mit der Verortung der Praxis zu tun – immer schon und gegenwärtig. Im wissenschaftlichen Rahmen bindet die auf den Handlungsrahmen bezogene Lehre eine Reihe heterogener Theoriebestände ein, die im sozialwirtschaftlichen Diskurs teils nahe liegen, teils erst in seinem Verlauf entdeckt und herangezogen wurden. Meine Darstellung der Theorieentwicklung in der Sozialwirtschaft ist deshalb zweifach angelegt. In *diachronischer* (d. h. dem

Zeitverlauf folgender) Betrachtung zeichne ich mehrere aufeinander zulaufende und sich kreuzende Linien nach, die diskursiv zum wachsenden Verständnis des Gegenstandsbereiches beigetragen haben. *Synchronisch* (d. h. im heutigen Horizont) besehen, stellt das noch unfertige Theoriegerüst der Sozialwirtschaft(slehre) ein Bauwerk dar, das aus verschiedenen Elementen und heterogenen Materialien errichtet wird. Zu besichtigen ist eine Baustelle, wobei sich zeigt, dass die Theorieentwicklung über die Fundamente hinaus ist und schon auf tragendes Mauerwerk verweisen kann. In der Zusammenschau der Komponenten und der Gefüge im Bau der Theorie komme ich am Ende auf den Modernisierungsdruck zurück, der nicht nur die Praxis voranbringt, sondern auch die Theorie dazu nötigt, sich als reflexive Theorie in der Aufarbeitung der Folgen der Modernisierung selber zu relativieren und zugleich die wachsende Bedeutung der Sozialwirtschaft zu begründen.

1.1 Vorbemerkungen zur Theoriekonstruktion

Theoriebildung ist ein Prozess, der sich hinzieht. Theorien versuchen Wirklichkeit durch Beschreibung überschaubar zu machen und zu erklären, was in ihr vorkommt. Theorien werden konstruiert. Eine Theorie ist ein System von aufeinander bezogenen deskriptiven (beschreibenden) und explikativen (erklärenden) Aussagen über Tatbestände und Sachverhalte in einem bestimmten Gegenstandsbereich. Die für ihn zuständige bzw. sich in Befassung mit ihm entwickelnde Wissenschaft baut nicht auf eine Theorie allein und enthält auch prätheoretisches Wissen sowie Anleitungen für die Praxis und die Forschung. Die Evolution einer Wissenschaft bleibt aber zentral auf Theorieentwicklung angewiesen; sei es, dass diese Entwicklung die Wissenschaft überhaupt konstituiert, sei es, dass der Bedarf an Erkenntnis in ihr die Theoriearbeit bestimmt.

Theorie organisiert Wissen. Um die Komplexität von Sachverhalten fassen und die Tatsachenbefunde in einem Bezugssystem unterbringen zu können, beginnt die theoretische Erörterung mit der Wahl einer Herangehensweise bzw. mit einem Ansatz (approach), der Ordnung in eine Menge von Phänomenen bringt und eine hinreichende Erklärung für sie zu bieten verspricht. Empirisch wird mit Erfahrungssätzen begonnen, die nach hinreichender Bestätigung und Systematisierung eine empirische Theorie bilden. Umgekehrt lässt sich von Grundideen ausgehend eine deduktive Theoriebildung betreiben. Auch Empirie kommt bei wissenschaftlicher Bearbeitung, welche die beobachteten Tatbestände klassifizieren will und sie auf in ihnen erkennbare Struktur- und Handlungslogiken fokussiert, nicht ohne vorgängige begriffliche Organisation aus. Leitend sind in der wissenschaftlichen Ordnung in jedem Fall regulative Ideen bzw. Paradigmen, die als grundlegende Aussagen und mit dem Anspruch auf Verbindlichkeit einer Theorieentwicklung für einen Gegenstandsbereich den Weg weisen.

Sozialwirtschaftliche Theorieansätze sind
- *wohlfahrtsbezogen* (welfare-based), d. h. es wird zielgerichtet auf die Deckung eines Bedarfs an sozialer Wohlfahrt gesehen;
- *solidaritätsbasiert* (solidarity-based), d. h. es wird von einem solidargemeinschaftlichen Handeln ausgegangen;
- *gemeinwesenbasiert* (community-based), d. h. betrachtet wird ein Wirtschaften, das dem Unterhalt und der Entwicklung eines (lokalen) Gemeinwesens angemessen ist;
- *sorgebasiert* (caring-based), d. h. ausgegangen wird von einem sorgenden persönlichen und personenbezogenen Handeln für (voneinander) abhängige Menschen.

Die Ansätze und in ihnen formulierten Paradigmen schließen einander nicht aus, im Gegenteil: sie ergänzen sich, greifen in der spezifischen Handlungslogik der Sozialwirtschaft aufeinander über und sie fundieren einander: Fürsorge zielt auf Wohlergehen. Der solidarische Einsatz ist nicht kontextlos; er gründet auf Gemeinschaft. Die mitmenschliche Sorge findet ihre institutionellen Formen in der Organisation sozialer Versorgung.

Die Aussagen einer Theorie dienen der Zusammenfassung und konstruktiven Bearbeitung von wissenschaftlichem Wissen und werden, basierend auf vereinfachenden Grundvoraussetzungen, mit einer Anzahl von Begriffen gebildet, die bestimmte Vorstellungsinhalte haben und in einer gewissen Abstraktion einzelne Tatbestände, Sachverhalte und Auffassungen ideell organisieren und in dieser Form einheitlich erklären. So gehören zur klassischen ökonomischen Theorie grundlegende Begriffe wie Gut, Markt, Angebot, Nachfrage, Preis, Grenznutzen usw. Eine sozialwirtschaftliche Theorie enthält Begriffe wie Wohlfahrt, Solidarität, Haushalt, Bedarf, Versorgung, Dienstleistung, Subsidiarität. Begriffe haben eine bestimmte Bedeutung; zu ihnen gehören (intensional) eine Menge den Begriff konstituierender Merkmale, die ihm Aussagekraft verleihen. In Sätzen einer Theorie werden Begriffe zu Aussagen herangezogen.

Eine Theorie der Sozialwirtschaft kommt in einer Menge sich aufeinander beziehender Aussagen zum Wirtschaften in sozialen, das Ergehen von Menschen betreffenden, Belangen zustande und führt zu einer einheitlichen Betrachtung der diesen Belangen gewidmeten Gebilde und Unternehmungen, eingeschlossen die Klärung von Gründen für ihre Existenz.

Aus der Soziologie und aus der Volkswirtschaftslehre kennen wir die Unterscheidung zwischen *Mikrotheorie* und *Makrotheorie*. Jene ist zentriert auf das Handeln von Akteuren einzeln und gemeinsam; letztere ist zentriert auf Funktionssysteme, Strukturen und Institutionen in der Gesellschaft. Es handelt sich um zwei verschiedene Perspektiven auf den gleichen Gegenstandsbereich. Mikrotheoretisch wird eine vorhandene Ordnung „bottom up" durch das (aggregative) Zusammenwirken von Individuen erklärt. Soziale Arbeit gewinnt das Format von institutionellen Arrangements, von Dienstleistungsverhältnissen, in denen ein soziales Wirtschaften erfolgt. Makrotheoretisch wird ein Gegenstandsbereich „top down" modelliert. Die Theorieentwicklung zur Sozialwirtschaft erfolgte weitgehend auf der Makroebene (in Betrachtung eines funktional ausdifferenzierten gesellschaftlichen Systems, in Abgrenzung der Bedarfswirtschaft von der Erwerbswirtschaft, als Konzept eines Wirtschaftsbereichs unter anderen, als zivilgesellschaftliche Aufgabenstellung usw.). Die Sozialwirtschaftslehre bedarf nun allerdings einer mikrotheoretischen Fundierung, um das Zustandekommen und das Agieren der Organisationen und Unternehmungen zu erklären, die wir im sozialwirtschaftlichen Handlungsfeld vorfinden und die sich auf soziale und individuelle Situationen von Menschen einlassen.

Im Gegensatz zu den Theorieansätzen in der Sozialwirtschaft ist das Sozialmanagement bisher durchweg *mikrotheoretisch* behandelt worden. Es bedarf aber einer *makrotheoretischen* Begründung, wenn es den Ansprüchen eines „Managements des Sozialen" entsprechen soll. Was Sozialmanager/innen innerbetrieblich und in den Geschäften von sozialen Diensten und Einrichtungen mit den Menschen zu organisieren, zu veranlassen und zu steuern haben, ist das eine; ein anderes ist die Aufgabe, in den Strukturen und Funktionssystemen des Sozialwesens und auf der sozialpolitischen Gestaltungsebene erfolgreich zu agieren. Hier legitimiert sich ein soziales Management in der Organisation und Steuerung wohlfahrtsbezogenen Handelns im Gemeinwesen generell.

Es sind auf jeder Ebene vielfältige und sehr verschiedene Tatbestände und Sachverhalte, die in der Theorie der Sozialwirtschaft „unter einen Hut" zu bringen sind. Es gibt genossenschaftliche und auf Gegenseitigkeit begründete Unternehmensformen, die frei-gemeinnützige Wohlfahrtspflege mit ihren Verbänden, Vereinen, Diensten und Einrichtungen, freiberuflich betriebene Dienste, Selbsthilfegruppen, organisierte Nachbarschaftshilfen, nicht-monetäre Tauschnetzwerke, Stiftungen, öffentlich geförderte Projekte, soziale Vorhaben, die in Public-Private-Partnership realisiert werden, und vieles mehr. Die verschiedenen Handlungsfelder legen bestimmte Ansätze nahe, von denen her sich ihre Strukturen und Aktivitäten begreifen und interpretieren lassen. Die Sozialwirtschaftslehre integriert solche Ansätze mikrotheoretisch und makrotheoretisch.

1.2 Transdiziplinarität quer zu den Fächern

Im wissenschaftlichen Diskurs sind wir nicht genötigt, uns auf einer in der diversen Praxis des laufenden Betriebs ausgebildeten Plattform des Denkens zu bewegen und einen im täglichen Geschäft gebotenen Blickwinkel für die Betrachtung sozialwirtschaftlicher Tatbestände zu wählen. Wir können abgehoben vom Geschehen die Sachverhalte erörtern, die es maßgeblich bestimmen. Die Praxis insgesamt verlieren wir dabei nicht aus den Augen, im Gegenteil: ihre Koordinaten werden dadurch deutlich, dass wir sie überblicken. Für das ganze Feld, das sich ermessen lässt, wurde bereits der Terminus *Handlungsrahmen* herangezogen. Er gibt die Zweckrationalität vor, der sich auch die Theoriebildung nicht entziehen kann, wenn sie denn den Aufgaben gerecht werden will, denen sich die Sozialwirtschaft widmet.

Wir haben es hier in der Entwicklung von Theorie mit einem Modus der Wissensgewinnung in *Anwendungs-* und *Verwertungskontexten* zu tun, den M. Gibbons und andere den „Modus 2" der Wissensproduktion genannt haben (Gibbons et al. 1994). Gemeint ist eine Wissensgenerierung nicht nach disziplinären Kriterien, sondern über die Grenzen von Fachgebieten und akademischen Institutionen hinweg. Die Theorieentwicklung zum „Dritten Sektor" bzw. Nonprofit-Sektor des Wirtschaftens ist zwar soziologisch angestoßen worden (Etzioni 1973), ist dann aber politikwissenschaftlich, organisationstheoretisch und wirtschaftswissenschaftlich weitergeführt und bezogen auf die Sozialwirtschaft um ökotheoretische, feministische, sozialpolitische und in der Sozialen Arbeit entstandene Diskurse außerhalb etablierter Disziplinen bereichert worden. Der „Modus 2" der Wissensproduktion verbreitet sich, weil er in Forschung und Entwicklung gebraucht wird. Diese Wissensproduktion verstreut sich weit über seine akademische Erörterung hinaus; es kommt zu einer *social distributed knowledge production* (Gibbons et al. 1994, III ff.).

Während der „Modus 1" nach Gibbons u. a. die herkömmliche Wissensproduktion in akademischen Diskursen bezeichnet, treffen wir den „Modus 2" der Erzeugung von Wissen in nicht-hierarchischen, heterogenen Formen an. „It is not being institutionalized primarily within university structures. Mode 2 involves the close interaction of many actors throughout the process of knowledge production in becoming more socially accountable" (Gibbons et al. 1994, VII, vgl. Wendt 1998, 19). In diesem Modus kommt nicht „die Wissenschaft" allein in der Wissensproduktion voran, sondern sie lässt ihre disziplinäre Selbstreferenzialität hinter sich und bewegt sich inmitten der Interessen von Stakeholdern: der Gesellschaft, der Politik, der Praxis, verschiedener Anwender. Wissenschaft öffnet sich den Flüssen der Kommunikation in ihrem Umfeld über den Gebrauch von Wissen und das Finden von Wissen; sie löst sich aus festen institutionellen Strukturen und „kontextualisiert" sich (Gibbons/Nowotny 2001, 72 ff.). Transdisziplinarität, wie sie dem Modus 2 eigen ist, bezeichnet danach eine *dynamische Beziehung zwischen Gesellschaft und Wissenschaft* (Nowotny/Scott/Gibbons 2001, VII). Mit ihr nimmt nachgerade die Sozialwirtschaftslehre eine Binnenperspektive ein, in der sie nicht neutral gegenüber den Tatbeständen bleibt, die sie behandelt.

Die Theorie sozialen Managements bezieht sich auf die zweckrationale Handhabung von sozialen Aufgaben, die möglichst effektiv und effizient erledigt werden sollen. Die Theorie stellt (ob sie nun fertig vorliegt oder nicht) eine spezielle *Praxeologie* dar, gerichtet auf wirkungsvolles Handeln, dessen Regeln sich induktiv finden lassen (Praxeologie im Sinne von Kotarbinski 1965). Gesellschaftlich sind bestimmte Programme der sozialen und gesundheitlichen Versorgung, der Erziehung und Resozialisierung, der Integration und Vermeidung von Exklusion zu managen. Der Betrieb zur Umsetzung dieser Programme ist sozialwirtschaftlich organisiert. Daraufhin („tun wir die richtigen Dinge und tun wir die Dinge richtig?") ist Wissen zu generieren und zu verarbeiten.

Gebraucht wird Wissen für Wohlfahrt, in unserem Falle eine der Sozialwirtschaft angemessene Wissenskultur, die nicht nur Wissenschaftler und Praktiker, sondern alle zivilen Akteure und engagierten Bürgerinnen und Bürger in die Wissenstransformation einbezieht, welche einer personenbezogenen, gemeinschaftlichen und lokalen Wohlfahrtsproduktion dienlich ist. Nach Herkommen, Zweckbestimmung und Aufgabenstellung können sich die organisierte Wohlfahrtspflege und die in ihr sich vollziehende Soziale Arbeit eine zivile Kompetenz zuschreiben, mit der sie inmitten gemeinsamer Daseinsgestaltung engagiert sind. Ihre wissenschaftliche Reflexion ist eine in Bürgerschaft zu vertretende und auszulegende. Nachgerade von der Sozialwirtschaftslehre darf eine *„scientific citizenship"* (Irwin 2001) erwartet werden.

Was in der Wendung zur Öffentlichkeit für die Umweltforschung und für die Biowissenschaften gilt, sollte erst recht für die sozialwissenschaftliche Begleitung sozialer Entwicklung und sozialwirtschaftlicher Problembewältigung gelten. Sie muss sich ihrer gesellschaftlichen wie personenbezogenen Verantwortung in konkreten Vorhaben der Praxis stellen. Zur Wahrnehmung dieser Verantwortung liegt eine Partnerschaft der Akteure in der *governance of welfare* nahe (vgl. Jessop 1999, Barnes 1999, Glendinning/Powell/Rummery 2002). Die Sozialwirtschaftslehre bietet sich dafür als Reflexionsinstanz an. Sie beobachtet, untersucht, diskutiert und begreift das System sozialer Versorgung in Verbindung mit individueller und gemeinschaftlicher Selbstversorgung in ihrem Status und in ihrem Wandel. In der Sozialwirtschaft, zu ihrer Theorie und ihrer Praxis, ist eine auf Wohlfahrt bezogene Kommunikation zu unterhalten – und diskursiv eine ständige Forschungs- und Entwicklungsarbeit zu leisten. Theorie erklärt nicht nur, sie gestaltet auch. Ihre Klärungsarbeit ist die Voraussetzung dafür, dass die Theorie in gestaltender Funktion wirken kann.

2. Die Diachronie der Theorieentwicklung: Ansätze und Importe

Der deutsche akademische Diskurs über Sozialwirtschaft hat von Gegebenheiten im Sozialwesen, des näheren in der freigemeinnützigen Wohlfahrtspflege seinen Ausgang genommen. Soziale Arbeit impliziert ein Wirtschaften. Sie erfolgt in Diensten und Einrichtungen für Menschen. Gedeckt wird ein sozialer und individuell ausgemachter Bedarf. Von der *Mikroebene* der person-, problem- und situationsbezogenen Bedienung von Menschen her können wir wissenschaftlich (re)konstruieren, wie sich humandienstliche Versorgung betreiben lässt bzw. wie die Wohlfahrtsproduktion in diesem Tätigkeitsfeld erfolgt. Dabei schließen wir Formen der Selbstversorgung, gegenseitiger Unterstützung und gemeinschaftlicher Selbsthilfe ein.

Die Zugangsfrage kann lauten: *Was* wird in Bedienung des Humanbedarfs besorgt und *wie* lässt es sich besorgen? Sozialberuflich, gesundheitsberuflich, pflegeberuflich stecken wir in einer formell organisierten Bewirtschaftung von Versorgung und haben Anlass, den *funktionalen* Charakter und den *institutionellen* Zuschnitt dieses Wirtschaftens zu erkunden. Gefragt wird nach der Eigenart des „Betriebs", in dem hier gearbeitet wird (platt formuliert: „Was ist das für eine Wirtschaft hier?"). Diese Frage stellt sich auch demjenigen, der ein sozialwirtschaftliches Unternehmen gründen will oder in ein solches Unternehmen einsteigt und sich vergewissert, welche Besonderheiten dieses Handlungsfeld aufweist und in ihm zu beachten sind.

Wählen wir nicht den interessegeleiteten Blick aus der Nähe, sondern mit Abstand eine Draufsicht, welche das ökonomische Geschehen im ganzen erfasst und sodann in ihm nach Bereichen differenziert, kommen wir zu der seit den 1970er Jahren in der internationalen Diskussion geläufig gewordenen Sektor-Einteilung. Zwischen Markt und Staat profiliere sich, so Amitai Etzioni, „a third alternative, indeed sector" (Etzioni 1973, 314). Von diesem Dritten Sektor könne erwartet werden, dass er die Effizienz der privaten Wirtschaft mit der Gemeinwohlorientierung und Verantwortlichkeit der öffentlichen Hand verbindet. Anders, so Theodore Levitt (1973), als in den Sektoren privaten Wirtschaftens und staatlichen Handelns widme sich der Dritte Sektor den in jenen beiden Bereichen ignorierten oder vernachlässigten Problemen. Der Nonprofit-Sektor zeichne sich durch Freiwilligeneinsatz aus (Levitt 1973, 50 ff.).

Die Theorie des Bereichs der Organisationen und Unternehmen, die „not for profit" agieren, beschreibt seitdem seine Besonderheiten komparativ zur Charakteristik der beiden anderen Sektoren und hebt die Rolle und die Bedeutung hervor, die dem Nonprofit-Bereich gesamtwirtschaftlich zukommt. Sein Vorhandensein wird mit

„Marktversagen" (der Markt deckt den Bedarf an kollektiven Gütern nicht) und „Staatsversagen" (der demokratische Staat wird dem spezifischen Bedarf von Teilen der Bevölkerung nicht gerecht) begründet. „Philanthropieversagen" (die Unzulänglichkeit privater Wohltätigkeit) kommt im engeren Bereich sozialer Betätigung hinzu. Die seitens des Marktes wie des Staates nicht befriedigte Nachfrage nach bestimmten Kollektivgütern werde, so die Theorie von Burton Weisbrod (1977), von Nonprofit-Organisationen bedient. Konzepte des Dritten Sektors (vgl. Priller/ Zimmer 2001, Frumkin 2002, Birkhölzer u. a. 2005, Toepler/Anheier 2005) sind fortan in die sozialwirtschaftliche Theorieentwicklung eingeflossen, denn begrifflich wird die Sozialwirtschaft, engl. *social economy,* franz. *économie sociale,* häufig mit dem Nonprofit-Sektor identifiziert.

Anlass zur Entdeckung des Dritten Sektors gab „in den USA die sich in den 70er Jahren schon abzeichnende ‚Wende' vom Keynesianismus der Nachkriegszeit zum Neoliberalismus" (Zimmer/Hallmann 2005, 106). Nachdem zur gleichen Zeit, als der Dritte Sektor zur Sprache kam, die Ökonomie des Sozial- und Gesundheitswesens aufmerksamer betrachtet wurde, lag eine Einordnung der freien Wohlfahrtspflege „als eigener Wirtschaftssektor" (Goll 1991) in den Dritten Sektor nahe. Dessen ökonomische Theorie wurde damit nicht klarer, im Gegenteil. Denn die in den Nonprofit-Bereich einbezogenen Humandienste hatten privat-gewerbliche Dienstleister im Gefolge, welche die gleichen Funktionen wie die gemeinnützigen Träger wahrzunehmen in der Lage sind. Auch öffentliche Versorger bleiben nicht außen vor und verbinden sich sowohl mit gemeinnützigen wie mit Forprofit-Anbietern. Sozialwirtschaftliche Funktionen haben offenbar keinen fest abgrenzbaren institutionellen Ort und können im ganzen organisatorischen Spektrum zwischen Markt und Staat erfüllt werden. 1988 stellte David Austin in seiner „Political Economy of Human Service Programs" fest, dass Forprofit-Firmen grundsätzlich ebenso in der Lage sind wie Nonprofit-Organisationen oder der Staat, jede Art von Humandiensten bereitzustellen (Austin 1988, 235 ff.). Analog gilt für andere Teile des Dritten Sektors, dass wir sie ökonomisch verschieden eingerichtet finden. Die Protagonisten in der Erforschung des Dritten Sektors fanden selber bald, dass ein einheitliches Bild von ihm und eine klare Unterscheidung von den anderen Sektoren nicht zu haben ist: „the more one increases differentiation and complexity, the less useful the whole concept of sectors becomes" (Anheier/Seibel 1990, 381).

Der Weitwinkel des Überblicks, der immerhin eine erste Einordnung sozialwirtschaftlicher Tatbestände erlaubt, bedingt die Unschärfe des Bildes. Der Dritte Sektor enthält heterogene Organisationen und fasst eine Vielfalt von ihnen unsystematisch zusammen: deshalb ist er „nicht theoriefähig", konstatiert Bauer (2005, 107). Aussagen, die auf eine Gruppe von Akteuren zutreffen, die dem Dritten Sektor zugerechnet werden, treffen nicht auf andere Akteursgruppen in diesem Sektor zu. Nur sehr allgemein und abstrakt lassen sich Gemeinsamkeiten feststellen. Die Orientierung am Gemeinwohl und die praktizierte Solidarität finden wir als leitende Prinzipien überall vor. „Dritte-Sektor-Organisationen sind in hohem Maße ‚Wertgemeinschaften'. Insofern bilden sie in unserer modernen, funktional ausdifferenzierten und an ökonomischer Effizienz orientierten Gesellschaft Refugien einer sozialen Logik, die nicht in erster Linie auf individuellem Nutzenkalkül, sondern vorrangig auf dem Prinzip der Gegenseitigkeit beruht" (Birkhölzer u.a. 2005, 10).

Die Sozialwirtschaft teilt solche Gemeinsamkeiten, die den not-for-profit agierenden Organisationen eigen sind, und mit diesen Gemeinsamkeiten haben wir in *synchronischer* Hinsicht für die Theoriebildung einen ersten Orientierungsrahmen, der sich konkreter mit den sozialwirtschaftlichen Tatbeständen füllen lässt, wenn wir *diachronisch* deren Evolution in Theorie und Praxis betrachten.

2.1 Französische Wurzeln

Dass die Einbettung der Sozialwirtschaft in den Dritten Sektor, wie die Sektoreinteilung überhaupt, theoretisch nicht befriedigt, lässt den weiteren *volkswirtschaftlichen* Rahmen doch bestehen, in dem die Sozialwirtschaft ihren zu erörternden Platz hat und in dem sie Stellung zur Ökonomie außer ihr und ihr gegenüber bezieht. Hierzu ist eine Rückbesinnung auf das historisch anfängliche Verhältnis sozialwirtschaftlicher Konzepte zur Politischen Ökonomie angebracht. Die Theoriegenese wurde außerwissenschaftlich in der Krise angestoßen, welche die Industrialisierung und Kommerzialisierung für das Leben der Menschen in der ersten Hälfte des 19. Jahrhunderts mit sich brachten. Den frühen Projekten, die wir einer sozialwirtschaftlichen Praxis zurechnen können, gingen theoretische Entwürfe voraus, auf die gleich einzugehen sein wird und die in der Aufgabenstellung des Wirtschaftens die Grundannahmen der klassischen Nationalökonomen seit Adam Smith nicht teilten. Ökonomie, so das Argument gegen sie, gestalte das Leben von Menschen, und ihr Verhalten gestalte die Ökonomie.

Begriffsgeschichtlich ist zu jenen Entwürfen zu betonen: Als „*économie sociale*" wurde die hier formulierte alternative Ökonomie von Anfang an als eine Ökonomik, als ein Gebiet der Theorie aufgefasst (Demoustier / Rousseliere 2004), und sie ist im wissenschaftlichen Diskurs im 19. Jahrhundert zuerst der Politischen Ökonomie zugeordnet bzw. der zeitgenössischen „économie politique" entgegengesetzt worden (Gueslin 1998, 1). Der Begriff einer Sozialwirtschaft taucht erstmals 1830 in der Schrift „*Nouveau traité d'économie sociale*" von Charles Dunoyer auf. Der liberale Autor verweist auf die menschlichen Kräfte und Fähigkeiten, die neben dem Kapital für die Wirtschaft die wesentlichen Produktionsmittel seien. Der Körper des Sozialen gestatte, wenn er in allen seinen Funktionen frei sei, die für den Wohlstand nötige Produktivität (Die frühen Texte zur Sozialwirtschaft sind online unter http://gallica.bnf.fr nachlesbar.).

Ebenfalls in Auseinandersetzung mit der seinerzeit vorherrschenden Politischen Ökonomie definierte später der Elsässer Auguste Ott in seinem Buch „Traité d'économie sociale ou l'èconomie politique au point de vue du progrès" die économie sociale als „Wissenschaft, die danach strebt, die Arbeit zum bestmöglichen Erhalt der Gesellschaft und des Individuums und zur Realisierung von Freiheit, Gleichheit und Brüderlichkeit zu organisieren" (Ott 1851, 20). Die organisierte Produktion von Gütern müsse einer moralischen Zwecksetzung gehorchen und sei dem Prinzip der Gerechtigkeit verpflichtet (Ott 1851, 17).

In der Praxis hatten 1844 im mittelenglischen Rochdale die Gründer der „Rochdale Equitable Pioneers Society" eine erste Konsumgenossenschaft mit bleibendem Erfolg geschaffen. Die ersten Prinzipien der „redlichen Pioniere" von Rochdale waren „one member one vote", „open membership", „fixed and limited interest on capital" (Birchall 1994, 49 ff.). Ein anderer Zweig der Sozialwirtschaft erwuchs aus den bereits Ende des 18. Jahrhunderts gegründeten britischen „friendly societies" von Handwerkern und Lohnarbeitern. Auch die von Charles *Fourier* erdachten „Phalansteres" hatten – trotz des utopischen Konzepts – in der Praxis als „Kommunen" zum Teil jahrzehntelang Erfolg. In ihnen erfolgte auf der Grundlage gemeinschaftlichen Eigentums eine Güterverteilung nach geleisteter Arbeit.

Waren es im Umfeld von Robert *Owen* in England die Kooperativen in der Produktion und im Konsum, die den arbeitenden Klassen zu einem gerechten Anteil am Vermögen verhelfen sollten, so suchten die französischen „Assoziationisten" wie Philippe *Buchez* (1796–1865) und Louis *Blanc* (1811–1882) in der „Organisation der Arbeit" eine Produktionsweise zu erreichen, die der armen Bevölkerung die Verfügung über die Mittel für ihren Lebensunterhalt und über den Mehrwert ihrer Arbeit verschafft. Der Staat sollte diese Organisation regulieren und finanziell unterstützen. Im Revolutionsjahr 1848 wurde das Konzept von Louis Blanc in den „Nationalwerkstätten" für die Arbeitslosen umgesetzt. Auguste Ott (1851) bezog sich darauf, als er anstelle der „Assoziation des Kapitals" die „Assoziation der Arbeit" als Mittel pries, um die arbeitenden Klassen zu befreien. Für den nötigen Kapitalverkehr wäre, so Pierre-Joseph *Proudhon* (1809–1865), eine „Volksbank" einzurichten und das bestehende Geldsystem abzuschaffen. Die Bank sollte „Tauschbons" für eingebrachte Produkte ausgeben, mit denen diese Produkte zu erwerben wären. Proudhon war im Gegensatz zu Louis Blanc gegen jede Mitwirkung des Staates und trat für eine weitreichende genossenschaftliche Selbstorganisation ein.

Zum Stand der Theorieentwicklung in der Sozialwirtschaft

Der sozialwirtschaftliche Diskurs ist in Frankreich in der zweiten Hälfte des 19. Jahrhunderts unter den Leitvorstellungen freier Assoziation und Kooperation arbeitender Menschen fortgeführt worden. *Frédéric Le Play* (1806–1882) warb von katholisch-konservativer Seite für eine dem Unterhalt der Arbeiterschaft und ihrer Familien dienliche Sozialwirtschaft. Seine *„Société internationale des études pratiques d'économie sociale"* verschaffte der Sozialwirtschaft von 1855 an (zuerst in einer hauswirtschaftlichen Präsentation) einen Platz auf den Weltausstellungen, die Le Play organisierte, zuletzt im *„Palais de l'économie sociale"* in Paris 1900.

Praxisbezogen waren seinerzeit verschiedene Formen von Genossenschaften im Blick, wie sie parallel in Deutschland, begründet von Friedrich Wilhelm *Raiffeisen* und Hermann *Schultze-Delitzsch,* entstanden. Während Raiffeisen für genossenschaftliche „Hilfs- und Wohltätigkeitsvereine" eintrat, setzte Schulze-Delitzsch auf unternehmerisch tätige Genossenschaften zum Eigennutz ihrer Mitglieder. Auf seine Initiative hin wurde 1889 im „Gesetz, betreffend die Erwerbs- und Wirtschaftsgenossenschaften" den Genossenschaften unter dem Gesichtspunkt der „Förderung des Erwerbs und der Wirtschaft ihrer Mitglieder mittels gemeinschaftlicher Geschäftsbetriebe" die Gewinnerzielung als Zweck zugeschrieben. Seither haben die Interessenvertreter der Genossenschaften in Deutschland mit der Sozialwirtschaft französischer Provenienz wenig im Sinn. Auch sonderte sich die in der Arbeiterbewegung gezeugte und später von den Gewerkschaften getragene *Gemeinwirtschaft* (vgl. zu ihrer Geschichte Novy/Prinz 1985) ab. Demgegenüber blieb der Genossenschaftsgedanke in Frankreich dem sozialen Zweck verhaftet. Dem entsprach die „Charta der Gegenseitigkeit" (charte de la mutualité) von 1898.

Es war die Zeit des Solidarismus als politischer Bewegung in Frankreich. Ihr entzog sich auch die Wirtschaftswissenschaft nicht. Der schweizerische Volkswirtschaftler Léon *Walras* hatte bereits in seinen „Éléments d'économie politique pure" (1874) zwischen einer „reinen Ökonomie", einer „angewandten Ökonomie" und einer „sozialen Ökonomie" unterschieden, letztere zuständig für die „Umverteilung des gesellschaftlichen Reichtums". Walras ordnete in seinen „Études d'économie sociale" (1896) der Sozialwirtschaft eine „domaine de juste" zu, während die angewandte Ökonomie sich mit dem Bereich des Nutzens zu befassen habe. Zum Kapitalisten könne jeder Arbeiter in einer kooperativen Assoziation werden, die mit der Demokratisierung der Produktion zu einer gerechte Verteilung des Reichtums führe. In diesem diskursiven Rahmen entwarf in der „Schule von Nîmes" der Ökonom Charles *Gide* (1847–1932) in mehreren Schriften eine Theorie der Sozialwirtschaft. „Gesollte Solidarität" (solidarité devoir) liege einem ethisch gerechtfertigten Wirtschaften zugrunde. Zu ihm zählte Gide (der auch von „économie solidaire" sprach) seinerzeit die

- *Economie du travail (de type syndical),*
- *Economie des services (de type associatif),*
- *Economie de prévoyance (de type mutualiste).*
- *Economie d'indépendence (de type coopératif).*

In den Formen freier Assoziation könne sich die Arbeiterschaft mit ihren eigenen Mitteln emanzipieren. Schrittweise ließe sich die Wirtschaft insgesamt zu einer kooperativen Ökonomie und das Gemeinwesen zu einer „Genossenschaftsrepublik" umformen, schrieb Gide 1910.

Der Kooperatismus von Charles Gide befand sich in Übereinstimmung mit der katholischen Soziallehre, wie sie in der Enzyklika Leos XIII. *„Rerum Novarum"* 1891 niedergelegt worden war und seither wirtschaftsbezogen auch in einer katholischen Sozialökonomik behandelt wird (Nitsch / Phillips / Fitzsimmons 1994). In Deutschland vertrat der katholische Sozialethiker Heinrich *Pesch* (1854–1926) einen Solidarismus, um mit einem sozialen Arbeitssystem die moralisch ungebundene Herrschaft des Kapitals zu überwinden. Menschen seien in ihrer Sozialnatur organisch miteinander verbunden und aufeinander angewiesen. Zur allgemeinen menschlichen Solidarität komme eine „Solidarität der Staatsgenossen" und eine „Solidarität der Berufsgenossen". Die Lehren von Pesch beeinflussten die Abfassung der päpstlichen Enzyklika „Quadragesimo anno" (1931) mit dem darin ausgelegten, für Anwendungen in der Wohlfahrtspflege und eine sozialwirtschaftliche Ordnung wesentlichen, *Subsidiaritätsprinzip.*

Die französische Debatte bezog seinerzeit die Institutionen der Wohlfahrtspflege durchaus nicht ein. Die Theorie blieb dem Bereich des assoziativen, genossenschaftlichen Wirtschaftens verpflichtet. 1921 gründeten Charles Gide und Bernard Lavergne die „Revue des études coopératives, mutualistes et associatives" (seit 1986 die „RECMA, Revue internationale de l'économie sociale") als Organ der Solidarökonomie. Georges Fouquet entwarf 1935 in der Internationalen Arbeitsorganisation erstmals das Konzept eines besonderen kooperativen Sektors, der sich in vielfältiger Form innerhalb der modernen Wirtschaft zwischen dem öffentlichen und dem kapitalistischen Sektor ausbilde. Für die Beteiligten in diesem *„secteur coopératif"* reintegrierten die kooperativen Institutionen „das Ökonomische in das Soziale" (Fouquet 1965, 44). Denn die Kooperative diene mit ihrem Geschäft ihren Mitgliedern, die sich in der Organisation sozial miteinander verbinden und zu eigenem Nutzen wirtschaftlich betätigen.

Wirtschaftliche Krisen belebten in den folgenden Jahrzehnten in vielen Ländern die Praxis der Kooperativ- und Genossenschaftsbewegung. Ihre verschiedenen Strömungen fanden in Frankreich 1968 im *Groupement National de la Coopération* zusammen. 1970 wurde das „Nationale Verbindungskomitee der mutualen, kooperativen und assoziativen Aktivitäten" (*Comité national de liaison des activités mutualistes, coopératives et associatives*, CNLAMCA) eingerichtet. 1980 veröffentlichte das CNLAMCA seine „Charta der Sozialwirtschaft" (deutscher Text s. Wendt 2002, 90; das CNLAMCA bekam 2001 den Namen *Conseil des entreprises et des groupements de l'économie sociale*, CEGES). Die Charta schließt mit der Feststellung: „Die Unternehmen der Sozialwirtschaft finden ihre Zweckbestimmung in der Dienstleistung für den Menschen".

Seither werden die Organisationen der Sozialwirtschaft in Frankreich vier „Familien" zugeordnet (und diese Klassifizierung ist auf europäischer Ebene übernommen worden). Man gruppiert die Organisationen nach den
- kooperativen Aktivitäten (in Genossenschaften),
- assoziativen Aktivitäten (von Vereinen),
- mutualistischen Aktivitäten (von Vereinigungen auf Gegenseitigkeit),
- Aktivitäten von Stiftungen und von Sozialunternehmen.

Die vier Familien treten unter dem Kürzel CMAF (Cooperatives, Mutuals, Associations, Foundations) auf. Als allgemeine Kriterien der Zugehörigkeit zur sozialwirtschaftlichen Sphäre gelten
- der freie Zusammenschluss von Menschen,
- ihre demokratische Teilhabe an Entscheidungsprozessen,
- die Verbindung von Interessen der Beteiligten mit einem allgemeinen öffentlichen Interesse,
- die Zwecksetzung in der Deckung eines gemeinschaftlichen Bedarfs und das Gewinnverteilungsverbot.

Man assoziiert sich, um sozial und solidarisch – anders als im freien Markt – etwas zu unternehmen („*s'associer pour entreprendre autrement*", Demoustier 2001). Die Ständige Europäische Konferenz der CMAF definierte im März 2002:

> „The organisations of the social economy are economic and social actors in all sectors. They are characterised principally by their aims and by their distinctive form of entrepreneurship. The social economy includes organisations such as cooperatives, mutual societies, associations and foundations. These enterprises are particularly active in certain fields such as social protection, social services, health, banking, insurance, agricultural production, consumer affairs, associative work, craft trades, housing, supply, neighbourhood services, education and training, and the area of culture, sport and leisure activities."

Die kollektive Aktion, die der Sozialwirtschaft eigen ist, ist nach diesem gewachsenen Verständnis trotz unterschiedlicher Auslegung mit den drei Dimensionen zu charakterisieren, die der Titel des Buches von D. Demoustier (2001) angibt:
- die soziale Dimension *(s'associer)*,
- die ökonomische Dimension *(entreprendre)* und
- die politische Dimension (des anderen Engagements in zivilen Belangen) (vgl. Favreau 2005, 10 f.).

In allen drei Dimensionen richten sich viele der gemeinten kollektiven Aktionen in den letzten Jahren gegen eine neoliberale Wirtschaftsauffassung und ihre globale Praxis. In der Ausprägung als Solidarwirtschaft (Laville 2000, Alcoléa-Bureth 2005, Laville/Cattani 2005) will man, insbesondere in den Entwicklungsländern des Südens, sozialwirtschaftlich gegen die Globalisierung der kapitalistischen Wirtschaftsweise eine „Globalisierung der Solidarität" setzen. Sie wird auf den Weltsozialgipfeln in Porto Alegre diskutiert, und „Solidarische Ökonomie" steht seit 2003 auf der politischen Agenda der Regierung Brasiliens (s. dazu Singer 2002, Singer/Souza 2003, Loccumer Initiative 2005).

2.2 Öffnung des sozialwirtschaftlichen Diskurses

Im Wechselspiel von Theorie und praktischen Projekten verbreitete sich der Diskurs über soziale Genossenschaften und Solidarunternehmen im letzten Viertel des 20. Jahrhunderts in den romanischen Ländern wie in Italien (Barbetta 1997) und Spanien (Barea/Monzón 1992), dort seit 1992 organisiert in einem „Geschäftsbündnis für die Sozialwirtschaft", CEPES, auch im frankophonen Belgien und in Kanada (Quarter 1992). Besonders im französischsprachigen Quebec gewann diese Praxis zivilgesellschaftlich an Dynamik und fand öffentliche Anerkennung (Vaillancourt/Tremblay 2002, Kearney/Aubry/Tremblay/Vaillancourt 2004). Frankreich setzte 1981 (unter sozialistischer Regierung) die *économie sociale* auf die wirtschafts- und sozialpolitische Agenda und schuf zur Administration dieses politischen Handlungsbereiches eine *„Délégation interministérielle à l'économie sociale"* mit Zuständigkeit nicht nur für die „vier Familien" der Sozialwirtschaft, sondern (seit 1998) auch für die „Entwicklung des assoziativen Lebens" insgesamt. Der französische Diskurs beeinflusste bekanntlich im Rahmen der Öffnung des gemeinsamen europäischen Marktes die Behandlung der sozialen *services of general interest* in den europäischen Gremien.

Die Liberalisierung des Marktes für Dienstleistungen geht einher mit einer Modernisierung der Staatstätigkeit, in deren Verlauf viele Versorgungsaufgaben teilweise oder ganz privatisiert werden. Der Staat sucht zivilgesellschaftliche Partner und die Bürger zu „aktivieren", dass sie ihre Belange in eigener Verantwortung mehr und mehr selber bewirtschaften. Freiwilligeneinsatz, selbstorganisierte Dienste von und in Gruppen (Badelt 1980), Sponsorentätigkeit, Fundraising und Stiftungen finden Aufmerksamkeit und gewinnen an Ansehen. Mit ihrem Engagement werden die „selbstlos" tätigen gemeinnützigen Vereinigungen zu Aktivposten der Gesamtwirtschaft und die einzelnen Akteure zu „Unternehmern ihrer selbst". Diese Entwicklung ist für den theoretischen Diskurs wichtig, weil damit in Wirtschaft und Gesellschaft „die Bedeutung derartiger mikro- oder intermediär-mesoökonomischer Initiativen" erheblich zunimmt „und zwar in dem Maße, als sich die Wahrnehmung insbesondere ‚sozialer' Aufgaben von der staatlichen Ebene auf die einzelwirtschaftliche Ebene verlagert" (Engelhardt 2003, 328).

Für die formelle Übernahme sozialstaatlicher Aufgaben durch selbständige sozialwirtschaftliche Organisationen wurde in Europa 1991 das italienische Gesetz Nr. 381/91 beispielhaft. Es betrifft Organisationen, welche die allgemeinen Interessen des Gemeinwesens in Hinblick auf die Unterstützung und soziale Integration der Bürger zu verwirklichen streben. Das Gesetz anerkennt als „cooperativa sociale" die beiden Typen der

- A: Kooperative sozialer Solidarität, die als Unternehmen Gesundheits-, Sozial- und Erziehungsdienste anbieten,
- B: Kooperative als Produktivgenossenschaften in der Landwirtschaft, im Handwerk und in der Industrie, die benachteiligten und behinderten Personengruppen Arbeitsplätze bieten.

Die italienischen Sozialgenossenschaften binden professionelle Kräfte, freiwillig Mitwirkende und juristische Personen, „deren Satzung die Finanzierung und Entwicklung von kooperativen Tätigkeiten vorsieht", sowie die Nutzer von Dienstleistungen ein. Versorgt werden somit im öffentlichen Auftrag (auf der Basis von Verträgen) soziale Zielgruppen außerhalb der Organisation. In analoger Funktion haben sich in vielen Ländern „care co-operatives" (health care co-operatives, child care co-operatives et al.) verbreitet, in denen Fachkräfte mit ihrer und für ihre Klientel zusammenwirken oder zu denen sich Menschen mit einem Bedarf an Unterstützung zusammenschließen und (z. B. in einer Assistenzgenossenschaft) als Arbeitgeber für Fachpersonal und sonstige Helfer auftreten. Entwickelt hat sich eine Ökonomie in neuen Formen von Partnerschaft (Ranci/Pellegrino/Pavolini 2005). Die europaweiten Erfahrungen mit Sozialgenossenschaften haben auch der Genossenschaftsdiskussion in Deutschland Auftrieb gegeben (Flieger 2003).

Auf der Ebene der Europäischen Gemeinschaften befasste sich das Europäische Parlament schon in den 1980er Jahren mit dem Thema der Sozialwirtschaft im frankophonen Verständnis. 1986 veröffentlichte der Wirtschafts- und Sozialausschuss des Europäischen Parlaments eine umfassende Studie zu den Genossenschaften, Vereinigungen auf Gegenseitigkeit, gemeinnützigen Vereinen und Selbsthilfevereinigungen in der Europäischen Gemeinschaft. 1989 richtete man in Brüssel bei der damaligen Generaldirektion XXIII ein Referat „Economie sociale" ein, und es gab die „Mitteilung der Kommission der Europäischen Gemeinschaften an den Rat über die Unternehmen der Economie sociale und die Schaffung des europäischen Marktes ohne Grenzen" – SEK (89) 2187 endg. Seit 1989 hat auch eine Reihe von europäischen Konferenzen zur Sozialwirtschaft stattgefunden, und es sind verschiedene Gremien entstanden, die auf europäischer Ebene Belange der Sozialwirtschaft wahrnehmen. Die Schaffung von Arbeitsplätzen steht auf der Agenda an erster Stelle. 1997 legte die Europäische Kommission (Generaldirektion V: Beschäftigung und soziale Angelegenheiten) das Programm „Drittes System und Beschäftigung" auf. Weitere Initiativen in dieser Richtung folgten.

Unternehmen der Sozialwirtschaft werden im europäischen Liberalisierungsprozess wie andere Wirtschaftsunternehmen betrachtet und einer „pluralen Ökonomie" zugerechnet, welche die Basis für Beschäftigung verbreitert und sozialen Aufgaben wie der Eingliederung und Teilhabe randständiger Bevölkerungsgruppen nachkommen soll. Auf welche Weise der gewünschte Erfolg erreicht wird, interessiert dabei zunächst einmal nicht. Der Wettbewerb soll über die Durchsetzung von Lösungen entscheiden. Die Nische, in der insbesondere die freigemeinnützige Wohlfahrtspflege zwischen Markt und Staat auskömmlich eingerichtet war und in der sie „funktional dilettantisch" operieren und „erfolgreich scheitern" konnte (Seibel 1992), löst sich auf. Die traditionell „moralisch organisierten" Unternehmen geraten unter Kommerzialisierungsdruck und werden expressis verbis zu *Sozialunternehmen* (Borzaga/Defourny 2001). Die Sozialwirtschaft entfaltet sich demzufolge in einer Wettbewerbssituation, in der das mildtätige Geschehen in der Wohlfahrtspflege nicht länger ökonomisch „außen vor" bleibt (vgl. Ottnad/Wahl/Miegel 2000). Angebotstheoretisch unterscheidet sich der Sozialunternehmer von anderen Akteuren im Markt dadurch, dass er vorwiegend (aber nicht nur) immaterielle Gewinne realisieren will und gemeinwohlorientiert handelt. Die sozialen Zielsetzungen betreffen gewöhnlich des näheren eine Mängelbehebung in der Lage von Personengruppen oder im Gemeinwesen, des weiteren aber an der einen oder anderen Stelle die gedeihliche Entwicklung der Gesellschaft überhaupt.

Über das Konzept der Sozialen Unternehmung als Organisationsform sozialwirtschaftlicher Aktivitäten wurde seit Anfang der 1990er Jahre diskutiert. Im internationalen Forschungsprojekt „Community Development and Social Enterprises" ergab sich zum Begriff der Sozialen Unternehmen 1997 die folgende Arbeitsdefinition:

1. „Soziale Unternehmen versuchen, spezifische *soziale Ziele durch ökonomische Betätigung* zu realisieren.
2. Sie sind ‚*not for profit*' – Organisationen in dem Sinne, dass alle erwirtschafteten Überschüsse entweder in ökonomische Aktivitäten des Unternehmens investiert oder in anderer Weise so genutzt werden, dass sie den gesetzten sozialen Zielen des Unternehmens dienen.
3. Ihre Strukturen sind so angelegt, dass das gesamte Vermögen und der akkumulierte Reichtum des Unternehmens nicht Privatpersonen gehören, sondern dass sie treuhänderisch zum Wohl derjenigen Personen und Gebiete verwaltet werden, welche als Nutznießer des Sozialen Unternehmens bestimmt worden sind.
4. Ihre Organisationsstrukturen zielen auf gleiche Rechte für alle und ermutigen alle Beteiligten, auf *kooperativer Basis* zu arbeiten. Ein weiteres Kennzeichen des Sektors der Sozialen Unternehmen ist, dass er die *wechselseitige Kooperation* zwischen Sozialen Unternehmen und anderen Organisationen der sozialen und lokalen Ökonomie fördert" (Technologie-Netzwerk Berlin 1997, 14).

Mit dem Konzept verband sich die Hoffnung, dass sich eine soziale Unternehmenskultur herausbildet, die sich in einer eigenständigen und besonderen Art und Weise des Wirtschaftens auszeichnet (Birkhölzer 2005, 82 f.).

Die neuen Sozialunternehmen stellen sich Herausforderungen, die über herkömmliche Wohlfahrtspflege ebenso hinausgehen wie über gemeinschaftliche Selbsthilfe. Sozialwirtschaftlich wird mobil gemacht für Beschäftigung und Arbeitsbefähigung (employability), für Gemeinwesenentwicklung und für gesellschaftlichen Zusammenhalt (soziale Kohäsion). Es gibt neue Typen von Initiativen. L. Favreau hat sie für die letzten zwei Jahrzehnte vier Gruppen zugeordnet:
- job training initiatives in associations that encourage various types of learning related to the labour market;
- proximity services development initiatives (day care and home care services, community housing);
- economic and social revitalization initiatives, bringing together, within a multiple-activity intervention process, various actors working in the same geographical area; and
- funding initiatives for the development of regions and local enterprises (Favreau 2006, 2, vgl. Favreau 2005, 9).

Diese Initiativen sind international verbreitet. Sie tragen auf lokaler Ebene wie auf staatlicher Ebene zum sozialpolitisch notwendigen Umbau bei (Favreau 2005, 7 f.). Ihnen wird die Fähigkeit zur Innovation abverlangt, denn auf hergebrachte Weise lässt sich die soziale Problematik in ihrem Wandel immer weniger bewältigen. Zivilgesellschaftliche Akteure wollen in neue Lösungen *investieren*. Sie verstehen unter „sozialen Investitionen" bürgerschaftliche und private Beiträge zum öffentlichen Wohl. Darauf bezieht sich beispielsweise das Forschungsprogramm des jüngst gegründeten „Centrums für Soziale Investitionen und Innovationen" an der Heidelberger Universität, finanziert von Stiftungen großer Unternehmen. Mit ihm wird angestrebt, „die Debatte über Gemeinwohl, öffentliche Aufgaben und Verantwortlichkeit von ihrer Fixiertheit auf Haushalts- und Steuerfragen auf Fragen sozialer, d. h. dem öffentlichen Interesse dienender Investitionen, Bereitstellung von Kapital, soziale Problemlösungskapazität sowie schließlich Nachhaltigkeit zu lenken" (Anheier / Then / Schröer u. a. 2006, 6). „Ertragsorientierte" soziale Investitionen werden auch vom Staat erwartet, der aber in neuer Verantwortungsteilung lieber alle anderen gesellschaftlichen und individuellen Akteure in der Bewältigung sozialer Aufgabenstellungen vorlässt.

2.3 Neue Mixturen für emergente Probleme

Die Bewirtschaftung des Sozialen und der Diskurs über sie treten in einen Prozess ein, der als *reflexive Modernisierung* gekennzeichnet worden ist (Beck 1993, Beck / Giddens / Lash 1996, Beck / Bonss 2001). Als das 20. Jahrhundert zu Ende geht, werden die Nebenfolgen der allgemeinen technisch-wissenschaftlichen, globalen ökonomischen und gesellschaftlichen Entwicklung zu gravierenden Problemen in der individuellen und gesellschaftlichen Lebensführung. Sie tauchen unvorhergesehen in ihrem Ausmaß auf und betreffen die ganze Bevölkerung, nicht nur einzelne Gruppen in ihr. Zu denken ist

- an *Qualifizierungserfordernisse,* um bei globaler Konkurrenz bestehen zu können,
- an *Integrationserfordernisse* in der Schwierigkeit, den Zusammenhalt, die Kohäsion der Gesellschaft zu wahren,
- an die *Work-Life-Balance* von Frauen und Männern und von Familien, abzustützen durch diversifizierte Dienstleistungen,
- an die *demografische Krise,* in der die Zukunftsfähigkeit der Gesellschaft und nicht zuletzt der Sozialsysteme davon abhängt, in welchem Umfang Partnerschaft, Familie, Aufziehen von Kindern, Solidarität der Generationen gelingen.

Als zu eng erweist sich danach ein Fokus der Sozialwirtschaftslehre allein auf organisierte Nothilfe. Es bedarf in aller Breite einer Investition in Humanvermögen. Familien werden als primäre Wirtschaftssubjekte wiederentdeckt; sie sind in der

Erstellung sozialwirtschaftlicher Güter nicht deren Konsumenten, sondern in erster Linie *Produzenten*, die in dieser Funktion Unterstützung verdienen und denen in einem Verhältnis der Koproduktion beigestanden wird. Konzepte der Sozialwirtschaft müssen die Problemerfahrung, die Selbstbestimmung und das eigenständige Agieren der Nutzer dieses Wirtschaftens nicht mehr nur berücksichtigen, sondern als konstitutiv für die zu leistende Wohlfahrtsproduktion in Betracht ziehen.

Ihr widmet sich personenbezogen die professionelle *Soziale Arbeit*. Individuelle Wohlfahrt ist das Produkt dieser Arbeit. Eine in den letzten Jahren erfolgte „ökonomisch begründete Perspektivenerweiterung für die Soziale Arbeit" (Grunwald 2001, 1795) verbindet sie mit einem Verständnis von Sozialwirtschaft als organisierter Produktion von Wohlfahrt. „Management des Sozialen" heißt nun, mit der Entwicklung neuer Produktionskonzepte für die Erbringung von Dienstleistungen den veränderten strukturellen Anforderungen zu entsprechen (Flösser 2002). In Gleichsetzung von Sozialmanagement mit sozialem Wirtschaften wird es in einer Entwicklungslinie „vom Helfen zur Organisation" konzipiert (Bödege-Wolf/Schellberg 2005, 15 ff.).

Als sozialwirtschaftliche Organisationen werden, so die Herausgeber des ersten „Lehrbuchs der Sozialwirtschaft", die Anbieter sozialer Dienstleistungen erkannt (Arnold/Maelicke 1998, 20). Sie müssen „wirtschaften", das heißt: sie sind gezwungen, die ihnen zur Verfügung stehenden Ressourcen effizient einzusetzen (Arnold/Maelicke, a.a.O.). Mit einer Handlungslogik der Angemessenheit (equity) wird in der Sozialwirtschaft für das Wohlergehen von Menschen gearbeitet; die Angemessenheit lässt sich nur erreichen, wenn mit den Dienstleistungen diskret und differenziert auf die individuellen Belange eingegangen wird. Gleichzeitig bestimmen im Kontext der Lebensführung die Verhältnisse, in denen sich Menschen alltäglich bewähren müssen, ihre Belange, so dass die Ökonomie persönlicher Wohlfahrt in Relation zum ökonomischen Geschehen, an dem die Individuen teilhaben, zu betrachten ist.

Die ökonomischen Beziehungen zwischen den Bürgern und ihrem Gemeinwesen, Staat und Erwerbswirtschaft eingeschlossen, ändern sich. Von daher liegt es nahe, statt von den Dienstleistungsangeboten her *in diesen Beziehungen* die formelle Versorgung, die Ausführung der Wohlfahrtspflege und die in ihr geleistete Arbeit selber zum Ausgangspunkt einer Theorie der Sozialwirtschaft zu wählen. Dahin zielt die Untersuchung, „wie in der Sozialen Arbeit gewirtschaftet wird und wie mit ihr gewirtschaftet wird" (Wendt 2004, 7). In den „Werken", die zustande gebracht und unterhalten werden, finden Gemeinschaftsaufgaben ihre Erfüllung, und zwar solche, die zugleich individuelle Aufgaben in der Führung des eigenen Lebens sind.

Soziale Wohlfahrt wird an individuelle Wohlfahrt gebunden, indem diese in der Bearbeitung von Problemen und Krisen, äußeren Behinderungen und inneren Nöten befördert wird.

In der Praxis geschieht das in neuen Arrangements der Teilhabe, für die beispielhaft nur
- eine auf Nutzererfordernisse abgestimmte Integrierte Versorgung,
- die Unterstützung sorgender Angehöriger,
- Assistenzgenossenschaften von Menschen mit Behinderungen und
- das Persönliche Budget

genannt seien. Überwunden wird dabei die Dichotomie zwischen den Veranstaltungen *öffentlicher* Daseinsvorsorge einerseits und der Praxis *privater* Daseinsvorsorge und Selbstsorge in sozialen Belangen andererseits. Der in den letzten Jahrzehnten entdeckte und beschriebene „Wohlfahrtspluralismus" (Evers/Olk 1996), die *„mixed economy of welfare",* gibt auch in der sozialwirtschaftlichen Theorieentwicklung Anlass, einen erhöhten Standpunkt einzunehmen, von dem aus die Vielfalt und die Wechselbeziehungen im Versorgungsgeschehen überblickt werden können. Die Politische Ökonomie von Versorgungsprogrammen (vgl. Austin 1983) bietet einen solchen makroskopischen Diskursrahmen. Aber es gibt neben ihm weitere wissenschaftliche Perspektiven, auf die noch einzugehen sein wird.

Für die Praxis stellt die Sozialwirtschaft heute einen strukturellen und prozessualen Bezugsrahmen dar, in dem sich verschiedene, voneinander weitgehend unabhängige Gruppen und Typen von Akteuren, oft ohne ihr Dazutun, wiederfinden. Sie haben ihren je eigenen Gesichtskreis, und sie transportieren in ein Konzept von der Sozialwirtschaft im Ganzen ihr je eigenes Selbstverständnis von sozialem, bedarfsentsprechendem Wirtschaften. Aus der Sicht von freien Assoziationen steht die Gemeinschaftsleistung für Mitglieder im Vordergrund, aus dem Blickwinkel der Dienste im Allgemeininteresse *(services of general interest)* entfaltet sich die Sozialwirtschaft in der Erfüllung öffentlicher Versorgungsaufgaben. Deren Erledigung ist zu modernisieren: sie erfolgt zunehmend dezentralisiert, „externalisiert" (per Abgabe an den privaten Sektor), in öffentlich-privater Partnerschaft und in einem „regulierten Wettbewerb". Daraus hat die Europäische Kommission in ihrer jüngsten „Mitteilung" über die Sozialdienstleistungen gefolgert: Das „stärker wettbewerbsorientierte Umfeld und die Berücksichtigung der besonderen Bedürfnisse des Einzelnen (auch der nicht lösbaren Probleme) schaffen das geeignete Klima für eine ‚Sozialwirtschaft', die gekennzeichnet ist durch die prominente Position von Dienstleistern ohne Erwerbszweck, die aber gleichzeitig auch effizient und transparent arbeiten müssen" (Kommission 2006, 6).

Die genannte „Mitteilung" versteht unter Sozialdienstleistungen zwei große Gruppen
- die gesetzlich geregelten sozialen Sicherungssysteme zur Absicherung elementarer Lebensrisiken und
- persönliche Dienstleistungen, die Menschen helfen, Probleme und Krisen in ihrem Leben zu bewältigen, Eingliederung erleichtern, Familien unterstützen und Wohnraum für benachteiligte Personen und Gruppen bieten (Kommission 2006, 4).

Die beiden Leistungsbereiche bestehen nicht unabhängig voneinander; die Sicherungssysteme regulieren und finanzieren die Humandienstleistungen in hohem Maße. Im Netz der Sozialen Sicherung werden großenteils die Ressourcen verteilt, mit denen sozial gewirtschaftet werden kann. So frei und selbstbestimmt viele Unternehmen der Sozialwirtschaft agieren mögen, sie nehmen subsidiär öffentlich-rechtliche Haushalte in Anspruch und sind als Dienstleister „im allgemeinen Interesse" in das Management bzw. die Governance der öffentlichen Versorgung einbezogen. Die Theorie der Sozialwirtschaft behält deshalb mit den intermediär organisierten Dienstleistungen auch den Makrobereich der Daseinsvorsorge im Blick.

Praktisch kann sich in der Ausgestaltung der öffentlichen Daseinsvorsorge eine Multi-Service-Agentur für Leistungsempfänger, wie sie in Australien mit der „Commonwealth Service Delivery Agency" (Centrelink) vorhanden ist (Müller 2006), ergänzend zur Bündelung materieller Leistungen dazu aufschwingen, als ein *„civic entrepreneur"* privatwirtschaftliche ebenso wie gemeinnützige Organisationen zur Bewältigung eines sozialen Problems zusammenzuführen, und gleichzeitig können sich diese der Agentur zu Zwecken einer ganzheitlichen Problemlösung bedienen. „Zivilunternehmer" sind auch zur Selbstorganisation und zur Vernetzung von Bürgern gefragt, die sich in eigenen und gemeinsamen Belangen helfen und unterstützen oder das Zusammenleben neuartig gestalten wollen (Laville 2003, 396). Neue Formen der Lebensführung und der sich für sie ergebenden Probleme sind wiederum von der öffentlichen Daseinsvorsorge bei ihrer zweckmäßigen Gestaltung unter Einbeziehung verschiedener Leistungsanbieter und ziviler Lösungsmöglichkeiten zu beachten. In Deutschland wirken auf gesetzlicher Grundlage die Sozialleistungsträger darauf hin, dass der Bedarf von Berechtigten gedeckt wird und dass dafür ausreichend Dienste und Einrichtungen zur Verfügung stehen (§ 17 SGB I). Sozialunternehmen erkennen an der Spezifik einer Nachfrage auf dem Markt, was sozialwirtschaftlich zu tun ist – sei es vernetzt untereinander oder in öffentlich-privater Partnerschaft. In jedem Akteurshorizont sind die anderen Akteure präsent, mit denen man größerer Aufgaben wegen kooperiert.

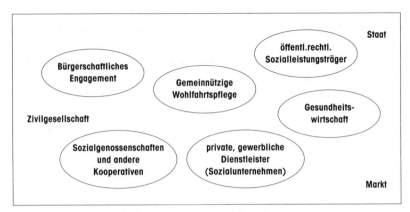

Abb. 2: Sozialwirtschaftliche Horizonte in Praxisbereichen

Welche Verbindungen in der Praxis unter den Akteuren eingegangen werden, um sozialwirtschaftlichen Aufgabenstellungen nachzukommen, dafür möge exemplarisch das Kooperationsabkommen stehen, das in Belgien zwischen dem Föderalstaat und den Regionen zum Aufbau einer Solidarwirtschaft für den Zeitraum 2005 bis 2008 geschlossen worden ist. Dort heißt es: „Solidarwirtschaft ist eine ganzheitliche Betrachtung der Wirtschaft, bei der nicht nur wirtschaftliche Ziele, sondern auch soziale, umweltbezogene und ethische Aspekte integriert werden. So sollen Projekte entwickelt werden, bei denen soziale Ziele wie Betreuung, Schulung oder Eingliederung von besonders gefährdeten Zielgruppen im Vordergrund stehen. Hierbei sollen vor allem Initiativen unterstützt werden, bei denen soziale Ziele und wirtschaftliche Dynamik miteinander kombiniert werden.

Von besonderer Bedeutung für die Solidarwirtschaft ist ferner der weitere Ausbau und die strukturelle Verankerung von Nachbarschaftsdiensten zur Befriedigung individueller und kollektiver Bedürfnisse auf lokaler Ebene, da diese eine beträchtliche Steigerung der Beschäftigungsmöglichkeiten eröffnen." Weiter heißt es: „Das Kooperationsabkommen baut auf zwei Säulen der Solidarwirtschaft auf: Sozialwirtschaft einerseits und soziale Verantwortung der Unternehmen andererseits". Auf differenzierte Weise hat sich die Sozialpolitik auch in anderen europäischen Ländern des solidarischen Leistungspotentials der Sozialwirtschaft angenommen (s. dazu Kendall 2005). In Kanada steht die Förderung einer auf ökonomische Gemeinwesenentwicklung angelegten Sozialwirtschaft seit 2004 ausdrücklich auf der sozialpolitischen Agenda (Chantier de l'économie sociale 2005).

Zum Stand der Theorieentwicklung in der Sozialwirtschaft

So heterogen die Aktionsbereiche und ihre Bezugsrahmen sind, wir finden sie im Sachziel einer sozialen Bedarfsdeckung auf der politischen Makroebene (wie im eben genannten Abkommen), auf der Ebene der Organisationen (im *welfare mix*) und auf der Mikroebene der Nutzer (die einbezogen werden oder die sich einbeziehen) verbunden. Die Sozialwirtschaftslehre hat die Zusammenhänge auf jeder Ebene und zwischen den Ebenen zum Gegenstand: sie identifiziert in der Vielfalt der sozialwirtschaftlichen Aggregate die Gemeinsamkeiten der Aufgabenstellung und der Aufgabenerfüllung.

Halten wir für die Diachronie des Theoriebildungs-Prozesses fest: Ende des 20. Jahrhunderts laufen drei Entwicklungslinien in der sozialwirtschaftlichen Praxis zusammen, die zugleich hauptsächliche Orientierungen für die Theorie bieten:
- die traditionelle gemeinschaftliche Selbsthilfe in member-serving organisations,
- die intermediär organisierte Bewirtschaftung von sozialen Diensten und Einrichtungen für hilfebedürftige Menschen in public-serving organisations und
- drittens gesellschaftliche Bewältigungs- und Rekonstruktionsvorhaben bezogen auf Familie, Arbeitsmarkt, Zuwanderung, Bürgeraktivierung, soziale Kohäsion usw., für die öffentliche, gemeinnützige, privat-gewerbliche und bürgerschaftliche Akteure nebeneinander und miteinander in Anspruch genommen werden.

Die erste Linie der Entwicklung war und ist eine des alternativen und des solidarischen Wirtschaftens, abgesetzt von der vorherrschenden Forprofit-Ökonomie. Die zweite Linie der Strukturierung von Sozialwirtschaft ergab sich abgeschieden von ökonomischen Geschäften in sozialer Betätigung und bezeichnet die komplementäre Funktion der öffentlichen und gemeinnützigen Daseinsvorsorge. Die dritte Linie markiert den Übergang in eine unternehmerische und möglichst innovative Bewirtschaftung des sozialen Wandels mit seinen das ganze gesellschaftliche Gefüge und Wirtschaftsleben betreffenden Herausforderungen. Die „neue Sozialwirtschaft" (Fontan/Schragge 2000, 1 ff., Fourel 2001), wie sie seit einigen Jahren diskutiert wird, ist dynamisch und passt sich in ihrer strukturellen Mixtur der Bedarfsentwicklung in einem andauernden Prozess der Reflexion an. Mit ihr nimmt die Theorie die Verschiebung der Koordinaten wahr, in dem sich die Sozialwirtschaft insgesamt bewegt.

3. Synchronie: Entwicklungsstränge der Theorie in ihrer Verknüpfung

Die theoretische Erörterung des Gegenstandsbereichs Sozialwirtschaft bezieht sich im Ergebnis ihrer Entwicklung heute auf Grundannahmen bzw. allgemeingültige Aussagen (Theoreme) aus mehreren Wissenschaftsbereichen, insbesondere

> 1. auf ökonomiewissenschaftliche Theoreme (der Makro- und Mikroökonomie und von Teilbereichen der Wirtschaft),
> 2. auf *ökologische* Theoreme (des Versorgens und Haushaltens im Zusammenleben von Menschen und der Rekontextualisierung wirtschaftlichen Handelns generell),
> 3. auf Theoreme der *feministischen Wissenschaft* (zur genderspezifischen Fürsorge und zur Ökonomie der Versorgung),
> 4. auf *politikwissenschaftliche Theoreme* (der Sozialpolitik, des Wohlfahrtsstaates, der zivilgesellschaftlichen Entwicklung),
> 5. auf *soziologische* und *organisationswissenschaftliche* Theoreme (zu Strukturen von Gemeinschaft und ihrer Leistungsfähigkeit, zur Rolle von Wohlfahrtsorganisationen).

Es gibt mithin verschiedene Theorielinien der Sozialwirtschaft und ihrer Lehre; einen geschlossenen Theoriekomplex kann sie mit ihnen – bevor sie diese Theorielinien zu verweben versteht – noch nicht ihr eigen nennen. Die Komplementarität der Theorie, der von jeder Seite diskursiv beigesteuert wird, ist aber erkennbar und wird im Folgenden aufzuzeigen sein.

> **Die Gliederung der Beiträge zur Theoriebildung:**
>
> In der wirtschaftswissenschaftlichen *Draufsicht* lässt sich unser Gegenstandsbereich sowohl in gesamtwirtschaftlicher Funktion als auch sektoral behandeln. Hier ist einerseits
> (1) auf die älteren Theoriestränge der Politischen Ökonomie
> und andererseits
> (2) auf die neueren Studien zum Dritten Sektor bzw. zur Nonprofit- Ökonomie
> zu verweisen.
> Ihnen lateral gegenüber stehen im sozialwissenschaftlichen Diskurs
> (3) ökosozial begründete und
> (4) in der feministischen Ökonomie
> angelegte Konzepte, welche den sozialwirtschaftlichen Handlungsbereich sozusagen in einer Binnensicht aus dem menschlichen Lebenskontext begreifen.

Zum Stand der Theorieentwicklung in der Sozialwirtschaft

> Leitkategorien dieser vier Sichtweisen sind
> 1. *Wohlfahrt* – im Gemeinwesen,
> 2. *not-for-profit* – im sozialwirtschaftlichen Betrieb,
> 3. *haushalten* – im Auskommen mit Ressourcen,
> 4. *Sorge* – der Menschen für sich und für andere.
>
> Zu den genannten Theorierichtungen ergänzend hinzu kommt (5.) noch die institutionstheoretische, politikwissenschaftliche und soziologische Analyse der Funktionen und Institutionen, die der Sozialwirtschaft zuzurechnen sind, als eine „*Durchsicht*", welche die Rolle sozialwirtschaftlicher Betätigung im funktional ausdifferenzierten System der Gesellschaft erkennen lässt.

Die angeführten Theoriestränge bzw. pluralen Erkenntnisperspektiven aus der Volkswirtschaftslehre, der Dritte-Sektor-Forschung, dem ökologischen und dem feministischen Denken können in einer Matrix einander zugeordnet werden (Abb. 3):

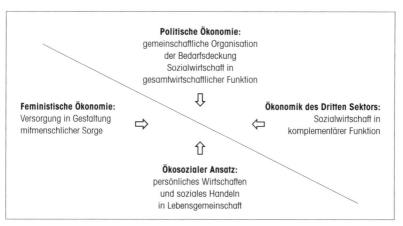

Abb. 3: Sozialwirtschaft in der Matrix von Theorieansätzen

Während in der Politischen Ökonomie und in Konzepten des Dritten Sektors der Gegenstandsbereich der Sozialwirtschaft vorwiegend makrotheoretisch modelliert wird, bieten die Feministische Ökonomie und der ökosoziale Ansatz einen mikrotheoretischen Zugang zu sozialwirtschaftlichen Tatbeständen. Ich habe in den zurückliegenden Jahren versucht, die vier verschiedenen Perspektiven in der *Sozialwirtschaftslehre* (Wendt 2002) zusammenzuführen und halte es auch für angebracht, sie mit ihren Beiträgen in der weiteren Entwicklung dieser Lehre zu nutzen. Im Folgenden wird nun auf die Ansätze, welche die genannten Perspektiven für die Theorieentwicklung bieten, des näheren eingegangen.

3.1 Die politökonomische Perspektive

Wirtschaftswissenschaftlich beantwortet die Sozialwirtschaft in der Lehre und in der Praxis die Frage, wie sich ein humaner und sozialer Bedarf ökonomisch decken lässt. Dafür werden knappe Mittel bereitgestellt und Handlungsmöglichkeiten erschlossen. Vorausgesetzt ist ein politisches Programm der Versorgung von Menschen bzw. der Deckung ihres Bedarfs an Leistungen zur Lebensbewältigung, gesellschaftlicher Teilhabe und Befähigung dazu. Mangelt es an Initiative von staatlicher Seite, kann ziviler Einsatz das Vakuum füllen oder es kommt zu Kontrakten zwischen der öffentlichen Hand und organisiertem freien Engagement zur Aufgabenerfüllung. Westlund und Westerdahl (1996) haben diesen zwei Ausgangslagen der Sozialwirtschaft eine dritte Hypothese zu ihrer Evolution an die Seite gestellt, dass nämlich in Zeiten der Globalisierung im lokalen Gemeinwesen eigenständige Lösungen gefunden werden müssen, die dessen soziale Qualitäten erhalten: dazu finden sich Menschen in Projekten, Vereinigungen und Unternehmen zusammen.

Sozialwirtschaft bezeichnet in jedem Fall die Art und Weise, wie das Sachziel der sozialen Bedarfsdeckung verfolgt und diese Aufgabenstellung erledigt wird. Sozialwirtschaft definiert sich (grenzt sich ab) durch ihr soziales Sachziel. An es sind rechtliche, sozialpolitische, ethische und qualitative Bedingungen geknüpft. Inwieweit die öffentliche Hand die Bedarfsdeckung organisiert, gemeinnützige Organisationen die Erledigung übernehmen oder privat-gewerbliche Unternehmen sich andienen und was die einzelnen Nutzer beitragen und selbständig für sich zu organisieren wissen, ist für die theoretische Rekonstruktion der Sozialwirtschaft insgesamt nicht entscheidend.

In welchem Umfang und in welcher Spezifizierung die Betreiber einer formellen wohlfahrtsbezogenen Versorgung vorgesehen werden, entscheidet sich in der Makroökonomie des politischen Gemeinwesens, also dort, wo es – mit Adam Smith – um den Unterhalt und den Wohlstand des Volkes und des Staates geht. Dieser Unterhalt und Wohlstand ist nach Adam Smith Gegenstand der politischen Ökonomie. Sie beschäftigt sich „mit der Frage, wie man Wohlstand und Reichtum des Volkes und des Staates erhöhen kann" (Smith 1993, 347). Heruntergezont und spezifiziert auf die Ebene des Ergehens einzelner Menschen und Personengruppen sind wir damit bei der Thematik der Sozialwirtschaftslehre als einer „sozialen Wohlfahrtsökonomik", welche „die Gestaltung der Ressourcenallokation für gelingendes Leben" zum Gegenstand hat (Wendt 2000, 268).

An dieser Stelle ist zur terminologischen Klärung anzumerken: Die Nationalökonomie hat sich in der Vergangenheit gerne auch mit der Bezeichnung „Sozialökonomie" bzw. „Sozialökonomik" versehen, um damit auszudrücken, dass die Wirtschaft insgesamt soziale Bezüge aufweist oder auch nur, dass die Wirtschaftswissenschaft für Ökonomie in der Gesellschaft insgesamt zuständig ist. Hier geraten wir leicht in sprachliche Verwirrung, etwa wenn wir die „Theoretische Socialökonomik" von Gustav Cassel aus dem Jahr 1918 englischsprachig unter dem Titel „Theory of Social Economy" verbreitet finden (Cassel 1924). Sie ist eine Theorie der Marktwirtschaft und der Preisbildung in ihr und hat mit unserem Gegenstandsbereich nichts zu tun. Auch dass das Konzept der „sozialen Marktwirtschaft" von Alfred Müller-Armack und Ludwig Erhard englisch oft mit „social economy" wiedergegeben wird, darf uns nicht irritieren. Dass soziale Korrekturen am freien Wirtschaften vorgenommen werden, betrifft die Ordnung des Erwerbs und Verkehrs im Markt.

Die Theorie der Sozialwirtschaft entfaltet sich gegenläufig von *sozialen* Versorgungsfunktionen her, die in ihren ökonomischen Bezügen zu behandeln sind. Jene Funktionen werden auch von Kritikern der Neoklassik gesehen, die sich in einer „Sozio-Ökonomie" artikulieren (Etzioni/Lawrence 1991). Von der sozialwirtschaftlichen Theorieentwicklung indes abzugrenzen sind in der Literatur neuere kompilierte Darstellungen unter dem Titel „Sozialökonomie", mit denen Inhalte aus der Volkswirtschaftslehre und aus der Betriebswirtschaftslehre für den Gebrauch in der Sozialen Arbeit aufgearbeitet vorliegen. „Praktische Sozialökonomie" steht des weiteren für ein wirtschaftsethisches Programm, in dem Peter Ulrich das Wirtschaften als eine „Praxis freier Bürger" beschreibt (Ulrich 2003). Davon zu trennen sind wiederum Konzepte einer speziellen „Sozialen Ökonomie" (Wallimann 1966) selbstverwalteter, basisdemokratisch organisierter Betriebe. Alle Varianten des sozial akzentuierten Ökonomiediskurses richten sich darauf, erwerbswirtschaftlicher Betätigung neben oder mit ihrem Markterfolg eine soziale Dividende, zumindest Sozialverträglichkeit, abzuverlangen.

Die Existenz der Sozialwirtschaft lässt sich wirtschaftstheoretisch auf ihre von vornherein nicht „marktlichen" Zwecke und den Typus der auf ihre Zweckbestimmung gerichteten ökonomischen Aktivitäten gründen. Die Wirtschaftssubjekte in der Sozialwirtschaft verfolgen *primär* nicht erwerbsökonomische, sondern soziale Zwecke: Beseitigung von Notlagen, Erhalt und Wiederherstellung von Gesundheit, Erwerb von Bildung, Gelingen von Integration. Betrachtet werden zunächst die Organisationen, in denen diese Zwecke verfolgt werden. Diese Organisationen *wirtschaften*: sie betreiben unter Einsatz knapper Ressourcen die Erbringung von Dienstleistungen.

Produziert wird mit ihnen *Wohlfahrt*. Nun ist diese Kategorie in der Volkswirtschaftslehre der allgemeine Gegenstand der Wohlfahrtsökonomik. Gefragt ist in ihr eine optimale Aufteilung, die Allokation von Gütern und Ressourcen auf alternative Konsum- und Produktionsmöglichkeiten, mithin die Optimierung der Produktionsstruktur in Hinblick auf ein Maximum an Nutzen in einer Volkswirtschaft. Dieser Nutzen wird als Summe der individuellen Nutzen verstanden. Bei Betrachtung von Allokationsprozessen sind nun allerdings die Ebenen zu unterscheiden, auf denen sie sich vollziehen. Es gibt

- die Ebene der *Makroallokation,* auf der nach politischer Erörterung von Zielzuständen eine Zuweisung öffentlicher Mittel auf einzelne Aufgabenbereiche erfolgt, wonach bei unserer Thematik speziell das Sozialbudget interessiert. Mit Anteilen von ihm wird in der Sozialwirtschaft umgegangen. Als Allokationssystem (hier kann in intermediärer Funktion von einer *Mesoallokation* gesprochen werden) lenkt sie Ressourcen dorthin, wo es der Bedarf besonders erfordert;
- die Ebene der *Mikroallokation,* auf der individuell von den Menschen über die Zweckwidmung ihrer Mittel und den Einsatz ihres Handlungsvermögens entschieden wird. Eine Mikroallokation erfolgt aber auch in der humandienstlichen Versorgung durch die Fachkräfte, die nach professioneller Maßgabe über verfügbare Mittel zur Zielerreichung disponieren.

Für die Theorie der Sozialwirtschaft ist das Verhältnis von Makroallokation und Mikroallokation von besonderer Bedeutung. Dieses Verhältnis bedarf näherer Untersuchung, gibt es doch Aufschluss über die Art und Weise, wie über soziale Belange *top-down* in der Zuweisung und Verwendung von Mitteln und *bottom-up* im Einsatz von Vermögen entschieden wird. Dabei schneidet sich ein Gesamtinteresse mit Eigeninteressen. Die Beweggründe für mikroallokative Entscheidungen sind ganz andere als die Entscheidungsgrundlagen auf der oberen Ebene öffentlichen Umgangs mit dem Budget eines Staates oder auch einer Kommune. Makroallokation erfolgt politisch reguliert. Als Gegenstand der Wissenschaft ist sie Sache der Politischen Ökonomie. Diese beschäftigt sich mit der Aufgabe, das Wohlergehen eines Gemeinwesens und seiner Angehörigen durch ein abgemessenes Wirtschaften zu befördern.

Somit bezeichnet in einer Volkswirtschaft Wohlfahrt die ökonomische Zielsetzung insgesamt. Wohlfahrtsökonomisch werden in der sozialen Wohlfahrtsfunktion die individuellen Wertschätzungen bezüglich alternativer Gütermengen und Güterqualitäten integriert. Berechnen lässt sich ein gesellschaftlicher Gesamtnutzen aus individueller Bedürfnisbefriedigung nicht. Mikroallokation bestimmt nicht über Makroallokation. Mit anderen Worten: Diese kann nicht individuellen Entscheidungen über die Zweckwidmung von Ressourcen überlassen bleiben. Umgekehrt ergibt sich aus der Makroallokation unmittelbar kein ausgewogener, der individuellen Situation angemessener Einsatz von Faktoren der Produktion von Wohlfahrt. Eine Bemessung des Optimums der Ressourcenallokation, bei dem keine Besserstellung eines Individuums mehr möglich ist, ohne dass sie auf Kosten anderer geht (Pareto-Optimum), scheitert an der mangelnden intersubjektiven Vergleichbarkeit individuellen Wohlergehens.

Die sozialwissenschaftliche Wohlfahrtsforschung ist deshalb zu einem mehrdimensionalen Begriff von Wohlfahrt übergegangen. Die *materielle* Ausstattung mit Gütern (im Lebensstandard) ist offenbar nur eine Quelle des Wohlergehens von Menschen. Andere Dimensionen individueller Wohlfahrt sind *immaterieller* Art. E. Allardt (1973) hat sie in der parallelen Erfüllung von Sicherheitsbedürfnissen *(Having)*, Zugehörigkeitsbedürfnissen *(Loving)* und Bedürfnissen nach Selbstverwirklichung *(Being)* bestimmt. Zur ersten Dimension gehört der materielle Wohlstand mit Verfügung über das nötige Einkommen, über Bildung, Gesundheit und einen Wohnstandard; in die zweite Dimension fallen die sozialen Beziehungen, die Einbindung in Familie und in Gemeinschaft darüber hinaus; zur dritten Dimension gehören Teilhabe, Mitwirkungs- und Einflussmöglichkeiten, das Ansehen einer Person und die Kompetenzen, die ihr eigen sind. Eine Sozialwirtschaftslehre hat zu zeigen, was Humandienste und andere sozialwirtschaftliche Unternehmungen zur Bedarfsdeckung in diesen Bereichen beitragen und inwieweit zu ihr speziell diese Dienste und Unternehmungen in der Lage sind.

Individuelle Wohlfahrt wird mit dem Wohlbefinden (well-being) und mikroökonomisch mit dem Nutzen identifiziert, den Menschen aus den Gütern ziehen, über die sie verfügen. Sie stellen diese Güter selber her (z. B. als Produzenten ihrer Gesundheit und im Unterhalt von befriedigenden sozialen Beziehungen), tauschen sie als Konsumenten gegen ihr Einkommen aus Arbeit und Kapital ein, genießen sie als öffentliche Güter (der Natur, der Kultur und der öffentlich unterhaltenen Infrastruktur) oder erhalten sie in Form sozialer Transferleistungen. Das Ergebnis der Nutzung ist eine Wohlfahrt, die sozial- und gesundheitswissenschaftlich mit der objektiven und subjektiven *Lebensqualität* von Menschen gleichgesetzt wird. Überall dort, wo es an ihr mangelt, lässt sich sozialwirtschaftlich eine Kompensation betreiben oder komplementär etwas zur Besserung beitragen. Betroffene können in eigener Initiative Abhilfe organisieren, sich in eine Gemeinschaft begeben, welche Bedürfnisse der Absicherung, der Zugehörigkeit und der Selbstverwirklichung und Anerkennung befriedigt, oder sie nehmen Einrichtungen und Dienste gemeinnütziger *Wohlfahrtspflege* in Anspruch.

In Beziehung auf diesen formellen und informellen Tätigkeitsbereich habe ich an anderer Stelle definiert:

> *Die Sozialwirtschaftslehre ist die Wissenschaft von den Unternehmungen in der Gesellschaft zur direkten Beförderung der Wohlfahrt von einzelnen Menschen und des Gemeinwesens* (Wendt 2003, 16).

Die soziale Problematik, die in der sozialwirtschaftlichen Domäne bearbeitet wird, tritt im öffentlichen Raum auf. Sie ist Gegenstand von Politik und Sache eines wohlfahrtsstaatlichen Regimes. Die auftretenden Probleme – Verarmung, Benachteiligung, Verwahrlosung, Exklusion, Behinderung usw. – werden mit aufwändigen Programmen und anderen Maßnahmen beantwortet. Es erfolgt in der organisierten Sozialwirtschaft eine Dienstleistungsproduktion im öffentlichen Auftrag. Dabei ergibt sich auch betriebsextern (für Kostenträger und Steuerzahler) die ökonomische Fragestellung nach rationellem Mitteleinsatz, nach Effektivität und Effizienz wohlfahrtsstaatlichen und intermediär organisierten Handelns.

Die Theorie der ökonomischen und assoziativen Demokratie (Dahl 1985, Hirst 1994, Hirst/Bader 2001) nimmt an, dass Zusammenschlüsse, in denen die Bürger selber über ihre und über gemeinsame Angelegenheiten, mithin über ihre Wohlfahrt und Wohlfahrtsproduktion, bestimmen können, viele Aufgaben besser, als der Staat es vermag, wahrzunehmen in der Lage sind. Assoziative Demokratie „promotes the democratic governance of corporate bodies in both the public and private spheres, aiming to restrict the scope of hierarchical management and offering a new model of organisational efficiency" (Hirst 1994, 74). Insbesondere in Belangen der Wohlfahrt haben Assoziationen, welche die Nutzer von Dienstleistungen einbeziehen, den Vorzug, eher auf diese Nutzer eingestellt zu sein und sich mit dem Wandel ihrer Situation selber in der Ausbringung dienstlicher Leistungen wandeln zu können. Sozialwirtschaft legitimiert sich hier wie humandienstlich mit der *uno-actu-*Verknüpfung, die sie zwischen Lieferanten und Verbraucher herstellt. Dies ist eine der Besonderheiten, welche die soziale Wirtschaftsbranche gegenüber anderen Geschäftsbereichen auszeichnen.

3.2 Die Nonprofit-Perspektive

In der Forschung und Theoriebildung lassen sich aus der Wirtschaft insgesamt Teilökonomien und aus Menge der am Wirtschaftsprozess beteiligten Akteure Teilmengen herausheben, die sich durch bestimmte Merkmale unterscheiden. An sie halten sich die, oben bereits in der Diachronie ihres Auftretens erwähnten, Konzepte des Dritten Sektors resp. des Nonprofit-Sektors, eines „intermediären Sektors" (zwischen Staat und Markt bzw. zwischen Staat und Privatsphäre) oder des „voluntary sector" (Kendall 2003, Dollery/Wallis 2003). Zum Nonprofit-Bereich werden gewöhnlich (im vom *Johns Hopkins Comparative Nonprofit Sector Project* entwickelten Begriffsverständnis) Organisationen gerechnet, die „formal organisiert sind im Sinne einer feststellbaren institutionellen Dauerhaftigkeit, selbstverwaltet sind, nicht-gewinnorientiert arbeiten, nicht formal-rechtlich Teile der Hoheitsverwaltung und staatliche Anstalten bilden und in deren organisatorischem Verhalten und Mitgliedschaft dem Prinzip der Freiwilligkeit eine entscheidende Rolle zugewiesen ist" (Anheier/Salamon 1992, 45).

Die als Dritter Sektor oder Nonprofit-Sektor bezeichneten Bereiche werden in Europa und in den USA unterschiedlich definiert und analysiert, wobei sich die Sozialwirtschaft, wenn sie nicht mit dem ganzen Sektor einfach gleichgesetzt wird, durch die Besonderheit ihrer Ziel- und Zwecksetzung auszeichnet, in der sie kollektives mit individuellem Wohl verbindet und wesentlich „solidaritätsbasiert" (Laville/Nyssens 2000) tätig wird. „Sozialwirtschaftliche Organisationen" (Arnold/ Maelicke 1998, 20) befassen sich ihrem Sachziel nach hauptsächlich mit der Produktion und Distribution sozialer Dienstleistungen, im übrigen auch mit der Herstellung oder dem Erhalt von Gütern, die soziale Werte realisieren. Die gemeinte, insbesondere im Sozial- und Gesundheitswesen tätige, Gruppe in der Menge der Nonprofit-Organisationen hebt sich von den anderen durch die „spezifische Art des Outputs" ab (Arnold 2000, 57). Nun ergibt sich ein solcher Output auch bei Forprofit-Akteuren und im öffentlichen Dienst.

Statt auf den Output kann alternativ auf die Art und Weise, wie er erzeugt wird, abgehoben werden. So ist der Charakter des gemeinten Bereiches der Betätigung in Studien, die sich mit der EU-Gemeinschaftsinitiative „Drittes System und Beschäftigung" verbanden (s.o.), bestimmt worden. Soziale Unternehmen entstehen aus zivilem Engagement; es bleibt in ihnen erhalten. Birkhölzer beantwortet die theoretisch wichtige Frage, warum überhaupt soziale Unternehmungen zustande kommen, mit ihrer Anknüpfung an soziale Bewegungen (bzw. „Bewegungsmilieus") und die Initiative von Bürgern. Soziale Unternehmungen „entstehen erst dann, wenn sich zivilgesellschaftliches Engagement und unternehmerische Initiative *(entrepreneurship)* zusammenfinden, oder anders ausgedrückt, wenn die Akteure die Realisierung ihrer Zielsetzungen nicht oder nicht mehr ausschließlich von anderen erwarten, sondern zu ökonomischer Selbsthilfe greifen" (Birkhölzer 2005, 85). Die Akteure verlassen gewöhnlich ihre Milieus nicht und halten an deren Handlungslogik fest. Birkhölzer (2001) spricht statt vom Dritten Sektor vom *Dritten System* und grenzt es von den beiden anderen „Systemen" an Hand von fünf Kriterien ab:

1. „Das Dritte System ist ein Akteurssystem, dessen Wirtschaftsweise sich signifikant von der Art und Weise des Wirtschaftens im ersten System (private, gewinnorientierte Wirtschaft) und im zweiten System (öffentliche, staatlich verfasste Wirtschaft) unterscheidet."
2. „Initiativen des Dritten Systems entstehen aus konkreten Mangelerscheinungen und beziehen sich auf die Bereitstellung von Gütern und Dienstleistungen zur Befriedigung unversorgter Bedürfnisse."

> 3. „Das Dritte System ist eine Form der Selbstorganisation der Bürger, die in der Regel auf lokaler und regionaler, zunehmend auch auf nationaler und internationaler Ebene, zur Selbsthilfe greifen."
> 4. „Das vierte Kriterium ergibt sich daraus, dass die Selbstorganisation der Bürger nicht individualistisch (nach dem Motto: Jeder sein eigener Unternehmer), sondern auf gemeinschaftlicher bzw. kollektiver Basis erfolgt."
> 5. „Daraus folgt unmittelbar das fünfte Kriterium: Der Grundsatz der Not-For-Profit-Orientierung, oder genauer gesagt: der sozialen bzw. gemeinschaftlichen Verfügung über die erwirtschafteten Überschüsse" (Birkhölzer 2001, 16 ff.).

Die Abgrenzung erlaubt nach diesen Kriterien wiederum keine Einbeziehung öffentlich getragener oder gewerblich betriebener Dienstleistungen im sozialen Bereich, und bei ihr bleibt die Ausgliederung gewerblicher Unternehmen aus gemeinnütziger Trägerschaft unbeachtet, die in anderer Rechtsform durchaus der sozialwirtschaftlichen Zweckerfüllung dienen. Das nämliche Sachziel lässt sich auch kommerziell verfolgen; Studien zur Sozialwirtschaft dürfen diesen Tatbestand nicht ignorieren (Westlund 2002).

Für das Konzept der „neuen Sozialwirtschaft" (Fontan / Schragge 2000, Fourel 2001) ist es nicht nur schwierig, sie als ein Bereich im Wirtschaftsleben einzugrenzen, sondern nachgerade gar nicht gewollt, sie von Markt und Staat zu separieren. Übergänge von ihnen und zu ihnen betten die Sozialwirtschaft gesamtwirtschaftlich ein. Empirisch wird festgestellt, dass es eine Menge Organisationen gibt, die unzweifelhaft zur Sozialwirtschaft gehören (s. den Kernbereich in der folgenden Abb. 4), und dass es eine Menge Akteure und Aktivitäten gibt, die zu ihr beitragen, ohne in der Sozialwirtschaft *sensu strictu* organisiert zu sein. Letztere ist auf Ressourcen angewiesen, die aus dem Markt gewonnen und vom Staat bezogen werden und im übrigen in Eigeninitiativen und Eigenarbeit der Bürger bestehen (in Beiträgen, die in der Volkswirtschaftlichen Gesamtrechnung fehlen). Not-for-profit erfolgt in der sozialwirtschaftlichen Organisation im Wesentlichen eine Transformation der eingebrachten Ressourcen in Güter, die einen spezifischen sozialen Bedarf decken.

Zum Stand der Theorieentwicklung in der Sozialwirtschaft

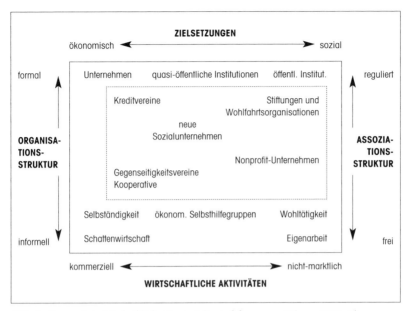

Abb. 4: Das sozialwirtschaftliche Geviert (in Anlehnung an Ninacs 2002, 7)

Als Kriterium der Abgrenzung zwischen Nonprofit-Organisationen und der Erwerbswirtschaft wird bekanntlich das Gewinnausschüttungsverbot *(nondistribution constraint)* angeführt (Weisbrod 1988, 1). Erzielte Gewinne dürfen nicht privat angeeignet werden. Zwischen den finanziellen Interessen einzelner Personen in der Organisation und seiner unternehmerischen Führung gibt es keine Verbindung (Hansmann 1987, 28). Das Gewinnausschüttungsverbot signalisiert potentiellen Nutzern der Organisation, dass sie dessen guten Absichten vertrauen dürfen. Besonders für Menschen, die mangels hinreichender Information und Kaufkraft kaum eine Wahl haben, ist die Sicherheit wichtig, dass sie nicht ausgenutzt werden und dass etwas für ihr Wohl getan wird.

Eine Theorie lässt sich auf das Gewinnausschüttungsverbot allerdings um so weniger bauen, als es eigentlich nur der steuerrechtlichen Definition in den USA entspricht (Evers 2005 a, 2; Hippel 2005, 38), während Drittsektor-Organisationen in Europa in unterschiedlichem Maße nur Beschränkungen in der Gewinnverteilung unterliegen. Komparative Studien zu den Ausprägungen des Sektors in Europa – so die Working Papers des *Third Sector European Policy (TSEP) network* (www.lse.ac.uk /collections/TSEP) – weisen erhebliche Überschneidungen der Bewirtschaftung sozialen Bedarfs mit erwerbswirtschaftlichen Aktivitäten nach. „Gemeinnützigkeit" im Sinne der deutschen Abgabenordnung ist nicht überall gegeben. In Betracht zu ziehen ist als Unterscheidungsmerkmal nur „the existence of limits on profit distribution. It is this criterion that separates third sector organizations from other productive organizations. Using a term such as 'non-profit sector' as equivalent to 'third sector' is then clearly misleading. Given the European experience, with an influential 'social economy' besides charity, voluntary agencies and those associations that are primarily advocacy groups, one might say that all organizations in the third sector are 'not-for-profit', having a legal status that places limits on private, individual acquisition of profits" (Evers/Laville 2004, 13).

Als Kriterium der Spezifizierung bevorzugt Jean-Louis Laville die Solidaritätsbasierung des sozialwirtschaftlichen Bereichs. Er unterscheidet zwischen drei Konzepten:

1. „The third sector is related to an orthodox economic approach in which priority is given to not making a profit rather than to making a profit. This is a residual vision confined to philanthropy and to the charity sector and is therefore outside the realms of market forces.
2. Conversely, the social economy may be defined as a grouping of enterprises that are active in the market and whose statutory format (cooperatives, mutuals, general interest associations) provides a guarantee of solidarity by imposing limitations on their profits and/or their redistribution within the organisation and or to efforts designed to achieve social aims.
3. The solidarity-based economy (SBE) is rooted in an approach in which solidarity has a much broader base and is applied at a local level (social cohesion), between countries (fair trade) and between generations (sustainable resources). We can see that the social economy is increasingly integrating these aspects, however it then has to manage the tensions that this creates with the need to be competitive on the market" (Laville 2006, 1).

Ähnlich argumentiert Teresa Montagut (2005) mit einer pragmatischen Zuordnung, die speziell den spanischen Gegebenheiten gerecht wird: Sie sieht die Sozialwirtschaft von Sozialunternehmen einerseits und dem Freiwilligensektor andererseits besetzt. Die Unternehmen treten teils mit Marktaktivitäten und teils mit „Nichtmarktaktivitäten" auf. Demnach gibt es eine marktorientierte Sozialwirtschaft und eine nicht am Markt orientierte Sozialwirtschaft.

"Social market economy defines economic activity carried out by social economy companies and thus the production of goods and services to be sold on the market by democratically organised companies.

Non-market social economy defines the economic activity of social economy companies that is not aimed at the market but rather is mainly linked to programmes that favour social and labour inclusion" (Montagut 2005, 12).

Für beide Aktivitätsbereiche gilt: Ein demokratisches, die Menschen und ihre Verpflichtungen einbeziehendes Wirtschaften hat nicht für sich allein Bestand; es nimmt den Staat mit seinen Subsidien in Anspruch, tritt im Markt auf und bezieht die nichtmonetären Beiträge freiwilligen Engagements ein.

Für die Sozialwirtschaft, die einen großen Teil aber nicht den ganzen Dritten Sektor umfasst, reicht eine negative Abgrenzung von den beiden anderen Sektoren nicht aus. Notwendig ist eine positive Bestimmung des Verhältnisses der organisierten Sozialwirtschaft zu den übrigen Wirtschaftsbereichen. Nur so lassen sich Formen von Public Private Partnership im Feld sozialer Dienstleistungen (Oppen/Sack/Wegener 2003), Kooperationen von erwerbswirtschaftlichen Unternehmen mit Wohlfahrtsorganisationen oder soziale Stiftungen theoretisch der Sozialwirtschaft zuordnen. Viele Aktivitäten, die das Sachziel der Sozialwirtschaft teilen, vollziehen sich „gemischtwirtschaftlich". Statt in klar abgrenzbaren Sektoren ergibt sich die Produktion von Wohlfahrt zunehmend in „synergetischen ‚mixes' von unterschiedlichen Ressourcen und Handlungsrationalitäten" (Evers/Olk 1996, 28 f.). Evers und Laville gehen in ihrer Definitionsarbeit denn auch sogleich dazu über, Organisationen des Dritten Sektors in die „mixed economy of welfare" einzuordnen. „This goes along with a rejection of the notion of sectors altogether; if this notion induces a clear line of demarcation between, on the one hand, the marketplace, the political arena and the community and, on the other, the third sector. This has led to a view of the third sector as embedded in the framework of a tripolar system of market, state and informal communities and economies (like the private households) ...." (Evers/Laville 2004, 14). Anwendungsorientiert gibt es entsprechende Definitionen des sozialwirtschaftlichen Handlungsbereiches in politischen Papieren wie beispielsweise im Bericht "Private Action, Public Benefit" der *Strategy Unit* beim britischen Premierminister (s. Wendt 2003, 26 f.). Der Bericht bildet in einer Grafik die Überschneidungen ab, in denen sozialwirtschaftlich gehandelt wird (Abb. 5):

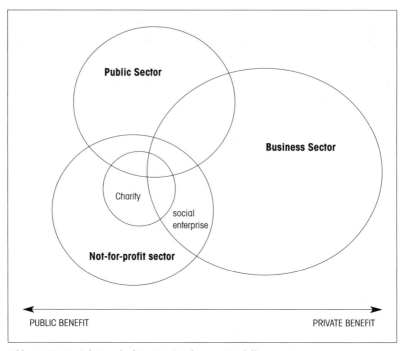

Abb. 5: Die Sozialwirtschaft im Drei-Sektoren-Modell

Enger definiert: das sozialwirtschaftliche Handeln erfolgt im „Wohlfahrtsdreieck" (vgl. Evers 1990) von Leistungsträgern, Leistungserbringern und Leistungsnehmern. Die Sozialwirtschaft als Dienstleistungsbranche zu bezeichnen, greift in dieser Triangulation entschieden zu kurz. Träger, Erbringer und Nutzer (die direkten Zielpersonen, Angehörige und die mitbetroffene Umgebung) sind in der personenbezogenen Arbeit und Wohlfahrtsproduktion wechselseitig aufeinander angewiesen – als Auftraggeber, Auftragnehmer und Koproduzenten. Sie bringen ihre materiellen, personellen und immateriellen Ressourcen in die Wohlfahrtsproduktion ein. Gewirtschaftet wird mit öffentlich und mit privat bereitgestellten Mitteln. Die Produzenten von Wohlfahrt sind miteinander verknüpft und stellen sich mit ihren unterschiedlichen Handlungslogiken aufeinander ein, insoweit sie Synergie anstreben wollen und anstreben müssen (Grunwald 2001, 1798). Zwischen den Akteuren ist keine Gegenüberstellung mehr gegeben, sondern ein In-Beziehung-setzen und die tendenzielle „Verschränkung von sozialstaatlichen, marktbezogenen und bürgerschaftlichen Elementen in sozialen Einrichtungen und Diensten" (Evers in Evers/Rauch/Stitz 2002, 11) und eine damit verbundene Durchdringung auch von formellem und informellem Wirtschaften.

Auf diese Vorgänge bezieht sich die Idee einer „Hybridisierung" der drei Pole des Wirtschaftens (Evers/Rauch/Stitz 2002, Evers 2005 b, vgl. Engelhardt 1998). Hybrid ist, was aus Verschiedenem gekreuzt worden und nun gemischt zusammengesetzt ist. Im sozialen Wirtschaften vereinigen sich Akteure mit unterschiedlichen Beweggründen, Belangen und Handlungslogiken. Die Organisationen selber werden zu Hybriden. In diesem, insbesondere von Evers und Laville entwickelten, Verständnis steckt auch die These, dass in der Sozialwirtschaft „die besondere Bedeutung der Nutzung und Pflege von sozialem Kapital als Ressource den eigentlichen Unterschied zu privaten und staatlichen Ökonomien ausmacht – also die Fähigkeit und Bereitschaft, nicht nur Ressourcen wie Spenden und freiwillige Mitarbeit zu mobilisieren, sondern auch vertrauensgestützte Netzwerke zu entwickeln und zu pflegen" (Evers 2005a, 10).

Je mehr sich Formen der Versorgung auf die lebensweltlichen Gegebenheiten von Nutzern einlassen und je mehr diese aktiv teilhaben an den Arrangements des Versorgungssystems und von sich aus auf es zugreifen, desto weniger hebt sich die ökonomische Dimension des Handelns der Beteiligten von dessen sozialer Dimension ab. In einer übergreifenden theoretischen Orientierung fallen die ökonomischen und die sozialen Aspekte einer Bedarfswirtschaft nicht auseinander, sondern sind einbezogen in eine Ökonomie des menschlichen Lebens, des vernünftigen Haushaltens in ihm und des gesellschaftlichen Auskommens. Die Produzenten sozialer und gesundheitlicher Dienstleistungen allein füllen also mit ihrer „Branche" den Gegenstandsbereich der Sozialwirtschaft (vgl. Grunwald 2001, 1794) nicht.

Humandienste können gleichermaßen von gemeinnützigen Organisationen des Dritten Sektors wie von der öffentlichen Hand oder privat-gewerblich angeboten werden. „Not-for-profit" oder „for-profit" stellt offenbar nicht die Dichotomie dar, in der sich sozialwirtschaftliches Handeln vom anderweitigen Wirtschaften abhebt. Betreibt eine einzelne Fachkraft einen Humandienst freiberuflich, ist der Gelderwerb für sie nicht nachrangig, und eine Tagesmutter bekommt nicht nur ihren Aufwand für das Kind in Pflege ersetzt. Auch der private Betreiber beispielsweise von Kliniken verfolgt erwerbswirtschaftliche Ziele unbeschadet der sozialwirtschaftlichen Natur dessen, was in den Kliniken zur Deckung des gesundheitlichen Bedarfs von Patienten geschieht. Hier werden von Versicherungen bereitgestellte finanzielle Ressourcen und die immateriellen Ressourcen der Fachkräfte wie die der von ihnen versorgten Menschen in einer Weise eingesetzt, die der humanmedizinischen Ökonomie und nicht der Rentabilitätsrechnung von Kapitaleignern gehorcht. Die Logik der Erwirtschaftung von Rendite verträgt sich aber mit der Handlungslogik der Sozialwirtschaft, weil die eine *auf ihrer Ebene* der anderen *auf deren Ebene* Raum lässt. Ein kommunaler Träger kann sein Krankenhaus in private Hände geben, ohne dass der Versorgungsauftrag beeinträchtigt wird: Er bleibt auf der Ebene der direkten Erbringung medizinischer Dienstleistungen auf den gesundheitlichen Bedarf der Bevölkerung und damit auf die Ressourcenallokation für ihre Wohlfahrt ausgerichtet.

In der Deskription der Sozialwirtschaft als eines Teilbereiches der Ökonomie sind neben dem unterschiedlichen Verhältnis des Sachziels zum Formalziel und abgesehen von den Rechtsformen der Unternehmen auch inhaltlich Fragen der Zuordnung zu klären. Sozialdienste überschneiden sich in ihrer Zuständigkeit u. a. mit dem *Bildungsbereich*. Das System der Einrichtungen organisierten Lehrens und Lernens teilt seine Sachziele nicht mit der Sozialwirtschaft, aber auf den Gebieten u. a. der Frühförderung, der Qualifizierung und Rehabilitation, der Herstellung von Beschäftigungsfähigkeit *(employability)* und in anderen Feldern der Sozialpädagogik wird humandienstlich gewirkt.

Ein anderes großes Überschneidungsgebiet haben wir in der *Gesundheitswirtschaft* vor uns. Sie kann, als Unternehmensbereich betrachtet, von der Branche Sozialwirtschaft geschieden werden, insoweit letztere in der statistischen Gliederung der Wirtschaftszweige die Organisationen ohne Erwerbszweck umfasst. Die Gesundheitswirtschaft ist – in Deutschland – weitgehend erwerbswirtschaftlich organisiert. Indes gehören die gesundheitswirtschaftlichen Prozesse in das weitere funktionale Verständnis der Sozialwirtschaft als der organisierten Versorgung von Menschen und der personenbezogenen Produktion von Wohlfahrt eingeordnet. Für unsere Theorieentwicklung hat der Doppelsinn von *Gesundheitsökonomie* eine exemplarische Bedeutung: Bezeichnet wird damit sowohl die Ökonomie des Gesundheitssystems als auch die Ökonomie des Gesundheitsverhaltens in der Bevölkerung. Danach kann die Versorgungsforschung (Pfaff 2003) die organisierte Gesundheitsversorgung in ihrer Zweckerfüllung auf die Wirkung bei ihren Nutzern beziehen.

Die Sozialwirtschaft schließt die Gesundheitswirtschaft auf der Ebene der gemeinnützigen Träger insbesondere der stationären Versorgung ein, während die in Deutschland in eigener Praxis tätigen Ärzte als selbständige Unternehmer zu betrachten sind. Ihre freiberufliche Tätigkeit ist aber ein gutes Beispiel dafür, wie sich private Erwerbstätigkeit mit humaner Zweckbestimmung verbindet bzw. wie umgekehrt das Credo der Sozialwirtschaft auf der einen Ebene privat-gewerbliches Handeln auf der anderen Ebene einschließen kann. Das humandienstliche Sachziel verbindet das Gesundheitswesen mit dem Sozialwesen. „Sinnvollerweise wird die Gesundheitswirtschaft von den Leistungen her und nicht von der Finanzierung ausgehend definiert. Demnach gehören alle Betriebe, die Gesundheitsleistungen abgeben, zur Gesundheitswirtschaft." (Neubauer/Lewis 2006, 160) Die Inklusion in die sozialwirtschaftliche Sphäre geht aber nicht so weit, dass auch noch die Hersteller von Arzneimitteln, von Medizintechnik und anderen medizinischen Produkten als sozialwirtschaftliche Akteure zu betrachten wären. Nach einer Aufstellung des Gelsenkirchener Instituts für Arbeit und Technik (IAT) lässt sich die Struktur der Gesundheitswirtschaft in einen Kernbereich, der die stationäre und ambulante medizinische Versorgung umfasst, einen Vorleistungs- und Zulieferbereich und Randbereiche gliedern, denen der Gesundheitstourismus und manche Sport- und Freizeitunternehmungen zuzurechnen sind.

Wir haben es überall in der Sozialwirtschaft mit Übergängen in Gewerbe zu tun, die zur Erfüllung des Bedarfs in der humandienstlichen Leistungserbringung gebraucht werden, aber mit den Gütern, die sie produzieren oder mit denen sie handeln, selber keinen sozialwirtschaftlichen Charakter aufweisen. Einrichtungen müssen gebaut und unterhalten werden, ohne dass ein Facility Management deshalb zum Sozialmanagement gehört; an ein Rehabilitationsunternehmen mögen landwirtschaftliche Betriebe oder gewerbliche Bildungsinstitute angeschlossen sein, die dessen Kerngeschäft ergänzen und ihm ökonomisch zugute kommen, dessen Eigenschaften aber nicht teilen. Die *Versicherungswirtschaft* ist auf dem Gebiet der Daseinsvorsorge, und insoweit ihre Dienstleistungen Teil des sozialen Sicherungssystems sind, sozialwirtschaftlich eingebunden, mit anderen Angeboten dagegen nicht.

Zusammenfassend können wir für die sektorielle Sicht festhalten: Institutionell hat die Sozialwirtschaft ihren Platz zwischen den Polen Staat und Markt und steht beiden gegenüber in einem Verhältnis zu dem Pol der privaten und lebensgemeinschaftlichen Haushalte. Wegen dieses Verhältnisses und der in ihm verlangten Allokationsleistung ist die Sozialwirtschaft nicht einfach ein Wirtschaftszweig unter anderen Wirtschaftszweigen. Die Sozialwirtschaft bewegt sich funktional mit ihren Unternehmungen, Diensten und Einrichtungen in der Produktion von Wohlfahrt zwischen Individualhaushalten, Familienhaushalten, kommunalen Haushalten, sozialen Ressorthaushalten und dem Staatshaushalt. Mit einer solchen Einordnung sind wir bereits im Horizont einer anderen Theorieperspektive, nämlich der ökologischen, angekommen.

3.3 Die ökosoziale Perspektive

Ein ökologisches bzw. ökosoziales Paradigma ermöglicht einen umfassenden Ansatz in der Theoriebildung, insofern dabei auf ein frühes Verständnis zurückgegangen wird, in dem soziales und ökonomisches Agieren noch ungetrennt vorlagen. Ich habe diesen Ansatz für die Soziale Arbeit wiederholt vertreten (Wendt 1982, Wendt 1990). Ökotheoretisch wird wirtschaftliches Denken an die soziale Sphäre nicht von außen herangetragen, dieser Handlungsbereich also nicht „ökonomisiert", sondern eine Ökonomie liegt in ihm bereits vor. Die ökologische Wirtschaftswissenschaft bettet rücksichtsvolles ökonomisches Handeln in die Prozesse des Lebens ein. „*There is no wealth but life*", hatte schon im 19. Jahrhundert John Ruskin gegen den Kapitalismus geschrieben, und diesen Satz stellte Herman Daly 1968 als Motto seinem Aufsatz „On Economics as a Life Science" voran (Daly 1968, 392). Wie sich mit Daly ökonomisches Denken der Ökologie einordnen lässt, so können wir in der Wissenschaft der Sozialen Arbeit die erforderliche Problembehandlung in individuellen und gemeinschaftlichen Lebenszusammenhängen studieren. Der ökosoziale Ansatz taugt für die Konstruktion der sozialwirtschaftlichen Theorie aus dem Grunde, dass er eine Versorgungsgemeinschaft im engeren und im weiteren Sinne unterstellt, in der „von Haus aus" mit den vorhandenen Gütern ein humanes Leben und individuelle Wohlfahrt zu gestalten ist.

In individuellem und gemeinschaftlichem Handeln werden die materiellen und immateriellen Ressourcen eingesetzt, die im Leben und in der Umwelt gegeben sind. Es ist eine soziale Aufgabenstellung, unter Bedingungen der Knappheit – also wirtschaftend – eine hinreichende Ressourcenerschließung, Güterbeschaffung und Güterverteilung zu erreichen. Im antiken oikos bestand ein Zusammenhang des Unterhalts und der pfleglichen Verwaltung aller Angelegenheiten der Menschen in „Haus und Hof". Die Ökonomie in ihm schloss Ethik in der Wahrnehmung von Versorgungsverpflichtungen ein. Vom Verständnis dieses (vormodern zwangsgemeinschaftlichen) Zusammenhanges her lässt sich auch unter der Voraussetzung von Freiwilligkeit „ganzheitliches Wirtschaften", „das Ganze der Arbeit" und ein „ganzes Leben" entfalten. Zu besorgen und zu bewirtschaften ist alles, was zur Deckung eines Bedarfs von Menschen, zur Daseinsvorsorge und zur Reproduktion des Lebens erforderlich ist. Zentral ist sein Unterhalt, die bedarfsentsprechende Subsistenz.

In der sozialen und gesundheitlichen Versorgung sind traditionell stationäre Einrichtungen den ambulanten Diensten vorangegangen. Zucht- und Arbeitshäuser, Heil- und Pflegeanstalten, Heime und Horte waren lange Zeit die Muster und oft die alleinigen Stätten des sozialen Betriebs. Diese Einrichtungen ersetzten ein nicht vorhandenes oder desolates Zuhause und sonderten Menschen vorübergehend oder auf Dauer aus dem freien Handeln und Wandeln aus, zogen sie tatsächlich „aus dem Verkehr", nämlich einem Verkehr, dem sie nicht gewachsen waren oder den sie störten. Die stationäre Versorgung bestand in einer „draußen" nicht mehr vorhandenen *oikonomia*, beschnitten durch die besonderen Zwecke der Einrichtungen, dass sie die Insassen sicher verwahren, disziplinieren, erziehen oder heilen sollten. Die Mittel dafür flossen den Anstalten von den sie tragenden Kommunitäten zu. Sie „veranstalteten" die Subsistenz. In England ist man dann in der Armenversorgung von „indoor relief" (in Arbeitshäusern) mit dem *speenhamland system* zu „outdoor relief", einer Unterstützung ohne Unterbringung, übergegangen (vgl. Wendt 1995, 40 f.). Die sozialen Sicherungssysteme moderner Wohlfahrtsregime haben das Prinzip der aushäusigen Austeilung und Umverteilung verallgemeinert. Sie sind aber mit den Folgen dieses Verfahrens (der Auswucherung ihres Haushalts) zurückverwiesen auf selbstverantwortliches individuelles Haushalten – mit Konsequenzen für die Sozialwirtschaft.

Institutionell zuständig für Subsistenz im weiteren Sinne menschlichen Auskommens war und bleibt die *private Haushaltsführung*. Die Einzelhaushalte von Personen und Familien sind nicht nur Orte der Beschaffung, der Erstellung und des Verbrauchs von Gütern für den alltäglichen Bedarf. Haushalten bedeutet zugleich einen mentalen Prozess, in dem Menschen für ihr eigenes und gemeinsames Leben Präferenzen erwägen und sich Ziele setzen, planen und sich um die Erledigung dessen kümmern, was sie sich vorgenommen haben. Man muss die Mittel, die man hat, richtig zu gebrauchen wissen. Bereits Aristoteles konstatierte, „dass die Kunst der Haushaltsführung nicht mit der Beschaffungskunst identisch ist; denn diese hat die Aufgabe, die Mittel bereitzustellen, jene andere dagegen, sie zu gebrauchen" (Politik 1256 a 11). Als Wirtschaftseinheit stellt der Haushalt die „Einheit der Verfügungen zur Sicherung der eigenen Bedarfsdeckung" dar (Seel 1991, 33). In Haushalten und haushälterisch entscheidet sich, was wohlfahrtsökonomisch erreicht wird. Auf die mentale und materielle Lebens- und Haushaltsführung von Menschen muss sich eine subsidiäre Sozialpolitik und mit ihr die organisierte Sozialwirtschaft beziehen, wenn sie nachhaltig bei ihren selbständigen Nutzern etwas bewirken will.

Der Bereich Haushalt und der Bereich Erwerb sind nach Max Weber die beiden „Grundtypen aller Wirtschaft" (Weber 1981, 6). Der eine sorgt mit der Deckung des eigenen Bedarfs für den Erhalt des Humanvermögens, der andere für seinen Zugewinn. In dem einen ist das häusliche und persönliche Leben mit seinen täglichen Herausforderungen zu „managen", in dem anderen das Geschäft im Arbeitsleben um seines materiellen Ertrags willen zu managen. Für die Theorie sozialwirtschaftlicher Organisationen ist bedeutsam, dass in ihnen die betriebswirtschaftliche Führung der Geschäfte verbunden ist mit einem Handeln, das sich auf den Lebenshaushalt der dienstlich zu versorgenden Menschen bezieht. Ein Heim gedeiht in diesem Haushalt; der Heimträger hat auf den Erwerb zu sehen, der den finanziellen Unterhalt der Einrichtung sichert.

Die Haushaltswissenschaft hat die Entwicklung vom vormodernen oikos zur persönlichen und familiären Haushaltsführung heutzutage nachvollzogen (Meier 1997, Richarz 1998). Die Theorie des Haushaltens hat das ganze Umfeld der haushälterischen Ressourcenerschließung und Ressourcenverwertung in den Blick genommen. Bemerkenswert ist der wenig beachtete Zusammenhang von ökologischem Denken und der Begründung von *Home Economics* von Frauen Anfang des 20. Jahrhunderts in den USA (vgl. Wendt 1986, Thompson 1988, Stage/Vincenti 1997). Dass die Haushaltswissenschaft inzwischen als Fachgebiet an den Hochschulen dahinschwindet, schmälert ihre Bedeutung im Kontext sozialwirtschaftlicher Theorieentwicklung nicht.

Das Innere des Hauses schließt den kommerziellen Güterverkehr aus. Ökosozial erfolgt eine Bewirtschaftung der Mittel und Wege, die zur Qualität des Lebens beitragen bzw. mit denen in prekären Lebenslagen ein Auskommen erreicht wird. Dies ist eine Interpretation, in der das Handeln in stationären sozialen Einrichtungen wie von ambulanten Diensten, aber auch von sozialen Genossenschaften und Kooperativen auf gleiche Nenner mit rationalem Handeln in Privathaushalten gebracht wird. Die ökosoziale Theorie stimmt mit der haushaltswissenschaftlichen Beschreibung der Verschränkung von Konsum, Produktion und Distribution in einer häuslichen Gemeinschaft überein. Für sie und in ihr wird fürsorglich beschafft, hergestellt und verfügt, was sie notwendig und über das Notwendige hinaus braucht. Der Unterschied von privaten Haushalten zu formellen Versorgungseinrichtungen besteht in erster Linie in deren auf bestimmte Zwecke der Pflege, der Pädagogik, der medizinischen Behandlung usw. zugeschnittenen Betrieb, während im gewöhnlichen Alltag privaten Lebens eine solche Zurichtung nur im Grenzfall nötig wird.

Der ökotheoretische Entwurf von Sozialwirtschaft fängt bei Subsistenzerfordernissen an und weitet sie zu Formen gemeinschaftlicher Selbstversorgung und schließlich formeller öffentlicher Daseinsvorsorge auf. Diese wird vom Staat und solidargemeinschaftlich (für einen Wohlfahrtsstaat symbolisch überhöht in der schwedischen Vorstellung vom „Volksheim") wahrgenommen. Der Staat stellt in seinem großen Haushalt Mittel bereit und weist legislativ Wege aus, um seine Bürger an der allgemeinen Bedarfsdeckung teilhaben zu lassen oder diese in Einrichtungen oder durch ambulante Unterstützung zu ermöglichen. Stationär oder ambulant ist ein Lebenszusammenhang und ist die Wohlfahrt von einzelnen Menschen darin zu bewirtschaften.

Indem öffentliche Haushalte (Kommune, Staat und Parafisci) in einem Wohlfahrtsregime dafür einstehen, dass die Bürger in ihrem Lebenshaushalt ein Auskommen haben, stellt Wirtschaftlichkeit in dieser Beziehung eine wechselseitige Anforderung dar: Ziviles und persönliches Haushalten, das einigermaßen und in den meisten Fällen gelingt, ist die Voraussetzung dafür, dass ein Haushalten im Gemeinwesen gelingt. Die öffentliche Hand ist dafür in einer ermöglichenden Funktion tätig. Sie investiert in humanes Vermögen, schon um nicht, was das öffentliche Vermögen betrifft, überfordert zu werden. „(Sozialpolitisches) Haushalten hält zum (intermediären und persönlichen) Haushalten an" (Wendt 2003, 62).

In der ökonomischen Beziehung zwischen Staat und Bürgern lässt sich die Sozialwirtschaft insgesamt in wechselseitiger Inanspruchnahme explizieren. Der Staat erhebt Steuern und Abgaben und finanziert damit die Erledigung der sozialen Aufgaben, die von den einzelnen Bürgern nicht selber bewältigt werden können oder die von solcher Art sind, dass sie die Menschen erst in die Lage versetzen, ihren Aufgaben nachzukommen. Soweit sie den Zusammenhang der einen und der anderen Aufgaben wahrnehmen, können die Bürger in ihrer „Politik der Lebensführung" demokratisch beanspruchen, bei der öffentlichen Budgeterstellung mitzuwirken. Es gibt das Beispiel des „partizipativen Budgets" im brasilianischen Porto Alegre: Die Bürger diskutieren in mehreren Versammlungsrunden und thematischen Foren die Aufteilung des städtischen Budgets und den Investitionsplan, der so ihre Belange und Prioritäten in der Bewirtschaftung der Mittel berücksichtigt. Ähnliche „Bürgerhaushalte" sind auch andernorts eingeführt worden.

Wir finden die Sozialwirtschaft in einem Gefüge von Dispositionen ausgeprägt, die von Menschen, für Menschen und die in Institutionen getroffen werden, die ihrerseits in einem demokratischen Gemeinwesen von disponierenden Bürgerinnen und Bürgern gewählt und von Interessengruppen dahingehend beeinflusst werden, dass sie so und nicht anders disponieren. Die Menschen wollen hinreichend medizinische Hilfe, wollen im Alter versorgt sein und erkennen die Notwendigkeit von Kinder- und Jugendhilfe, Behindertenhilfe, Resozialisierung von Straftätern usw. Sie treffen Vorkehrungen in individueller Daseinsvorsorge, engagieren sich und assoziieren sich in sozialen Belangen und stimmen dem öffentlichen Unterhalt eines Versorgungssystems zu. Darauf baut der sozialwirtschaftliche Betrieb in der Vielfältigkeit seiner Praxis.

Die beschriebene Wechselseitigkeit ist theoretisch gewichtig, weil sie eine Klammer bildet, welche den intermediären Betrieb sozialer Einrichtungen und von Humandiensten umschließt. Es gibt in Großbritannien die alte Idee der „*Mutuality*", wonach die öffentliche Hand, gesellschaftliche Gruppen und die Bürger in Kooperation und geteilter Verantwortung für benötigte Dienste sorgen (Nicholson-Lord 2001, Birchall 2001, Mayo/Moore 2002). Die Bürger werden dem Konzept nach „in the design and the delivery of public services, and thus in the running of the Mutual State" einbezogen (Mayo/Moore 2002, 4). Ein derartiger „Staat auf Gegenseitigkeit" ist von der leitenden Annahme geprägt, dass gemeinschaftliches Wohlergehen und individuelles Wohlergehen nur zusammen erreichbar sind. Der Effizienz der Staatstätigkeit auf sozialem Gebiet soll dadurch aufgeholfen werden, dass die Teilhabe der Bürger an ihr vertieft und erweitert wird. „The aim of mutualisation is to blend the entrepreneurialism and responsiveness of the private sector with the social purpose and professionalism of the public sector" (Mayo/Moore 2002, 30). Als Prinzipien „neuer Gegenseitigkeit" werden genannt: Koproduktion, Rechenschaftspflichtigkeit, eine unternehmerische Bürgerschaftlichkeit (entrepreneurial citizenship) und ein „menschliches Maß" in der Anlage von sozialen Unternehmungen.

Im ökosozialen Bezugsrahmen lässt sich somit Sozialwirtschaft als eine auf individuelle und gemeinschaftliche Qualität des Lebens angelegte Wirtschaftsform der Selbsthilfe, der gegenseitigen Hilfe und der gemeinschaftlichen Versorgung konzipieren. Die Ökonomie individueller Lebensführung und die Ökonomie öffentlicher Daseinsvorsorge wird von Anstalten und Betrieben, die Sozialleistungen zu realisieren haben, durch eine einzelfallbezogene Steuerung zu verbinden gesucht. Das hier einschlägige *Case Management* (Wendt 2001) hat die Funktion, eine bedarfsangemessene Versorgung in Kooperation mit den einzelnen Nutzern, mithin in Anknüpfung an das Selbstmanagement der Personen, zu erreichen (s. Abschn. 3.5.1). Das Verfahren schlägt die Brücke von der betrieblichen Administration der Versorgung, ihrer Systemsteuerung, zur individuellen Selbstsorge. Die Brücke ist belastbar, weil sie mit ihren Widerlagern auf beiden Seiten in einer ökonomischen Rationalität gründet, nämlich zurechtkommen zu wollen mit verfügbaren Mitteln und Kräften.

Das Case Management finden wir in ökosozialer Perspektive einbezogen in ein Management des Sozialen. Denn der Personenbezug in der formell organisierten Versorgung wird ergänzt durch den Bezug auf den sozialen Raum, in dem die Menschen leben, wohnen, arbeiten, ihre Kontakte pflegen und auch sonst zu Hause und in den Infrastrukturen des Gemeinwesens aufeinander angewiesen sind. In „nicht-monetärer Reziprozität" bilden sie Netzwerke der Solidarität aus. In ihnen bilden haushalts- und gemeinschaftsbezogene *„services de proximité"* in französischer Sicht einen Kernbestandteil der Sozialwirtschaft als Solidarwirtschaft (Laville/Nyssens 2000, Laville 2003). „These services can be defined as services responding to individual or collective needs based on a definition of proximity that can be objective, in that it is anchored within a specific social space, or subjective, in that it refers to the relational dimension of the service. In the case of a subjective proximity definition, for example, the geographical proximity which is linked to the fact that a particular service is delivered to individuals in their homes or within close proximity to their homes, coincides with a relational proximity because the service provider interacts with the service recipient wherever he or she lives, and thus gets involved in an interpersonal relationship with a service recipient or their family or neighbourhood" (Laville 2003, 394 f.). Die Solidarökonomie ist in solcher Auslegung auch von ihren Vertretern als eine soziale Ökologie identifiziert worden (Laville / Maréchal 2004).

Die Sozialwirtschaft hat in dienstleistender Funktion die Umgebung, in der Menschen leben und der sie angehören, zum Kontext. Das trifft nicht nur auf informellen und wenig formalisierten Austausch und Beistand im unmittelbaren Lebensfeld der Akteure zu. Bürgerschaftliches Engagement in eigenen und gemeinsamen Belangen und andere lokale Initiativen gehören hierher. Was soziale Unternehmen leisten, leisten sie generell nicht isoliert, sondern in einem lokalen Bedingungsgefüge. Die humandienstliche und sozialunternehmerische Versorgungsaufgabe lässt sich einordnen in die ganze lokale Ökonomie (welche letztlich und insgesamt die Folgen der Globalisierung aufzuarbeiten hat).

Menschen wohnen und arbeiten in einem Sozialraum, z. B. in einem bevorzugten oder benachteiligten Stadtviertel, in dem die äußeren Bedingungen maßgeblich Einfluss auf die individuellen Verwirklichungsmöglichkeiten *(capabilities)* nehmen und den Menschen Probleme bereiten. Dem ökosozialen Ansatz nach ist die Problembearbeitung zugleich *im Feld* und differenziert *fallweise*, den sozialräumlichen Bedingungen entsprechend, zu organisieren – in Zusammenführung von Ressourcen und in Kooperation der Akteure. Die Bewirtschaftung der Mittel und Möglichkeiten im lokalen Kontext zielt sowohl auf Lebensqualität für die Bewohner als auch – per Hebung der „Standortqualität" auf eine wirtschaftliche Belebung (vgl. die Konzepte der Lokalökonomie: Birkhölzer 2000, Sahle / Scurrell 2001).

Ökotheoretisch kann vom Ergehen eines ganzen Gemeinwesens her, aus seinem kultivierten und zivilisierten Zustand bzw. den durch Kultur und Zivilität bestimmten Zielzuständen die Funktion abgeleitet werden, die sozialwirtschaftlich für das Ergehen der einzelnen Angehörigen dieses Gemeinwesens wahrgenommen wird. Lebensqualität im Sozialraum wird im Ganzen wirtschaftlich erhalten bzw. durch wirtschaftliche Entwicklung erreicht. Die Lokalökonomie (Wendt 2002, 141) schließt gewissermaßen die organisierte Sozialwirtschaft in ihr Förder- und Entwicklungsprogramm ein, ohne dass in ihm ein spezieller sozialer Zweck Vorrang hat. In einem Kommentar zum Bund-Länder-Programm „Soziale Stadt" wird lokale Ökonomie definiert als „alles, was den Menschen im Gebiet Arbeit und den

Unternehmen im Gebiet Gewinn bringt .... Die Förderung der lokalen Ökonomie ist daher ganz pragmatisch ein Beitrag auf der lokalen Ebene zu einer positiven ökonomischen Entwicklung des Gebiets und der in ihm lebenden Menschen. Dazu gehören Gemeinwesenökonomie ebenso wie soziale Ökonomie, solidarische Ökonomie oder feministische Ökonomie und natürlich auch alles, was sich unter dem ‚Dritten Sektor' fassen lässt" (Löhr 2004).

Im Ansatz bei der lebensgemeinschaftlichen und häuslichen Produktion sowie bei der persönlichen und sozialräumlichen Subsistenz und deren Entfaltung zur „Bewirtschaftung der sozialen Wohlfahrt" (Wendt 1982, 29 ff.) in den Strukturen der formellen Versorgung kreuzt sich die Ökotheorie sozialen Wirtschaftens nun mit der feministischen Theoriedebatte.

3.4 Die Perspektive der feministischen Ökonomie

Die feministische Ökonomiediskussion der letzten Jahrzehnte (Ferber/Nelson 1993, Peterson/Lewis 1999, Ferber/Nelson 2003) hat den Stellenwert der häuslichen Arbeit und der Sorgearbeit *(caring labour)*, beide geleistet vor allem von Frauen, für das Funktionieren der Wirtschaft insgesamt herausgestellt. In der vorherrschenden wirtschaftswissenschaftlichen Lehre bleibt diese Leistung ausgeblendet und ihr Stellenwert verdeckt. Die feministische Ökonomie separiert nicht länger Produktion und Reproduktion, bezahlte und unbezahlte Arbeit voneinander. Alle wirtschaftliche Aktivität wurzele im Unterhalt der menschlichen Existenz. Die einkommenslose Wertschöpfung in der Familie wird bei der Erzielung von Einkommen gewöhnlich ungefragt vorausgesetzt. Wenn Sorgearbeit definitiv von anderer Arbeit unterschieden werden soll, sind die Beweggründe des Tätigseins entscheidend. Sorgearbeit wird unternommen „out of affection or a sense of responsibility for other people, with no expectation of immediate pecuniary reward" (Folbre 2003, 214). Das feministische Konzept von *care* umfasst den privaten Einsatz und den sozialen Dienst: „Care is both the paid and unpaid provision of support involving work activities and feeling states. It is provided mainly, but not exclusively, by women to both able-bodied and dependent adults and children in either the public or domestic spheres, and in a variety of institutional settings" (Thomas 1993, 665). Soweit eine nötige Versorgung nicht informell erfolgt, kann sie per Kontrakt organisiert werden. In der Ökonomie dieses Handelns ist die Beziehung zentral, in der Menschen zueinander stehen oder die sie zueinander aufnehmen.

Feministische Ökonominnen rücken die erwerbsorientierte Wirtschaftsweise in einen lebensweltlichen Horizont sorgenden und versorgenden Handelns von Menschen. Entweder greift es in Formen solidarischen Wirtschaftens bei Erweiterung der Zuständigkeit von Frauen subsistenzsichernd ins Erwerbsleben aus (vgl. Guérin 2003), oder das Sorgen und Versorgen bleibt dem häuslichen Kontext des Zusammenlebens von Menschen verhaftet. Darin sind sie prinzipiell aufeinander angewiesen und voneinander abhängig. Die sozialwirtschaftliche Aufgabenstellung spezifiziert sich hier für Abhängige, die auf einen sie schützenden und sichernden Haushalt angewiesen sind und sich nicht außerhalb von ihm erfolgreich als Marktteilnehmer positionieren können. Die ökonomische Bedeutung des Sorgens füreinander ist unter Begriffen wie *„care economy"* (Madörin 2001), *„caring economy"* (Jochimsen 2003), „vorsorgendes Wirtschaften" (Biesecker u. a. 2000) bzw. Versorgungsökonomie, kontextbezogen auch als „Lebensweltökonomie" (Jochimsen / Kesting / Knobloch 2004) Gegenstand der Wissenschaft geworden.

Die feministische Theorieentwicklung erfolgte in Auseinandersetzung mit der neoklassischen Mikroökonomie, wie sie insbesondere Gary Becker in Erörterung familiären Haushaltens und Entscheidungsverhaltens vertreten hat. Während Beckers „Neue Haushaltsökonomik" auch in sozialen Kontexten ein Marktverhalten annimmt und den privaten Entscheidungen unterstellt, eindimensional auf eine zugleich individuelle (gesorgt wird aus Eigennutz) und kollektive Nutzenmaximierung aus zu sein (Becker 1981, Becker 1982, Becker / Murphy 2000), reduziert sich rationales ökonomisches Handeln in der Sicht einer *„economy of care"* nicht auf ein Nutzenkalkül. Das in ihr gemeinte Handeln gründet nicht allein auf Eigeninteresse, sondern mindestens so sehr auf einem Interesse von Menschen aneinander und auf gemeinsame Interessen. Der intermediäre Betrieb der formellen sozialen Versorgung *(social provisioning)* lässt sich von diesem Ansatz der feministischen Theorie her konzipieren im Anschluss an, in Ergänzung, als Unterhalt oder Unterstützung oder als Ersatz derjenigen Sorgearbeit, die in den primären Einheiten des Zusammenlebens geleistet wird. Bei aller Selbständigkeit des formellen Versorgungssystems und der in ihm agierenden Unternehmen haben sich die professionellen Humandienste – um ihrer Effektivität und Wirtschaftlichkeit willen – mit informellem Sorgen und der Selbstsorge ihrer Nutzer abzustimmen.

Ganz im Gegensatz zur neoklassischen Mikroökonomie baut der Diskurs über Care *auf Liebe* statt auf Geld. Sie waltet im häuslichen Miteinander von Menschen, und mit einigen Anleihen aus der Ökotheorie lässt sich auf den häuslichen Fundamenten „natürlicher" Fürsorge ein konzeptuelles Gerüst sozialpolitischen und sozialwirtschaftlichen Handelns errichten. Ein in der Umsorge seiner Angehörigen ideales Zuhause hat Nel Noddings (2002) zum Muster einer *caring society* erhoben. „The best homes everywhere maintain relations of care and trust, do something to control encounters, provide protection, promote growth, and shape their members in the direction of acceptability" (Noddings 2002, 123). Leistungsfähiger kann ein öffentlicher sozialer Betrieb kaum sein, es sei denn er hält sich an die Strategien der Fürsorge, die wir während unseres Aufwachsens im häuslichen Rahmen schätzen lernen, und greift auf, was im privaten Raum geleistet wird. „Starting at home does not suggest that we must remain there. Theories, like children, can grow up and move into the public world" (Noddings 2002, 2).

Eine evolutive Theorie der Sozialwirtschaft kann sich auf die Evolution rückbeziehen, in der sie ihren Gegenstand verwurzelt sieht und in der sie dessen Entfaltung begreift. Sozialwirtschaft wird in diesem Verständnis begriffen als der betriebliche und organisatorische Rahmen von Sorgesituationen, in dem (in *care services*) Aufgaben der Versorgung übernommen werden und worin sorgende Personen *(caregivers)* sorgebedürftigen Personen *(care receivers)* die nötige Sorge angedeihen lassen.

Professionalität gehört zur Erledigung dieser Aufgabe, steht aber nicht im Vordergrund: *Social care work* wird viel weiter gefasst als berufliche Sozialarbeit, inkludiert die Arbeit von Fachkräften und von Laien, von bezahlten und unbezahlt Mitwirkenden und meint speziell in Großbritannien jede Art persönlicher Unterstützung von Menschen bei ihrer Aufgabe, „to carry out the day to day processes of living". Dienstliche und private Versorgung schließen im lokalen *care system*, beispielsweise für alte Menschen (Robinson/Banks 2005), einander ein (s. zu Care als Konzept und als Praxis kritisch Body/Cameron/Moss 2006; vgl. die Berichte des Projekts „Care Work in Europe", http://144.82.35.229/carework/uk/reports/index.htm). Die Sorgeaktivitäten sind für die Beteiligten auch wechselseitig und gemeinschaftlich von Nutzen. Sie befriedigen und sie bedeuten einen Gewinn an sozialer Erfahrung. Informelle wie formelle Versorgung schließt die Ausstattung mit Ressourcen und die Bewirtschaftung der Mittel ein, die für diese Aktivitäten gebraucht werden.

Die Arbeit selber ist nur beschränkt „kommodifizierbar"; von ihr und von denen, die sie ausführen, kann nicht oder nur begrenzt eine warenförmige Ablieferung einer Leistung verlangt werden. Vielmehr ist die *Qualität der Interaktion* entscheidend, in der die Leistung erfolgt. Ihre Produzenten handeln in der Kontingenz des Lebens und in der Unmittelbarkeit des Sorgens oder der Betroffenheit. Die Empfänger sind in der Sorgesituation abhängig und keine souveränen Konsumenten. Was sie erhalten, ist ein *Vertrauensgut (credence good)*. Bei Humandiensten besteht generell, wenn auch in unterschiedlichem Ausmaß, eine Informationsasymmetrie: Wer diese Dienste beansprucht, kann ihre Qualität nicht ohne weiteres beurteilen. Informell, „von Mensch zu Mensch" geleistete Dienste besitzen eine Erfahrungsqualität; die Qualität der Leistung erlebt ein Nutzer, nachdem ihm ein

Dienst erwiesen worden ist. Bei formeller sozialer oder gesundheitlicher Fürsorge können häufig nur Experten die Qualität von Leistungen beurteilen. Ihre Nutzer wissen bei diesen *Vertrauensgütern* (Darby/Karni 1973) weder vorher noch nachher, was sie eigentlich ausmacht. Erst wenn sie diese wiederholt nutzen oder in größerer Menge konsumieren, können sie sich ein Urteil bilden (Darby/Karni 1973, 79). Kommt hinzu, dass der individuelle Nutzen humandienstlicher Leistungserbringung (ihr Outcome), oft ungewiss, mithin unkalkulierbar, bleibt. Dass sie erfolgt, ist *ethisch* fundiert. So wie die Beziehungen unter Familienangehörigen nicht ökonomisch gestaltet sind und in familiären Sorgesituationen nicht mit Dankbarkeit gerechnet werden kann, kommen in der formellen Versorgung im Einzelfall, d. h. im direkten „Dienst am Menschen" die Mittel zum Einsatz, ohne dass sie „sich rechnen". Erst überindividuell, auf betrieblicher Ebene (der Einzelwirtschaft eines Haushalts oder eines sozialen Versorgungsunternehmens) erfolgt eine Bewertung, die den Mitteleinsatz rechtfertigt.

Hier schneidet sich der feministische Ökonomiediskurs makrotheoretisch wieder mit dem öksosozialen Diskurs. Die in ihm erörterte Wechselbeziehung individuellen und öffentlichen Haushaltens ist genderspezifisch auszulegen. Die Rechnung, die in der Makropraxis der Budgeterstellung und der öffentlichen Verteilung von Mitteln aufgemacht wird, ignoriert weitgehend die Geschlechtsdifferenz in der Mikropraxis des Haushaltens und des Ressourceneinsatzes von Männern und von Frauen. Bezahlte und unbezahlte Arbeit, Geld und insbesondere die Verwendung der Ressource Zeit werden unterschiedlich berücksichtigt. Zu fordern ist danach zur ökonomischen Gleichstellung auf jeder Ebene ein *„Gender Budgeting"* als ein geschlechtergerechtes Haushaltsgebaren (Sharp 2003, Erbe 2003, Bergmann/Gubitzer/Klatzer 2004). Sozialpolitisch und sozialwirtschaftlich sind Vorhaben so zu planen und zu steuern, dass sie geschlechtsspezifischen Bedarfen entsprechen und dabei die nichtmonetären Beiträge und privaten Reproduktionsleistungen bei der Mittelzuweisung einkalkulieren.

„Menschen statt Kapital" ist stets ein Prinzip alternativen Wirtschaftens bzw. der Konzepte von Versorgung gewesen. Ausgangspunkt können für die Theoriebildung durchaus die nichtökonomisch determinierten Haushalte einzelner Menschen und ihrer sozialen Beziehungen sein. Die Ökonomie kommt bei diesen Haushalten ins Spiel, wann immer es um Transaktionen geht, mit denen und durch die in der einzelwirtschaftlichen Einheit (eines Haushalts) ein Unterhalt, das Auskommen oder das Fortkommen von Haushaltsangehörigen erreicht werden soll. Da Selbstversorgung materiell und immateriell in der Regel nicht ausreicht, knüpfen an sie Formen der Versorgung „außer Haus" an. Diese wiederum können und müssen auf informelles Sorgen bauen.

In der Sozialwirtschaft wird kooperiert; in ihr werden Beziehungen und Verbindungen gepflegt. Menschen verständigen sich zu ihrer Versorgung. Deren Selbstorganisation kann sich in einem „vorsorgenden Wirtschaften" zu einer vernetzten Kooperation erweitern (Biesecker/Grenzdörffer 1996). Die *Arbeit mit Netzwerken* (Otto/Bauer 2005) hat sich in Formen ausgebildet, welche die wechselseitige Durchdringung formeller und informeller Netzwerke zu erreichen und Synergie zwischen ihnen zu erzeugen suchen. Der Aufbau von Akteursnetzwerken in einem Sozialraum ermöglicht in loser Kopplung der Beteiligten eine partnerschaftliche Koproduktion sozialer Wohlfahrt (Schubert 2005). Erreicht, erschlossen und gewonnen wird *Sozialkapital*. Wir gehen nicht mehr einfach Beziehungen ein. An Beziehungen muss gearbeitet werden; man knüpft sie in Netze ein, und in Netzwerken ergeben sich neue Beziehungen. *Sozialwirtschaftliche Arrangements sind Netz-Werke, in denen Menschen in Fürsorge, als Selbstsorgende und als Umsorgte aufeinander bezogen sind.*

Das Konstrukt des Netzwerks und der Tatbestand des Netzwerkens in Ausführung managerialen Handelns interessiert in der Theorie der Sozialwirtschaft, weil damit Strukturen der Kommunikation erfasst werden, in denen nicht voneinander abgesonderte Betriebe die Elemente der Sozialwirtschaft bilden, sondern sie sich in einer offenen Interaktion von miteinander verbundenen bzw. sich verbindenden Personen und Stellen ergibt. In einem Sozialraum können alle formellen und informellen Akteure miteinander vernetzt sein, und das Management des Netzwerks wird seinerseits zu einer wesentlichen sozialwirtschaftlichen Praxis.

Die Aktivitäten im Sozialraum kommen ihrer Zusammenführung entgegen. In Erweiterung selbstorganisierter Subsistenz und sozialer Absicherung über den Kreis von Familienangehörigen, Nachbarn und Freunden hinaus entfaltet sich ein solidarisches Wirtschaften in gemeinschaftlicher Selbsthilfe, semiformaler Sorgearbeit mit ihren besonderen Beziehungsmustern (wie in Pflegefamilien und von Tagesmüttern), in Kooperativen und anderen genossenschaftlichen Formen, wobei die Möglichkeiten, die Markt und Staat bieten, in Anspruch genommen und die Bedingungen, unter denen sich im Markt und im Staat ein Auskommen erreichen lässt, berücksichtigt werden. Die Perspektive der Feministischen Ökonomie eröffnet den sozialwirtschaftlichen Horizont von Entschlüssen der füreinander und für sich selbst sorgenden Menschen quasi „von unten" her. In der von ihnen nicht zu bewältigenden Abhängigkeit von Versorgung kann mit der Solidarität gerechnet werden, die im allgemeinen Interesse nach Entschlüssen im politischen Gemeinwesen geregelt und öffentlich-rechtlich sowie zivilgesellschaftlich organisiert ist. Der sozialpolitisch ausgespannte „Schirm" einer Solidarwirtschaft „von oben" nimmt die von unten her informell sich ausprägende Bewirtschaftung des Sozialen unter seine Hut (Abb. 6).

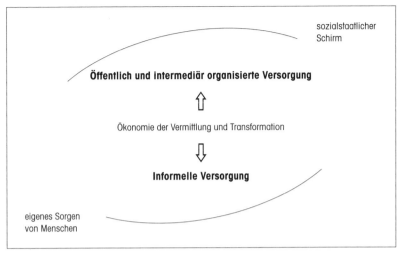

Abb. 6: Theorie und Empirie der Sorge und der Versorgung

Die Theorie der Sozialwirtschaft hat die Aufgabe, die Empirie informellen Sorgens auf der Mikroebene und formeller Versorgung, wie sie organisiert ist und funktioniert, aufzugreifen, die beiderseitigen Gegebenheiten aufeinander zu beziehen und die Ökonomie der Transaktionen zwischen ihnen zu behandeln.

3.5 Institutionstheoretische Beiträge

Der Tatbestand und die Organisationen der Sozialwirtschaft sind im gesellschaftlichen System institutionalisiert. Das heißt, wir finden Handlungsmuster ausgeprägt und strukturell gebahnt, in denen auf eine legitime und konforme Weise bestimmte Probleme in der Gesellschaft bewältigt werden. Die Institutionen der Wohlfahrtspflege und Formen gemeinschaftlicher Selbsthilfe sind auf Dauer gestellte Antworten auf die „soziale Frage". Mit den vorhandenen sozialen Werken sieht sich die Gesellschaft entlastet. Die institutionellen Arrangements und der in ihnen waltende Modus der Handlungskoordination sichern mit einer Mischung aus ethischen und ökonomischen Regulativen eine Versorgung, die anderswo nicht gelingt.

Eine Theorie der Sozialwirtschaft kann sich auf den *modus operandi* ihrer Akteure stützen. In der französischen économie sociale hat insbesondere Claude Vienney (im Anschluss an Georges Fouquet) argumentiert, dass die Einheit des sozialwirtschaftlichen Feldes in der Übereinstimmung institutioneller Regeln bestehe, welche die Aktivitäten der Akteure bestimmen (Vienney 1994, 71). Ihr Handeln basiert auf Konzepten der Solidarität (unter Genossen oder in „organisierter Nächstenliebe"), auf einer Kultur der Mitmenschlichkeit, auf religiösen Überzeugungen oder einfach auf Altruismus. Zwischenmenschliche Beziehungen dominieren und nicht Kapitalinteressen. Es sind demnach speziell in der Wohlfahrtpflege keine wirtschaftlichen Gründe, welche die Organisationen zu ihrem Handeln bewegen. Deren Mission auf der Ebene des Betriebs bezieht dabei eine durchaus unterschiedliche Motivation auf der personalen Ebene ein. Die einzelnen Mitwirkenden müssen die Ideologie ihres Arbeitgebers nicht teilen, zumal diese in der Praxis der täglichen Aufgabenerfüllung oft bis zur Unkenntlichkeit heruntergebrochen wird.

Die individuellen Akteure bewegen sich in einem ihr Handeln strukturierenden normativen Kontext. Institutionen geben einen „äußeren Rahmen ab, in dem Menschen tätig werden und aufeinander einwirken. Sie legen die Beziehungen einerseits der Zusammenarbeit, andererseits des Wettbewerbs fest, die eine Gesellschaft und insbesondere eine Wirtschaftsordnung ausmachen" (North 1988, 207). Institutionen sind die Spielregeln, die in einem Handlungsbereich einzuhalten sind (North 1990, 3) und auf die man sich verlassen kann, wenn man sich auf Interaktionen mit Personen und Organisationen in diesem Bereich einlässt. Dass es sich um einen Rahmen handelt, der Muster für das geregelte Zusammenwirken von Menschen angibt, bedeutet auch, dass der institutionelle Rahmen eine Menge Variation gestattet und nicht institutionalisiertes Agieren innerhalb und außerhalb von Organisationen einschließt.

Zu betrachten sind demnach die spezifischen Ordnungen, in denen die Akteure im sozialwirtschaftlichen Kontext aufeinander bezogen sind. Eine soziologische Analyse weist die Vielfalt und die Verwobenheit der Regeln und der Beweggründe nach, auf die das beobachtete Wirtschaften baut und die das Verhalten der ihm zuzurechnenden Organisationen charakterisieren. Burton Weisbrod hat in seiner Theorie der Nonprofit-Ökonomie (1988) unterschieden zwischen „trust-type nonprofits" (TRUNPOs), bei denen die Nutzer – etwa eines Pflegeheims – darauf vertrauen müssen, dass ihnen Gutes geschieht, „collective-type nonprofits" (CONPOs), die öffentlich Dienste – etwa für Arme – leisten, „club-type nonprofits" (CLUNPOs), die ihre Dienste auf Mitglieder beschränken, und schließlich Nonprofit-Unternehmen, die nur scheinbar solche sind und zu verschleiern wissen, dass sie nach Gewinn streben (sie sind „for profits in disguise" [Weisbrod 1988, 10 ff.]).

Sozialwirtschaftliche Organisationen haben einen großen Spielraum für ihr Verhalten, weil sie makroökonomisch in einem horizontalen Zwischenbereich angesiedelt sind, den ihnen Staat und Markt freilassen. Mikroökonomisch ist diese Zwischenstellung in der vertikalen Dimension all jenen Dienstleistern eigen, die zur Erfüllung sozialer Aufgaben von ihren öffentlichen Auftraggebern eingeschaltet und von leistungsberechtigten Bürgern genutzt werden. Diese können sich auch in gemeinschaftlicher Selbsthilfe im selben Zwischenraum organisieren und dort mit subsidiärer Zuwendung rechnen. Sozialer Bedarf drängt von sich aus nach Lösungen oder er wird von der Angebotsseite her bedient. Wer im sozialwirtschaftlichen Handlungsraum agiert, ist dazu entweder als Betroffener oder Engagierter bewogen, oder er fungiert als sozialer Unternehmer, der Leistungen bieten kann, die im Sozialmarkt gesucht sind und nachgefragt werden. Er kann sich dabei gewissermaßen als „Heilsbringer" verstehen, der sich aus Überzeugung ans Werk macht, gleichwie der bedarfsbezogen Handelnde als Anwalt von Betroffenen für sie erreichen will, was „recht und billig" ist. Die organisierte Sozialwirtschaft bietet dem einen wie dem anderen einen institutionellen Rahmen.

Systematisch lassen sich die Funktionen sozialwirtschaftlichen Agierens mit P. Frumkin (2002) in einer Matrix darstellen, in der wir die instrumentellen Gelegenheiten für Dienstbarkeit und für soziale Unternehmer mit den expressiven Möglichkeiten des Engagements und der Behauptung von Werten verbunden finden. Nach Frumkin sind dem Nonprofit-Bereich generell vier Funktionen eigen. Die ihm angehörenden Organisationen „promote civic and political engagement, deliver critical services within communities, provide an institutional vehicle for social entrepreneurship, and allow the expression of values and faith" (Frumkin 2002, V). Die Beschreibung, der Frumkin eine Matrix beigibt (s. Abb. 7) trifft auch fokussiert auf den Handlungsraum der Sozialwirtschaft zu.

	Bedarfsorientierung	Angebotsorientierung
Instrumentelle Rolle	**Dienste leisten** Die Sozialwirtschaft liefert benötigte Dienste und antwortet auf Staats- und Marktversagen	**Unternehmungen im Sozialen** Die Sozialwirtschaft ist ein Vehikel für Unternehmertum und schafft Unternehmen, die kommerzielle und wohltätige Zwecke kombinieren
Expressive Rolle	**Zivilengagement** Bürger werden für ihre und für gemeinsame Belange mobilisiert und bilden Sozialkapital im Gemeinwesen	**Werte und Glauben** Freiwillige, Mitarbeiter und Spender können ihre Werte und Überzeugungen in Werken zum Ausdruck bringen

Abb. 7: Der funktionale Spielraum sozialwirtschaftlichen Agierens (in Anlehnung an Frumkin, 2002, 25)

Mikrotheoretisch interessiert die Dynamik des Zusammenhangs der vier genannten Funktionen. Die auf Deckung sozialen Bedarfs gerichtete Dienstbarkeit lässt sich unternehmerisch von der Angebotsseite her effizienter gestalten. Dabei besteht die Gefahr der Kommerzialisierung. Bürgerschaftliches Engagement bleibt von sich her oft punktuell, ist thematisch und zeitlich begrenzt, und es garantiert keine verlässliche und angemessene Versorgung. Auf Werthaltungen und Glauben basierender sozialer Einsatz hat die Tendenz, den Überzeugungen nicht entsprechende Bedarfslagen zu diskriminieren. Man muss also auf der Makroebene dafür sorgen, dass die bezeichneten Funktionen institutionell ausbalanciert werden (Frumkin 2002, 163 ff.). Eine Gesellschaft hat letztlich die Sozialwirtschaft, die sie haben will: In gesellschaftlichen Diskursen werden ideelle und normative Programme erzeugt, welche als Handlungsregulierungen das Tun und Lassen der einzelnen Mitwirkenden in der Sozialwirtschaft vorprägen.

Strukturfunktionalistisch, also in der Frage, welche Bedeutung dem eigens organisierten sozialwirtschaftlichen Handeln für die Gesellschaft zukommt, ist auf die sozialwissenschaftliche Theorie der Wohlfahrtsorganisationen als *intermediäre* Akteure (Evers 1990) zu verweisen. Sie erbringen in ihrer Zwischenlage eine Vermittlungsleistung. Selbständig nehmen sie nach Zweckvorgabe und Wertbindung Allokationsfunktionen und Integrationsfunktionen wahr. Ohne ihre Einschaltung gelingt der „Dienst am Menschen" in der gewünschten Differenzierung und Diversifizierung nicht oder nur unzureichend. Intermediäre Organisationen sind zwischen Markt und Staat und den Bürgern (und ihrem Haushalt) angesiedelte Organisationen, die ein Medium dafür bieten, dass bestimmte soziale und ökonomische Prozesse – insbesondere der humandienstlichen Versorgung – zustande kommen und unterhalten werden können, die sich anderswo nicht hinreichend ausbilden können (Wendt 2002, 58). Intermediär wird „im Auftrag" gehandelt. Auftraggeber sind anspruchsberechtigte Bürger einerseits, Staat und Gesellschaft andererseits. Soziale Arbeit wird als intermediäre Instanz „zwischen Lebenswelt und System" geschaltet. Die organisierte Sozialwirtschaft führt eigenständig sozialpolitische, von weltanschaulichen Gruppen getragene oder sich in der Politik der Lebensführung von Menschen in Gemeinschaft ergebende Programme aus. Für ihre Ausführung bedient sich das Gemeinwesen intermediär der Sozialwirtschaft, und die Bürger als Endabnehmer oder Teilnehmer nutzen die vorgesehenen und benötigten Leistungen, indem sie sich des sozialwirtschaftlichen Arrangements *bedienen*. Sie werden großenteils von freigemeinnützigen Veranstaltern getragen, die für sich eine *soziale* Daseinsvorsorge beanspruchen, die *zwischen* die staatliche Daseinsvorsorge und individuelle Daseinsvorsorge geschaltet ist.

Intermediarität bezeichnet einen Handlungstypus, der sich durch kommunikative Abstimmung unterschiedlicher Interessen und Bedürfnisse auszeichnet. Der Begriff der „corps intermédiaire" stammt aus der politischen Philosophie von Montesqieu: Zwischen Staat und dem zivilen Leben der Individuen agieren Assoziationen, die als „amphibische" Körperschaften innerhalb der politischen Strukturen und außerhalb von ihnen mit eigenen Steuerungsmechanismen die „Herrschaft des Gesetzes" vermitteln und stützen. Es kommt ihnen eine vertikale transformierende Funktion zu. Sie wirken vertrauensbildend und sie ermöglichen oder erleichtern Teilhabe. Die intermediären Arrangements senken, institutionenökonomisch betrachtet, Transaktionskosten, und sie führen Systeminteressen mit den Interessen der Bürger in einer Matching-Funktion zusammen, die auch eine dauernde diskursive Auseinandersetzung erlaubt.

Vergleichende Institutionenforschung befasst sich mit Nichtregierungs-Organisationen, die solche Funktionen mit Aufgaben der Regulierung und Steuerung unter den heutigen Bedingungen von *multilevel-governance* übernehmen können. Die sozialwirtschaftlich organisierte Versorgung übersetzt dort, wo sie sozialpädagogisch, therapeutisch, integrierend und rehabilitativ wirkt, gesellschaftliche Normen des Gelingens in die Lebensführung und Lebensgestaltung bedürftiger Menschen. Die formelle Versorgung nimmt dabei deren soziale Rechte wahr, und auf sie bezogen erfolgt eine wohlerwogene Ausgestaltung der Leistungserbringung im Einzelfall. Gegenläufig können Personen einzeln oder gemeinsam ihre problematische Lebenslage beherrschen, indem sie sich in eine Form überindividueller Versorgung und in deren Regulierung einbinden.

Um die für die Institutionenökonomie zuerst von Ronald H. Coase (1937) gestellte Frage *„Warum gibt es überhaupt Unternehmen?"* für die Sozialwirtschaft zu beantworten: Die Bedürftigen und ihre Sachwalter schaffen sich eine unternehmerisch handelnde Organisation, vermittels derer sie ein soziales und ökonomisches Auskommen zu erreichen suchen. Die Organisation bietet sich als Partner des Staates an, um mit Verweis auf ihre Gemeinnützigkeit und auf das Subsidiaritätsprinzip für Aufgaben der Wohlfahrtspflege die Bewirtschaftung von Ressourcen übertragen zu bekommen. Oder die Organisation (z. B. eine Sozialgenossenschaft) ermöglicht das Auskommen ihrer Mitglieder, indem sie sich zur kommerziellen Logik des Marktes in Beziehung setzt, in ihm Ressourcen mobilisiert und sie für die Wohlfahrt der Angehörigen und Schutzbefohlenen der Organisation zu verwerten weiß.

Mit diesem Sachziel unterscheiden sich auch solche sozialwirtschaftlichen Unternehmen, die auf dem Markt präsent sind, von gewöhnlichen erwerbswirtschaftlichen Unternehmen. Institutionenökonomisch ist ein Erwerbsunternehmen primär mit den in ihm arrangierten Beziehungen und Handeln von Menschen nach außen – auf den Markt – gerichtet. Dort finden die Transaktionen statt, denen sich das Unternehmen widmet. Sozialwirtschaftliche Unternehmen dagegen stellen ein spezifisches institutionelles Arrangement dar, in dem die Beziehungen der Akteure in ihrem Handeln gewissermaßen „nach innen" ausgerichtet sind, nämlich auf den individuellen und gemeinschaftlichen Bedarf der Menschen, deren materielle und immaterielle Versorgung sich das Unternehmen zur Aufgabe gemacht hat. Das soziale Unternehmen nimmt sich ihrer an, zieht für die Beteiligten Ressourcen heran oder erschließt und entwickelt sie mit ihnen und führt seine Transaktionen zu dem Ende, dass bei den Menschen, für die und mit denen das Unternehmen sorgt, ein Mehr an Wohlergehen gewonnen wird.

3.5.1 Ein Exkurs: Case Management als Transaktionsinstanz zwischen formeller Versorgung und informeller Selbstsorge

Die humandienstliche Versorgung stellt einen Betrieb dar, in dem die Akteure mit ihren Handlungen Lebensqualität erreichen bzw. Wohlfahrt produzieren wollen. Dabei ist die Besonderheit zu beachten, dass hier „uno actu" personenbezogen Leistungen produziert und konsumiert werden. Im sozialwirtschaftlichen Geschehen erfolgt gewissermaßen ein „Stoffwechsel" vom geleisteten Dienst in das Ergehen seiner Nutzer. Der Weg vom Ressourceneinsatz im System der Versorgung bis zur Wirksamkeit beim einzelnen Konsumenten ist aber ein längerer. Er ist *methodisch* zu gestalten, sollen im Sozial- und Gesundheitswesen nicht kurzschlüssig alle möglichen Mittel verabreicht werden, die ihr Ziel verfehlen und ohne Nutzen bleiben. Der Prozess, der zu ihm hinführt, geht arbeitsteilig vonstatten, und er bedarf eines Austausches unter denen, die miteinander etwas zu tun haben: Ihr Handeln muss stabil organisiert und in die Wege geleitet, im Einzelfall angebahnt, vereinbart, aufeinander abgestimmt und kontrolliert ausgeführt werden. Die Ökonomik der Erledigung dieser Aufgaben verdient eigens erörtert zu werden.

Die Träger und Erbringer von Sozialleistungen stehen *als Unternehmen* den Leistungsempfängern als Akteuren gegenüber, die selbständig ihr Leben führen und sozusagen als *„Unternehmer"* ihrer selbst" agieren. Bei ihnen ist mit einer *begrenzten Rationalität*, mit *Unsicherheit* und mit *opportunistischem Verhalten* zu rechnen. Grundsätzlich sind Teilnehmer an einem Austausch immer nur begrenzt informiert und urteilsfähig; es gibt unvorhersehbare Umwelteinflüsse und Verhaltensunsicherheiten; man kann *ex ante* bei Abmachungen nicht vorhersehen, was danach geschieht, und überall im Wirtschaftsleben verfolgen Partner in Geschäften und gemeinsamen Unternehmen stets eigene Interessen. Sie tun, was ihnen *opportun* erscheint. Das gilt auch für das Feld sozialwirtschaftlicher Aufgabenerfüllung. Ein spezifisches soziales Management ist notwendig, damit der Anschluss des Betriebs der Versorgung an die kontingenten Gegebenheiten und das Agieren abnehmerseitig zustande kommt. Dafür bietet sich der Modus des Case Managements an.

Die zunehmende Verbreitung von Case Management (Wendt 2001, Wendt/ Löcherbach 2006) ist für die Theorie der Sozialwirtschaft insofern von Bedeutung, als es ein prozessuales Bindeglied zwischen öffentlicher Daseinsvorsorge, ihren Trägern und Leistungserbringern einerseits und der individuellen Daseinsvorsorge und eigenständiger Problembewältigung von Menschen andererseits darstellt. Ein Case Management wird systemseitig eingeschaltet, um Ressourcen, die das System der sozialen und gesundheitlichen Versorgung bereithält, mit dem Versorgungsbedarf im Einzelfall zu verbinden. Das Case Management erfolgt in diesem Betrieb an *Schnittstellen von Arrangements der Sorge und der Versorgung*. Die Art und Weise, wie auf beiden Seiten operiert und verfügt wird, ist ganz verschieden. Der einzelne Mensch sucht wertrational sein Glück im Leben, eine Organisation der Versorgung zweckrational ihren Erfolg in sachgerechtem und der eigenen Performanz zuträglichem Handeln. Im „Dienst am Menschen" bleibt die Übersetzung dessen, was man miteinander vorhat, unsicher, vorläufig und ständiger Anpassung bedürftig.

Der „Betrieb" und die Logik individueller Lebensgestaltung auf der einen Seite und der Betrieb und die Logik humandienstlicher Versorgung auf der anderen Seite bestehen auch während ihrer Verschränkung unabhängig voneinander weiter. Für die Steuerung des Leistungsprozesses und für die Ökonomie im Case Management ist deshalb bedeutsam, wie sich an der Schnittstelle beider Aktionsbereiche die *Transaktion,* der Übergang zwischen ihnen, optimieren und der Transaktionsaufwand gering halten lässt. An dieser Schnittstelle ist die Methodik gefragt, in der sich das Case Management als intermediäre Instanz bewährt. Der Begriff der Transaktion umfasst wirtschaftswissenschaftlich allgemein die Anbahnung, Vereinbarung, Abwicklung, Kontrolle und Anpassung eines Leistungsaustausches zwischen selbständigen Akteuren. Es ist ökonomisch angebracht, diese Vorgänge in institutionalisierter Form abzuwickeln. Case Management ist eine Art und Weise institutioneller Abwicklung von Transaktionen auf der Mikroebene sozialer und gesundheitlicher Versorgung.

Zur Interpretation können wir hier die seit Ronald H. Coase (1937) im Rahmen der *Neuen Institutionenökonomik* (Richter/Furubotn 2003, Göbel 2002, Voigt 2002) entwickelte *Theorie der Transaktionskosten* von Oliver H. Williamson (1985, 1990, 1996) heranziehen. Nach ihm findet eine Transaktion statt, wenn ein Gut oder eine Leistung über eine technisch trennbare Schnittstelle hinweg übertragen wird (Williamson 1990, 1). Allgemein gesprochen ist die Schnittstelle eine zwischen zwei

Verantwortungsbereichen. In einer Transaktion geht, was dem einen gehört (als Gut) oder was er vermag (als Dienst) per Tausch oder einseitige Übertragung in das Vermögen und die Verantwortung des anderen über. Der Vorgang beruht auf einem ausdrücklichen oder impliziten Kontrakt. Übertragen werden im Grunde Verfügungsrechte. Für unsere Erörterung heißt das: Fallübergreifend im Care Management und individualisiert im Case Management gehen in einem Prozess, auf den sich die Beteiligten vertraglich einlassen und in dem ihr Dazutun gefragt ist, Sozialleistungen aus der Verfügung des Systems der Versorgung und andere Ressourcen in die Verfügung bzw. das „Eigentum" von individuellen Nutzern über. Soweit es sich nicht um Leistungen *„in cash"*, sondern um solche *„in kind"* (Arten von Sachleistungen) handelt, „verfügt" sich der Nutzer von Humandienstleistungen auch mehr oder weniger in deren System: er veräußert Verfügungsrechte an die Institution und ihre Experten, die in seine körperliche Integrität eingreifen, erzieherisch oder psychotherapeutisch auf sein Verhalten einwirken oder als Betreuer für ihn sachwaltend handeln.

Case Management wird in Humandiensten als intermediäre Instanz eingesetzt, um Ressourcen, Zielsetzungen, diverse Aktivitäten zu vernetzen und zu integrieren. In diesem Prozess der Koordination und der Abstimmung „finden *durchgehend Verhandlungen* statt" (Williamson 1990, 33); die Verhandlungseigenschaften charakterisieren das individuelle Case Management. Dass die Kontrakte zustande kommen und dass sie prozedural fair realisiert werden, dafür ist ein Case Manager als Transaktor zuständig. Er muss mit im Umfeld der Aufgabenstellung gegebenen und psychosozialen Transaktionshindernissen rechnen, und er muss gesetzliche, ethische und andere Transaktionsschranken beachten. Er knüpft Netze und bewegt sich in ihnen mit den Transaktionen, denen er den Boden zu bereiten, die er auszuhandeln und in ihrer Durchführung zu kontrollieren hat.

Generell sind Transaktionen sozial und ökonomisch zu verstehen: Menschen treten in eine Beziehung, mit der sich Rechte und Pflichten verbinden, und tauschen in dieser Beziehung in geregelter Weise Leistungen aus. Während „externe" Transaktionen auf Märkten stattfinden, erfolgen „interne" Transaktionen in den Unternehmen bzw. im Betrieb. Der Austausch von Leistungen und Gegenleistungen und ihre Koordination sind aufwändig. Die Transaktionskostentheorie geht von der Annahme aus, dass Wirtschaftssubjekte begrenzt rational handeln und dass sie ihren jeweils eigenen Interessen opportunistisch folgen. Davon ist auch *im Betrieb* des Case Managements auszugehen. Die Transaktionskostentheorie fragt nach Organisationsstrukturen, in denen der Nutzen von Transaktionen für ein Unternehmen (hier: für einen Träger oder Erbringer von Sozialleistungen) größer ist als die Kosten der Transaktionen.

Zum Stand der Theorieentwicklung in der Sozialwirtschaft

Wenn ein Arzt im Notfall operiert oder ein Medikament verabreicht oder wenn ein Erzieher oder Betreuer einfach anweist, was zu tun ist, erfolgen in dieser direkten Übertragung eines Gutes oder reibungslosen Bedienung weiter keine Transaktionen. Die Behandlung oder Beratung durch den Experten stellt eine einseitige Transaktion dar. Es gibt einen Geber und einen Nehmer. Da ist weiter nichts zu besorgen und zu managen. Im *continuum of care* dagegen haben wir es mit einem andauernden Prozess zu tun, in dem die Beteiligten sich zunächst darüber auseinandersetzen und immer wieder darüber übereinkommen, *was der Fall ist*. Im Prozess hat in der weiteren Bearbeitung des Falles eine Koordination vieler einzelner Handlungen zu erfolgen. Es ist die Motivation für ein angemessenes Verhalten und Compliance als Bereitschaft, „bei der Stange zu bleiben", zu erreichen. Im Kontinuum der Versorgung (z. B. im Rahmen von Disease Management Programmen) muss der Betrieb, in dem zusammen an der Problembewältigung gearbeitet wird, in Gang bleiben. Die Transaktion ist zweiseitig: die Beteiligten „bringen sich ein", und sie werden dazu im Case Management angehalten.

Transaktionen interessieren betriebswirtschaftlich wegen ihrer Kosten. Diese sind definitionsgemäß (nach Coase) Kosten der Nutzung des Marktes für Güter. Sie sind vorhanden und mit ihnen wird gehandelt. Im humandienstlichen Bereich liegen die Dinge anders. Das Gut und seine Übertragung (in „Behandlung" oder „Pflege" oder „Beratung") sind nicht zu trennen. Sozialwirtschaftlich interessieren Transaktionen, durch die humandienstlich im Einzelfall das Gut überhaupt erst zustande kommt (produziert und konsumiert werden kann), nämlich in Koproduktion von Professionellen, den Adressaten ihres Handelns und informell Beteiligten. Reduziert man den Transaktionsprozess auf einseitige „Maßnahmen", kommt es zu der insbesondere im Gesundheitswesen hinlänglich bekannten Über-, Unter- und Fehlversorgung, die mit enormen Kosten verbunden ist. Das Case Management übernimmt als Transaktionsinstanz die Funktion, anstelle kurzschlüssiger humandienstlicher „Verfügungen", die in der Summe und im Verhältnis von Aufwand und Ertrag sehr kostspielig sind, eine ordentlich ausgehandelte und abgestimmte Faktorkombination zu erreichen.

Das Management der Transaktion ist im Case Management zugleich ein *Management der Produktion* individueller Wohlfahrt. Ein Case Manager kommt bei vollständiger Implementation des Verfahrens in Humandiensten nicht zusätzlich zu den Beschäftigten zum Einsatz, die weiter in ihrer gewohnten Weise arbeiten. Das Case Management stellt die Produktivität des humandienstlichen Einsatzes durch Integration, Vernetzung, Steuerung über Kontrakte usw. auf eine neue Grundlage. Gewiss, das Transaktionsgeschehen im Case Management bringt einen Aufwand für Organisation, Information, Anbahnung, Klärung, Abstimmung, Kontrolle und laufende Anpassung mit sich (und spart die *Folgekosten der Unterlassung* von all dem). Die Kostenstellen sind den einzelnen Phasen im Verfahren zuzuordnen. Transaktionskosten fallen aber nicht nur für den Träger oder Anbieter der Dienstleistung an, sondern es gibt sie auch bei deren Abnehmern. Die Nutzer wenden Zeit und Mühe auf, um vereinbarte Aufgaben zu erledigen und um die angestrebten Zustände zu erreichen.

Nach Williamson (1990, 47) werden Transaktionskosten dadurch eingespart, „dass Transaktionen (die sich in ihren Eigenschaften unterscheiden) in differenzierter Weise Beherrschungs- und Überwachungssystemen zugeordnet werden (die den organisatorischen Rahmen abgeben, innerhalb dessen die Integrität einer Vertragsbeziehung bestimmt wird)". Das Case Management fungiert als *Instanz der Beherrschung* (im Sinne von *governance*) von vereinbarten und in den zielstrebigen Prozess zu integrierenden Aktivitäten. Es organisiert die dazu notwendigen Transaktionen und wickelt sie ab. Es sorgt auf seine Art und Weise der Beherrschung der Vorgänge für eine möglichst optimale Gestaltung des Transaktionsprozesses und hält dadurch die Transaktionskosten im Betrieb der Versorgung wie auch für ihre Nutzer relativ gering.

Der Transaktionsnutzen ist ein *gemeinsamer,* ein sozialer Mehrwert. Case Management erfolgt in Zusammenarbeit. Das Ziel der Produktion von Wohlfahrt lässt sich in Humandiensten bei einer andauernden und nicht nur punktuellen Versorgung nicht durch einseitige Übertragung eines Gutes (der Beratung, der Behandlung, der Pflege, usw.) erreichen. Die Transaktion ist vielmehr als eine zweiseitige anzulegen. Rat, der von Experten gegeben wird, kreuzt sich mit eigensinnigem Rat, den die Kunden von Diensten mitbringen, fachliche Pflege verbindet sich mit spezifischer Selbstpflege, Kompetenzen, die sich vermitteln lassen, interagieren mit vorhandener Kompetenz. Transaktionen werden, so die Theorie, wesentlich durch *Faktorspezifität* bestimmt (Williamson 1990, 60 ff.). Damit ist gemeint, dass Akteure im interaktiven Wirtschaften ihr besonderes Sach- oder Handlungsvermögen einbringen und dass häufig der Erfolg für die Beteiligten an diese spezifische Investition gebunden ist. Im humandienstlichen Bereich hängt vom personalen Faktor ab, was sich erreichen lässt. Bei ihrem Gegenüber die Bereitschaft zu wecken und die Fähigkeit auszubilden, mit eigenem Einsatz passend mitzuwirken, ist eine Hauptaufgabe von Case Managern. Patientenschulung, Bildungsbegleitung und Psychoedukation gehören zum Instrumentarium des Case Managements.

Der Nutzer von Humandienstleistungen muss das Seine dazu beitragen, dass der Erfolg eintritt (das Prinzip „Fördern und Fordern" drückt eine solche Erwartung aus). Dass er sich bei ihm, in seinem Leben und in seinen Verhältnissen einstellt, bedeutet aber nicht, dass es ein Erfolg allein für ihn ist und dass er allein über ihn verfügt: Angehörige sind erleichtert, wenn es einem Familienmitglied besser geht. Holt die Vermittlung in Ausbildung oder Arbeit einen Jugendlichen von der Straße, profitiert das Gemeinwesen. Die Integration von Migranten ist ein gesellschaftlicher Erfolg. Ebenso die Rehabilitation von Menschen mit einer Behinderung. Der ökonomische Ertrag dahin führender Transaktionen verteilt sich, sozialwirtschaftlich betrachtet, auf alle Stakeholder sozialer Versorgung. Was auf der Mikroebene des Case Managements durch Abstimmung und Vertrag, in Koordination und Kooperation erfolgt, stellt in diskreter Weise ein institutionalisiertes Arrangement dar, in dem die organisierte Gemeinschaft und seine Angehörigen sozialwirtschaftlich miteinander verkehren.

4. Reflexive Theorieentwicklung

Soziale Problembearbeitung ist eine generelle Aufgabenstellung in der Industriegesellschaft, und von ökonomischen Antworten auf die sich in ihr stellende „soziale Frage" hat die Sozialwirtschaft praktisch und theoretisch ihren Ausgang genommen. Mit dem Format, das sie in letzter Zeit gewinnt, wird wiederum auf spezifische Herausforderungen reagiert. Die Dynamik der fortschreitenden Modernisierung veranlasst auf organisiert-gemeinschaftlicher Ebene und auf individueller Ebene neue Weisen und Formen der Problembeherrschung. Insoweit kann die soziologische *Theorie der reflexiven Modernisierung,* wonach die von der Modernisierung selbst geschaffenen Probleme für die Menschen eine Universalität der Gefährdung bedeuten (Beck 1988, Beck/Giddens/Lash 1996), die individuell und institutionell bewältigt sein will, auf die Situation und die Aufgabenstellung der Sozialwirtschaft angewandt werden (Aiken 2000).

Die fortgeschrittene Modernisierung des Lebens macht alles soziale Handeln *bedenklich.* Nachgerade das *Helfen* in seinen informellen und formellen Formen ist längst nicht mehr eindeutig und *unbedenklich.* Es hat Nebenwirkungen und es stellt Ansprüche. Helfen erfolgt besser, wenn man es kalkuliert. Die Beziehungen des Helfens haben ihre Selbstverständlichkeit verloren; sie werden ausgesucht, gewählt, auf ihre Zweckdienlichkeit geprüft, vertraglich vereinbart, in Vernetzung bearbeitet, kontrolliert und evaluiert. Dass sie von denen, die sie eingehen, auf Kosten und Nutzen hin besehen und also *ökonomisch* in Betracht gezogen werden, ist nicht einer sich aufdrängenden neoliberalen Gesinnung geschuldet, sondern ergibt sich notwendig aus einer Erfahrung von Spielräumen und Einschränkungen in ihnen und von einem in den Kontexten des Lebens gegebenen individuellen und gemeinsamen Ausgesetzt- und Angewiesensein. Konfrontiert mit risikogesellschaftlichen Folgen (Beck 1993, 36 ff.) treten in der Zivilgesellschaft intermediär neue Formen des Engagements und gemeinschaftlicher Selbsthilfe auf. Durch sie und mit ihnen kann die Sozialwirtschaft eine aktive Rolle übernehmen, die sich von der bloß reaktiven Funktion herkömmlicher Wohlfahrtspflege und kooperativer Selbstversorgung unterscheidet. Zum Beispiel finden sich in der Entwicklung benachteiligter Stadtteile und in gemeinwesenökonomischen Projekten nach Identifikation der spezifischen Problemkonstellation für sie innovative Lösungen im Entwicklungsprozess selber. Die Beteiligten arbeiten solche Lösungen aus (Aiken 2000, 16).

Diese Überlegung fügt sich in eine theoretische Rekonstruktion wechselseitigen Unterhalts von Daseinsvorsorge. Die individuelle und die öffentliche Daseinsvorsorge beeinflussen sich „subpolitisch" (U. Beck) bzw. auf den Wegen von „life politics" (A. Giddens) und sind je für sich und in ihrer Wechselwirkung auf ihre *Nachhaltigkeit* hin zu reflektieren. Sie stellt sich wohlerwogen nur ein in Verbindung der öffentlichen, sozialwirtschaftlich vermittelten Daseinsvorsorge mit der individuellen, privaten Daseinsvorsorge. Der Staat ist längst überfordert mit dem Anspruch, von sich aus die Wohlfahrt der Bevölkerung erfolgreich zu regulieren. Er teilt die Verantwortung mit den Bürgerinnen und Bürgern in ihren habilitativen wie rehabilitativen sozialen Belangen. Soweit Menschen ihnen nicht nachkommen können, weil sie behindert sind, stellen ihnen die gesetzlichen Sozialleistungsträger ein Persönliches Budget zur Verfügung, dass ihnen „in eigener Verantwortung ein möglichst selbstbestimmtes Leben" gestattet (§ 17 Abs. 2 SGB IX). Diese Ermöglichung von Teilhabe kann als ein Spezialfall der allgemein auf sozialem Gebiet zu teilenden Verantwortung betrachtet werden, in der dem Einzelnen zugemutet wird, die Mittel zu seiner Wohlfahrt selber zu bewirtschaften. Die Kontingenz des individuellen Lebens und die Unabhängigkeit der Lebensführung sind kein Grund, den Einzelnen nicht als Partner in den sozialwirtschaftlichen Prozess einzubeziehen, im Gegenteil: die persönliche Daseinsvorsorge wird unabdingbar gebraucht, um mit öffentlicher und sozialer Daseinsvorsorge ans Ziel zu kommen. Sie verweisen aufeinander und sind in ihren Dispositionen aufeinander angewiesen.

Beider Verbindung führt nun die Bezüge wieder zusammen, in denen ich die Theoriebildung verfolgt habe. Sie bewegt sich in einander reflektierenden Entwürfen in transdisziplinärer Beziehung auf Sozialpolitik und den „Lebenshaushalt" von Menschen, auf die Ökonomie ihrer Lebensführung und auf individuelle Daseinsvorsorge, wie ihr gegenüber auf die öffentlich gestaltete Versorgung, und sie bildet in diesem vielseitigen Rahmen eine konzeptuelle Konfiguration aus, die vorläufig bleibt, aber fähig, sich in ihrem Bezugsrahmen weiter zu entwickeln (s. Abb. 8).

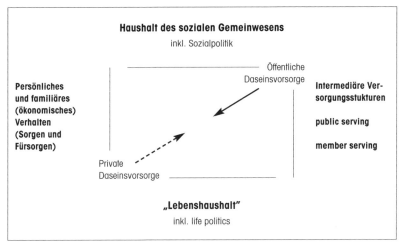

Abb. 8: Gegenständliche Bezugsrahmen in der Theorie der Sozialwirtschaft

Mit dieser Konfiguration wird ein dynamisches Verhältnis beschrieben. Es besteht zwischen den Verwirklichungschancen und Bewältigungsmöglichkeiten einzelner Menschen, in denen sie selber informelle und auch formell eingerichtete sozialwirtschaftliche Lösungen realisieren können, einerseits und dem öffentlichen Wohlfahrtsregime andererseits, das seine Versorgungslösungen kompensatorisch und komplementär den Verhaltensmöglichkeiten der Menschen in ihrem „Lebenshaushalt" anpasst.

Die Theorie der Sozialwirtschaft hat den Transformationsprozess aufzuarbeiten, in dem sich die Versorgung von Menschen und ihre Selbstsorge in der fortschreitenden Modernisierung befinden. Die Theorie unterzieht sich in kognitiver Offenheit der Prüfung, wie und inwieweit sie den in diesem Prozess sich zeigenden Erfordernissen gerecht wird. Sie erklärt nicht nur, sie gestaltet auch – und kommt dieser Aufgabe in Beziehung auf die Formatierung ihres Objektbereichs und in Beziehung auf sich selbst nach. Die Theorie selber gehört dem Prozess, den sie beschreibt, an. Insoweit macht sich die Theorie selber zu ihrem Gegenstand: sie ist *reflexiv*. Sie reflektiert ihren eigenen Theoriestatus. Im Referenzrahmen der Prozesse fortschreitender Modernisierung stellen sich die Themen ein, mit denen sich die Theorie beschäftigt. Richtiger: Die Thematik beschäftigt die Theorie. Sie ist Produkt der Entwicklungen in ihrem Gegenstandsbereich, und daran hält sich hinfort auch die Theorieentwicklung selber.

4.1 Die Allokation sozialwirtschaftlicher Kompetenz

Der Fokus des sozialwirtschaftlichen Diskurses verlagert sich in Zeiten der reflexiven Modernisierung vom Angebot der versorgenden Dienste und Einrichtungen zu deren Nutzern und ihrer Art und Weise, ihre Belange zu besorgen und ihre Probleme im Leben zu bewältigen. Humandienste sind generell dort zuständig, wo Menschen unzureichend fähig sind. *Kompetenz* heißt *zuständig* sein, und *Kompetenz* heißt *fähig* sein, die Aufgaben zu erledigen, für die man zuständig ist. Individuell und familiär ergeben sich diese Aufgaben in der Haushaltsführung, die Aktivitäten zur Einkommenserzielung und Einkommensverwendung inklusive, in der Gestaltung der persönlichen Lebensführung und in einer möglichst nachhaltigen Daseinsvorsorge, die der Einzelne für sich und mit seinen Angehörigen zu leisten hat. Den einzelnen Menschen kann eine *sozialwirtschaftliche Kompetenz* in dem Maße zugeordnet werden, in dem sie für sich und gemeinsam Aufgaben selber wahrnehmen und erfüllen, die ansonsten den formellen Institutionen und Arrangements überlassen bleiben, die wir sozialwirtschaftlich organisiert vorfinden.

Sozialwirtschaft bezeichnet die wirtschaftlichen Interaktionen, mit denen Leistungen im Rahmen einer sozialen Zweckerfüllung erbracht werden. Von Sozialunternehmen, in Einrichtungen und mit Diensten wird die Produktion von Wohlfahrt betrieben. Der Betrieb erfolgt in einem systematischen Einsatz produktiver Faktoren. Ausgeführt wird die Leistungserbringung von Professionellen und anderen Mitwirkenden, die im Rahmen ihrer Zuständigkeit und unter Einsatz ihrer Fähigkeiten die gestellten Aufgaben erledigen. Bedürftige und berechtigte Nutzer nehmen diese Akteure in Anspruch. Insoweit die Kunden dabei eigene Befähigung einsetzen, ihren Präferenzen folgen und unter Angeboten wählen können, betreiben und bewirtschaften die einzelnen Nutzer die Produktion ihrer individuellen Wohlfahrt. Sie können dies auch selbstorganisiert und gemeinsam tun: Es gibt Sozialgenossenschaften, Seniorengenossenschaften und andere lokale Austauschnetzwerke (vgl. Henz/Wagner 2006). Behinderte Menschen schließen sich in einer Assistenzgenossenschaft zusammen und beschäftigen in ihr Fachkräfte und andere Helfer als Assistenten. Oder eine Elterngruppe gründet einen Verein, der als Träger einer Kinderbetreuungseinrichtung auftritt. In diesen Fällen steht der produzierende Betrieb nicht als Lieferant den Konsumenten seiner Dienste gegenüber. Die Nutzer erstellen sie für sich selber. Mikrotheoretisch ist deshalb festzustellen, dass sie die Kompetenz dafür besitzen. In anderen Fällen überlassen die Nutzer die Erstellung der von ihnen benötigten Dienste der Expertise bestimmter Personen(gruppen) und Stellen. Wie sich die Leistungserbringung in Belangen des individuellen und sozialen Ergehens verteilt, ist nicht fixiert, wie sich empirisch zeigt. Die Allokation von Kompetenz ändert sich.

Zum Stand der Theorieentwicklung in der Sozialwirtschaft

Die Theorie der Sozialwirtschaft kommt mithin in Reflexion der modernen Entwicklung auf das Zusammenspiel der Akteure in der Erledigung wohlfahrtsbezogener Aufgaben zurück. Wer ist im welchem Maße für sie zuständig und in der Lage, sie – allein oder im Zusammenwirken – zu erfüllen? An diese Frage ist in der theoretischen Erörterung ebenso *normativ* und *ethisch*, fokussiert auf Sollzustände, heranzugehen wie die Gegebenheiten positiv zu *beschreiben* sind. Wie wir leben wollen und wie wir leben sollen: dementsprechend wird gehandelt. Gesellschaftlich ist die Bedarfsentwicklung zu reflektieren, der man sozial-, gesundheits- und beschäftigungspolitisch mit Transferleistungen und mit infrastrukturellen Maßnahmen nachzukommen sucht. Personenbezogen bleibt ihre Effektivität prinzipiell begrenzt (denken wir im Gesundheitsbereich an die Chancen der geriatrischen Versorgung oder in der Sozialhilfe an den Erfolg der Unterstützung von Multiproblemfamilien). Zudem gibt es unter einzelnen Menschen wie in der Gesellschaft in Bezug auf Lebensqualität, auf die zu präferierende Lebensgestaltung und die erforderliche Lebensführung diverse Haltungen. Sozialwirtschaftlich ist darüber immer dann zu entscheiden, wenn knappe Ressourcen zum Einsatz kommen – beim Individuum, in einer Bedarfsgemeinschaft und in der öffentlichen Daseinsvorsorge.

Die staatlich veranstaltete Daseinsvorsorge trifft Allokationsentscheidungen nach gesetzlichen Maßgaben. Die dafür vorgesehenen Sozialleistungsträger schalten regelmäßig personenbezogene Dienstleister ein (oder übernehmen selber eine personenbezogene Fallführung), wenn es um immaterielle Allokationsentscheidungen geht, die nur im direkten Kontakt mit Leistungsberechtigten getroffen werden können. Insbesondere dann, wenn die den Bedarf bestimmende Problematik verwickelt ist. Bei Gewährung einer materiellen Sozialleistung bleibt die Nutzung der Mittel dagegen der individuellen Verantwortung überlassen. Die öffentliche Daseinsvorsorge trägt im übrigen eine *Infrastrukturverantwortung*. Sie hat die nötige Ausstattung mit Diensten und Einrichtungen zu gewährleisten und sie bietet eine hinreichende Versorgungssicherheit. Staatlich und gesellschaftlich ist für eine gesunde Umwelt, für eine kindgerechte Umwelt und für eine Kultur des sozialen Lebens einzutreten, welche die Qualität des individuellen Lebens infrastrukturell ermöglicht und zu ihr beiträgt.

Die Sozialwirtschaft in ihrer intermediären Organisation ist darauf angewiesen und setzt sich in *sozialer* Daseinsvorsorge dafür ein, dass im staatlich organisierten Gemeinwesen hinreichend rationale Strukturierung und Bewirtschaftung des Mitteleinsatzes erfolgt. Der staatlichen Kompetenz in sozialwirtschaftlichen Belangen steht die zivile Kompetenz der Bevölkerung im Erhalt und in der Beförderung ihrer Wohlfahrt gegenüber. Die *öffentliche* Daseinsvorsorge korrespondiert der *individuellen* Daseinsvorsorge und kann auf diese dahingehend einwirken, dass sie einigermaßen kompetent betrieben wird. Die Teilung der Verantwortung verschränkt das ermöglichende *(enabling)* Handeln von Versorgern mit dem selbstsorgenden Handeln von Betroffenen.

Mit der Erörterung der Beziehungen zwischen der öffentlichen Daseinsvorsorge und der individuellen Daseinsvorsorge wächst der Sozialwirtschaftslehre ein eigenes wissenschaftliches Gerüst zu. Sie behandelt die Unternehmungen, die zur Deckung eines sozialen Bedarfs vorhanden sind oder begonnen werden, unter dem *Aspekt des Auskommens* (des Auskommens der Gesellschaft mit existentiellen Problemen ihrer Angehörigen und des Auskommens der Individuen in der Bewältigung ihres Lebens). Idealtypisch stehen diese Unternehmungen den erwerbswirtschaftlichen polar gegenüber, die unter dem *Aspekt des Einkommens,* das auf einem Markt erzielbar ist, zu betrachten und wissenschaftlich (in der Betriebswirtschaftslehre) zu behandeln sind. Die Gegenüberstellung schließt nicht aus, dass sich ein erwerbswirtschaftliches Unternehmen Aufgaben der sozialen Bedarfsdeckung widmet. Es richtet sich dann in seinem Betrieb und dessen Leistungserstellung auf die humanen Verhältnisse mit dem Sachziel ein, habilitativ oder rehabilitativ zu wirken. Der sozialunternehmerische Einsatz trägt zu einem Gelingen im Leben von Menschen bei – gesundheitlich, pflegerisch, erzieherisch, sozialkulturell, beschäftigungsfördernd. Sozialwirtschaftlich bemüht man sich dort um ein Auskommen, wo sich ein *gelingendes Leben* von einzelnen Menschen und von Personengruppen nicht schon durch ein gutes Einkommen und dessen Verwertung erreichen lässt.

Menschliches Auskommen ist nur an der Person und unter Personen zu erzielen. Einzelleistungen aus der sozialwirtschaftlichen „Produktpalette" mögen qualitativ zu einem gelingenden Leben von Menschen beitragen; dieses Leben hat in seinem Gelingen aber eine andere Gestalt mit anderen Eigenschaften als diejenigen, welche die lieferbaren Elemente aufweisen. Erst mit der Transformation, die sich bei ihrer Verwendung und Verwertung vollzieht, tritt der Erfolg im Leben ein. Mit dem menschlichen Auskommen ist die Fähigkeit jedes Einzelnen und der Gemeinschaft gefragt, es angemessen zu bewerkstelligen. Auf es hin ist der sozial zu bewirtschaftende Bedarf auszulegen, ob er nun vom einzelnen Mensch bemerkt und in eigenen und gemeinsamen Aktivitäten zu decken versucht wird oder ob er dienstlich und von Unternehmen befriedigt werden soll.

Beansprucht wird bei diesen Bestrebungen die Kompetenz der Akteure. Sie ist differenziert zu betrachten. Gewöhnlich spricht man von einer *ökonomischen Kompetenz* des Bürgers in dem Sinn, dass er wirtschaftliche Zusammenhänge, Abhängigkeiten und Entwicklungen versteht und mündig an der kommerziellen Ökonomie um ihn herum teilzunehmen und mithin Einkommen zu erzielen und Ausgaben zu begrenzen weiß. Selber und in eigener Verantwortung wirtschaften können heißt aber auch eine ökonomische Kompetenz haben, die auf den Bedarf und die Erfordernisse im eigenen und gemeinschaftlichen Dasein gerichtet ist. Diese Kompetenz wird bei *Armut* mehr gebraucht als bei größerem Einkommen, mit dem sich Schwächen in der eigenen Daseinsbewältigung kompensieren und kaschieren lassen. Indes ist in der traditionellen Sozialfürsorge für einen passiven Hilfeempfänger jene Kompetenz nicht gefragt. Er eignet sich mit seiner häufig „erlernten Hilflosigkeit" nicht als aktiver Partner in der Sozialwirtschaft. Der Partnerschaft und der Selbstverantwortung kann aber aufgeholfen, zu ihr kann erzogen und befähigt werden – bei allen Beschränkungen und Behinderungen, die diesem Vorhaben entgegenstehen.

Die Anforderungen, die das moderne Leben stellt, sind vielfältig, und ein Auskommen in ihm ist schwieriger zu besorgen. Im persönlichen und gemeinschaftlichen „Lebenshaushalt" wächst der manageriale Gestaltungsbedarf. Die in der persönlichen Daseinsbewältigung von uns allen erwartete Kompetenz unterscheidet sich von der Fachkompetenz, die professionelle Dienstleister haben, dadurch, dass es im Alltag mit einer beruflichen und wissenschaftlich begründeten Expertise nicht getan ist. Das Verhalten im täglichen Leben unterliegt konkreten inneren und äußeren Bedingungen und es hat idiomorphe Beweggründe. Mit ihnen nehmen Personen an gemeinschaftlichen Unternehmungen teil oder stellen sich auf helfende, behandelnde und fördernde Dienste ein. Es sind dabei verschiedene Kompetenzbereiche gefragt, in denen sich die Befähigung und Verantwortung des Einzelnen, von Familien und anderen „Bedarfsgemeinschaften" mit der Befähigung und Verantwortung humandienstlicher Leistungserbringer verbinden lässt.

Gebraucht wird eine generelle Kompetenz in der Besorgung des Alltags. Dazu gehört eine wirtschaftliche Kompetenz, insbesondere eine finanzwirtschaftliche im Umgang mit Geld, um am Ende nicht auf die Schuldner- und Insolvenzberatung angewiesen zu sein. Eltern sollten erzieherische Kompetenz haben oder sie mit Unterstützung kompetenter Stellen erwerben. Auch eine gewisse technologische Alltagskompetenz ist heutzutage unerlässlich. Man muss nicht gleich ein Informatiker sein, um am digitalisierten Geschehen teilzuhaben, aber doch die Geräte bedienen können, die inzwischen zur gewöhnlichen Ausstattung im täglichen Leben gehören. Gesundheitskompetenz schließlich trägt unmittelbar zur Lebensqualität bei und ist zugleich angesichts der ständigen Kostensteigerungen im Gesundheitswesen gefragt.

Für unseren Theoriediskurs bietet sich diese Kompetenz exemplarisch an, um den prozessualen Zusammenhang individuellen Verhaltens und dienstlichen bzw. gemeinschaftlichen Handelns in der zu bewirtschaftenden Bedarfsdeckung dazulegen. Gesundheitskompetenz im Sinne von *health literacy* ist nach Kickbusch u. a. (2005) die Fähigkeit, „to make sound health decision in the context of every day life – at home, in the community, at the workplace, the health care system, the market place and the political arena. It is a critical empowerment strategy to increase

people's control over their health, their ability to seek out information and their ability to take responsibility." (Kickbusch/Maag/Saan 2005, 10) Zu dieser Befähigung gehört nach den Autoren die Ausstattung mit
- Grundkenntnissen über Gesundheit und die Anwendung von gesundheitsfördernden, die Gesundheit schützenden und Krankheiten vermeidenden Verhaltsweisen, Selbstpflege und Versorgung in der Familie,
- Kompetenzen zur Navigation im Gesundheitssystem und die Fähigkeit, als Partner von Professionellen zu handeln,
- Konsumentenkompetenz, um gesundheitsbewusst in der Auswahl und in der Nutzung von Gütern und Diensten entscheiden zu können,
- informiertem Wahlverhalten in der politischen Arena, Kenntnis von Rechten im Gesundheitswesen und Eintreten für sie und Mitgliedschaft in Patienten- und Gesundheitsorganisationen (a. a. O.).

Inwieweit Individuen diese Kompetenzen erwerben und ausüben können, hängt vom sozialen Umfeld ab. Mit seiner gesundheitlichen Kompetenz nimmt der Einzelne am gesundheitlichen Versorgungssystem in ökonomisch wirksamer Weise teil. Auf die Beziehung dieses Systems auf das Verhalten ihrer Nutzer als Thema der Gesundheitsökonomie ist oben bereits hingewiesen worden. Die Nachfrager der Versorgung teilen Verantwortung mit den Leistungsanbietern – oder übernehmen sie von ihnen, indem sie sich in Gesundheits-, Pflege- und Sozialkooperativen zusammenfinden (so beispielsweise in Québec, s. Girard 2002). Erhöhte Gesundheitskompetenz der Bürger führt zu einer Reduktion der Kosten im Gesundheitswesen, vorausgesetzt, die Dienste und Einrichtungen nutzen diese Kompetenz, statt dass deren Strukturen und Routinen sie ignorieren oder sogar schwächen.

Die sozialwirtschaftliche Aufgabe einer angemessenen Allokation von Kompetenzen besteht eben darin, vor der Disposition über den Einsatz von Mitteln die Stärken und die Handlungsmöglichkeiten der Beteiligten zu klären, insbesondere dann, wenn in einem *welfare mix* diverse Akteure miteinander zu tun bekommen. Je nach beanspruchter oder zugewiesener, flexibler oder statutarisch festgelegter Zuständigkeit finden wir die Sozialwirtschaft in öffentlicher Trägerschaft, freigemeinnützig organisiert, gewerblich betrieben und von den Nutzern selbstbestimmt konfiguriert vor.

Behinderte Menschen nehmen für sich die Zuständigkeit in Anspruch, als Unternehmer ihrer individuell nötigen Versorgung selber oder im Rahmen einer Assistenzgenossenschaft einen Persönlichen Assistenten einzustellen. Viele Personen und Familien beweisen hierzulande ökonomische Kompetenz in Belangen der eigenen Pflege, indem sie Frauen aus Osteuropa zu sich einladen und diese mit der pflegerischen Versorgung beschäftigen. Solche Arbeitsverhältnisse bleiben – mit ihrer Problematik – häufig „im Schatten". Sozialwirtschaftlich betrachtet, stellen sie einen anderen Modus von Tauschbeziehungen dar (Glendinning et al. 2000), und sie rechnen in „*markets of care*" wie unbezahltes freiwilliges Engagement zu der Bandbreite von Betätigungsformen, auf welche die soziale Bedarfsdeckung und das formelle Versorgungssystem zunehmend angewiesen sind. Die organisierte Sozialwirtschaft mit ihren Einrichtungen und Diensten muss sich auf das Aufkommen solcher individualisierten Formate der (Selbst-)Versorgung einstellen.

Die sozialwirtschaftliche Gestaltungsaufgabe insgesamt wird durch politische Allokation von Verantwortung wahrgenommen. Im „Wohlfahrtsdreieck" von Leistungsträgern, Leistungserbringern und Leistungsnutzern kommen die Kompetenzen jeder Seite zum Zuge, und sie bedingen einander. Besteht auch im Sozialbereich in der Regel eine „nichtschlüssigen Tauschbeziehung" zwischen Leistungserbringern und Nutzern, verfügen diese doch über ihren Unterhalt und haben mehr oder minder teil an dem sozial organisierten Unterhalt eines auskömmlichen Lebens. Die Sozialwirtschaft erweist sich als ein vielgestaltiger Prozess, in dem in Sachen individueller und gemeinschaftlicher Wohlfahrt ziviles und solidarisches Engagement stattfindet und die Eingliederung von Menschen in arbeitsteiligen und sich wandelnden Formen der Leistungserbringung betrieben wird.

4.2 Ein vorläufiges Fazit

Blicken wir auf die Linien der Theorieentwicklung und die Verknüpfungen zwischen ihnen zurück, so beobachten wir: Das auf sozialen Bedarf gegründete Feld wirtschaftlicher Betätigung bleibt praktisch wie in der Reflexion seiner Geschäfte nicht in den Grenzen ihm zugerechneter Unternehmungen und Betriebe. Es bezieht heute und morgen notwendig die mehr oder weniger rational handelnden Menschen als Nutzer von Sozialdienstleistungen oder als Teilhaber an einem solidarischen Engagement in den sozialwirtschaftlichen Produktionsprozess ein. Die Verteilung von Aufgaben und die effektive und effiziente Organisation der Aufgabenerledigung werden praktisch und für die Theorie der Sozialwirtschaft zunehmend wichtig. Die Theorieentwicklung bindet in der Reflexion sich ändernder Kompetenzen und sich ergebender neuer Konstellationen in einem erneuernden Diskurs ihre eigenen diversen Herkünfte und Ansätze zu einem konzeptuellen Gerüst der Bewirtschaftung des Sozialen in einer Mannigfaltigkeit von Institutionen und von Engagement zusammen.

Eine reflexive Theorie folgt dem Gestaltwandel in den Bereichen ihrer Anwendung. Sie wird zu einem Movens neuer Formierung im Verhältnis der beteiligten Akteure zueinander und kann die Praxis umso mehr bewegen, als sie sich in ihr bewegt. Die Theorie der Sozialwirtschaft beschreibt nicht nur, sondern hat teil an der reflexiven Modernisierung ihres Gegenstandes.

Literatur

Aiken, Mike: Reflexive Modernisation and the Social Economy. In: Studies in Social and Political Thought (University of Sussex), Issue 2, March 2000. Online: www.sussex.ac.uk/Units/SPT/journal/archive/pdf/issue2-1.pdf

Alcoléa-Bureth, Anne-Marie: Pratiques et theories de l'économie solidaire. L'Harmattan, Paris 2004

Allardt, Erik: About Dimensions of Welfare. An Exploratory Analysis of a Comparative Scandinavian Survey. Research Report No. 1. University of Helsinki, Research Group for Comparative Sociology, Helsinki 1973

Anheier, Helmut K. / Seibel, Wolfgang (eds.): The Nonprofit Sector: International and Comparative Perspectives. De Gruyter, Berlin 1990

Anheier, Helmut K. / Salamon, Lester M.: Genese und Schwerpunkte internationaler Forschung zum Nonprofit Sektor. In: Forschungsjournal Neue Soziale Bewegungen, Heft 4, 1992, S. 40–48

Anheier, Helmut K. / Then, Volker / Schröer, Andreas u. a.: Leitlinien und Arbeitsprogramm des Centrums für Soziale Investitionen und Innovationen. Heidelberg 2006. Online: csi.uni-hd.de/download/CSI_Paper_dt_download.pdf

Arnold, Ulli: Ökonomische Grundlagen der Produktion sozialer Dienstleistungen im Non-Profit-Bereich. In: Wilken, Udo (Hrsg.): Soziale Arbeit zwischen Ethik und Ökonomie. Lambertus, Freiburg i. Br. 2000. S. 53–75

Arnold, Ulli / Maelicke, Bernd (Hrsg.): Lehrbuch der Sozialwirtschaft. Nomos, Baden-Baden 1998

Austin, David M.: Administrative Practice in Human Services: Future Directions for Curriculum Development. In: The Journal of Applied Behavioral Science, 19, 2, 1983. S. 141–152

Austin, David M.: The Political Economy of Human Service Programs. JAI Press, Greenwich, CT 1988

Badelt, Christoph: Sozioökonomie der Selbstorganisation. Beispiele zur Bürgerselbsthilfe und ihre wirtschaftliche Bedeutung. Campus, Frankfurt am Main 1980

Barbetta, Gian Paolo (ed.): The Nonprofit Sector in Italy. Manchester University Press, Manchester 1997

Barea, José / Monzón, José Luis (dir.): Libro Blanco de la economia social en Espana. Ministerio de Trabajo y Seguridad Social, Madrid 1992

Barnes, Michael: Users as Citizens: Collective Action and the Local Governance of Welfare. In: Social Policy and Administration, 33, 1, 1999. S. 73–90

Bauer, Rudolph: Ist der Dritte Sektor "theoriefähig"? Anmerkungen über Heterogenität und Intermediarität. In: Birkhölzer, Karl u. a. (Hrsg.): Dritter Sektor/Drittes System. VS Verlag für Sozialwissenschaften, Wiesbaden 2005. S. 105–109

Beck, Ulrich: Risikogesellschaft. Auf dem Weg in eine andere Moderne. Suhrkamp, Frankfurt am Main 1988

Beck, Ulrich: Die Erfindung des Politischen. Zu einer Theorie reflexiver Modernisierung. Suhrkamp, Frankfurt am Main 1993

Beck, Ulrich/Giddens, Anthony/Lash, Scott: Reflexive Modernisierung. Eine Kontroverse. Suhrkamp, Frankfurt am Main 1996

Beck, Ulrich/Bonss, Wolfgang (Hrsg.): Die Modernisierung der Moderne. Suhrkamp, Frankfurt am Main 2001

Becker, Gary S.: A Treatise on the Family. Harvard University Press, Cambridge MA 1981

Becker, Gary S.: Der ökonomische Ansatz zur Erklärung menschlichen Verhaltens. Mohr, Tübingen 1982

Becker, Gary S./Murphy, Kevin M.: Social Economics. Market Behavior in a Social Environment. Harvard University Press, Cambridge MA. 2000

Bergmann, Nadja/Gubitzer, Luise/Klatzer, Elisabeth: Gender Budgeting – Handbuch zur Umsetzung geschlechtergerechter Budgetgestaltung. Remaprint, Wien 2004

Biesecker, Adelheid/Grenzdörffer, Klaus (Hrsg.): Kooperation, Netzwerk, Selbstorganisation. Centaurus, Pfaffenweiler 1996

Biesecker, Adelheid/Mathes, Maite/Schön, Susanne/Scurrell, Babette (Hrsg.): Vorsorgendes Wirtschaften. Auf dem Weg zu einer Ökonomie des Guten Lebens. Kleine Verlag, Bielefeld 2000

Birchall, Johnston: Co-op: the people's business. Manchester University Press, Manchester 1994

Birchall, Johnston (ed.): The New Mutualism in Public Policy. Routledge, London 2001

Birkhölzer, Karl: Formen und Reichweite lokaler Ökonomien. In: Ihmig, Harald (Hrsg.): Wochenmarkt und Weltmarkt. Kommunale Alternativen zum globalen Kapital. Kleine, Bielefeld 2000. S. 56–88

Birkhölzer, Karl: Das Dritte System als innovative Kraft: Versuch einer Funktionsbestimmung. In: Heß, Dietrich/Schrick, Gerhard (Hrsg.): Die Region. Experimentierfeld gesellschaftlicher Innovation. Westfälisches Dampfboot, Münster 2001. S. 16–30

Birkhölzer, Karl: Drittes System und soziale Ökonomie im europäischen Kontext. In: Birkhölzer, Karl u. a. (Hrsg.): Dritter Sektor/Drittes System. VS Verlag für Sozialwissenschaften, Wiesbaden 2005. S. 71–92

Birkhölzer, Karl/Klein, Ansgar/Zimmer, Annette/Priller, Eckhard (Hrsg.): Dritter Sektor/Drittes System. Theorie, Funktionswandel und zivilgesellschaftliche Perspektiven. VS Verlag für Sozialwissenschaften, Wiesbaden 2005

Body, Janet/Cameron, Claire/Moss, Peter (eds.): Care Work: Present and Future. Routledge, London 2006

Bödege-Wolf, Johanna/Schellberg, Klaus: Organisationen der Sozialwirtschaft. Nomos, Baden-Baden 2005

Borzaga, Carlo/Defourny, Jacques (eds.): The Emergence of Social Enterprise. Routledge, London 2001

Cassel, Gustav: Theory of Social Economy. Harcourt, New York 1924

Chantier de l'économie sociale: Social Economy and Community Economic Development in Canada: Next Steps for Public Policy. Online: www.ccednet-rodec.ca/en/docs/pubs/Issues%20Paper_Sept_2005.pdf

Coase, Ronald H.: The Nature of the Firm. In: Economica, 4, 1937. S. 386–405

Dahl, Robert: A Preface to Economic Democracy. University of California Press, Los Angeles, CA 1985

Daly, Herman E.: On Economics as a Life Science. In: Journal of Political Economy, 76, 3, 1968. S. 392–406

Darby, Michael R./Karni, Edi: Free Competition and the Amount of Fraud. In: Journal of Law and Economics, 16, 1, 1973. S. 67–88

Defourny, Jacques/Develtere, Patrick/Fonteneau, Bénédicte (eds.): L'économie sociale au Nord et au Sud. De Boeck, Brüssel 1999

Demoustier, Daniéle: L'économie sociale et solidaire, s'associer pour entreprendre autrement. Syros, Paris 2001

Demoustier, Danièle/Rousseliere, Damien: Social Economy as Social Science and Practice: Historical Perspectives on France. Paper, 11th World Congress for Social Economics, Albertville, France 2004. Online: www.socialeconomics.org/uploads/demousrouss.pdf

Dollery, Brian E./Wallis, Joe L.: The Political Economy of the Voluntary Sector. A Reappraisal of the Comparative Institutional Advantage of Voluntary Organisations. Edward Elgar, Cheltenham 2003

Engelhardt, Werner Wilhelm: Hybride Organisationsformen des Dritten bzw. Nonprofit-Sektors und die zukünftige Verwaltungsreform. In: Budäus, Dietrich (Hrsg.): Organisationswandel öffentlicher Aufgabenwahrnehmung. Nomos, Baden-Baden 1998. S. 177–207

Engelhardt, Werner Wilhelm: Die Zukunft des Sozialen auf der sozialwissenschaftlichen Metaebene der Europäischen Wirtschaft. In: Kirchhoff, Ulrich/Trilling, Gerhard (Hrsg.): Öffentliche Wirtschaft, Sozialwirtschaft und Daseinsvorsorge im Wandel. Transfer Verlag, Regensburg 2003. S. 319–332

Erbe, Birgit: Kommunale Haushaltsplanung für Frauen und für Männer. Gender Budgeting in der Praxis. Konzepte, Erfahrungen, Perspektiven. Gleichstellungsstelle der Landeshauptstadt München, München 2003

Etzioni, Amitai: The Third Sector and Domestic Missions. In: Public Administration Review, 33, 1973. S. 314–323

Etzioni, Amitai / Lawrence, Paul R. (eds.): Socio-Economics: Toward a New Synthesis. Sharpe, Armonk, NY 1991

Evers, Adalbert: Im intermediären Bereich. Soziale Träger und Projekte zwischen Haushalt, Staat und Markt. In: Journal für Sozialforschung, 30, 2, 1990. S. 189–210

Evers, Adalbert / Olk, Thomas: Wohlfahrtspluralismus. Vom Wohlfahrtsstaat zur Wohlfahrtsgesellschaft. Westdeutscher Verlag, , Opladen 1996

Evers, Adalbert / Rauch, Ulrich / Stitz, Uta: Von öffentlichen Einrichtungen zu sozialen Unternehmen. Hybride Organisationsformen im Bereich sozialer Dienstleistungen. Edition sigma, Berlin 2002

Evers, Adalbert / Laville, Jean-Louis: Defining the Third Sector in Europe. In: Evers, Adalbert / Laville, Jean-Louis (eds.): The Third Sector in Europe. Edward Elgar, Cheltenham 2004. S. 11–42

Evers, Adalbert: Sektor und Spannungsfeld. Zur Theorie und Politik des Dritten Sektors. Diskussionspapiere zum Nonprofit-Sektor Nr. 27, Berlin 2005 (a). Online: www.aktive-buergerschaft.de / vab / resourcen / diskussionspapiere / wp-band27.pdf

Evers, Adalbert: Mixed Welfare Systems and Hybrid Organizations: Changes in the Governance and Provision of Social Services. In: International Journal of Public Administration, 28, 9 / 10, 2005 (b). S. 737–748

Favreau, Louis: Qu'est-ce que l'économie sociale ? Synthése introductive. Université du Québec en Outaouais, Mars 2005. Online: www.uqo.ca / observer / socialconceptualisation / EcoSoc.pdf

Favreau, Louis: Social Economy and Public Policy: The Quebec Experience. In: Government of Canada, Policy Research Initiative, 8, 2, 2006. Online: policyresearch.gc.ca / page.asp?pagenm=v8n2_art_03

Ferber, Marianne A. / Nelson, Julie A. (eds.): Beyond Economic Man: Feminist Theory and Economics. University of Chicago Press, Chicago 1993

Ferber, Marianne A. / Nelson, Julie A. (eds.): Feminist Economics Today. Beyond Economic Man. University of Chicago Press, Chicago 2003

Flieger, Burghard: Sozialgenossenschaften. Wege zu mehr Beschäftigung, bürgerschaftlichem Engagement und Arbeitsformen der Zukunft. AG SPAK, Neu-Ulm 2003

Flösser, Gaby: Soziale Arbeit jenseits der Bürokratie. Über das Management des Sozialen. Luchterhand, Neuwied 2002

Folbre, Nancy: "Holding Hands at Midnight": the paradox of caring labor. In: Barker, Drucilla K. / Kuiper, Edith (eds.): Toward a Feminist Philosophy of Economics. Routledge, London 2003. S. 213–230

Fontan, Jean-Marc/Schragge, Eric: Tendencies, Tensions and Visions in the Social Economy. In: Schragge, Eric/Fontan, Jean-Marc (eds.): Social Economy. Black Rose Books, Montreal 2000. S. 1–15

Fouquet, Georges: Les secteur cooperative. (1935) Institut des etudes coopératives, Paris 1965

Fourel, Christophe (ed.): La nouvelle économie sociale. Efficacité, solidarité et démocratie. Syros, Paris 2001

Frumkin, Peter: On Being Nonprofit. A Conceptual and Policy Primer. Harvard University Press, Cambridge, MA 2002

Gibbons, Michael et al.: The New Production of Knowledge. The Dynamics of Science and Research in Contemporary Societies. Sage, London 1994

Gibbons, Michael/Nowotny, Helga: The Potential of Transdisciplinarity. In: Thompson Klein, Julie, et al. (eds.): Transdisciplinarity: Joint Problem Solving among Science, Technology, and Society. Birkhäuser, Basel 2001. S. 67–80

Gide, Charles: Coopération et économie sociale. 1886–1904. L'Harmattan, Paris 2001

Gide, Charles: L'économie sociale, les institutions du progress social. (1905) L'Harmattan, Paris 2004

Girard, Jean-Pierre: Social Cohesion, Governance and the Development of Health and Social Care Co-operatives: Preliminary Observations. In: Review of International Co-operation, 95,1, 2002. S. 58–64

Glendinning, Caroline/Halliwell, Shirley/Jacobs, Sally et al.: New Kinds of Care, New Kinds of Relationships. How purchasing services affects relationships in giving and receiving personal assistance. In: Health and Social Care in the Community, 8, 3, 2000. S. 201–211

Glendinning, Caroline/Powell, Martin/Rummery, Kirstein (eds.): Partnerships, New Labour and the Governance of Welfare. Policy Press, Bristol 2002

Göbel, Elisabeth: Neue Institutionenökonomik. Konzeption und betriebswirtschaftliche Anwendungen. Lucius & Lucius, Stuttgart 2002

Goll, Eberhard: Die freie Wohlfahrtspflege als eigener Wirtschaftssektor. Theorie und Empirie ihrer Verbände und Einrichtungen. Nomos, Baden-Baden 1991

Grunwald, Klaus: Sozialwirtschaft. In: Otto, Hans-Uwe/Thiersch, Hans (Hrsg.): Handbuch Sozialarbeit/Sozialpädagogik. 2. Aufl., Luchterhand, Neuwied 2001. S. 1794–1805

Guérin, Isabelle: Femmes et économia solidaire. La Découverte, Paris 2003

Gueslin, André: L'invention de l'économie sociale. Idées, practiques et imaginaires coopératifs et mutualistes dans la France du XIX siècle. Economica, Paris 1998

Hansmann, Henry M.: Economic Theory of Nonprofit Organizations. In: Powell, Walter W. (ed.): The Nonprofit Sector. A Research Handbook. Yale University Press, New Haven 1987. S. 27–42

Henz, Thomas / Wagner, Simone: Gib und Nimm. Lokale Austauschnetzwerke zwischen sozialer Bewegung und Marktergänzung. In: Soziale Welt, 57, 1, 2006. S. 65–81

Hippel, Thomas von: Begriffsbildung und Problemkreise der Nonprofit-Organisationen aus juristischer Sicht. In: Hopt, Klaus J. / Hippel, Thomas von / Walz, W. Rainer (Hrsg.): Nonprofit-Organisationen in Recht, Wirtschaft und Gesellschaft. Mohr Siebeck, Tübingen 2005. S. 35–46

Hirst, Paul: Associative Democracy. Polity Press, Cambridge 1994

Hirst, Paul / Bader, Veit (eds.): Associative Democracy: The Real Third Way. Frank Cass, London 2001

Irwin, Alan: Constructing the Scientific Citizen: Science and Democracy in the Biosciences. In: Public Understanding of Science, 10, 1, 2001. S. 1–18

Jessop, Bob: The Changing Governance of Welfare: Recent Trends in Its Primary Functions, Scale, and Mode of Coordination. In: Social Policy and Administration, 33, 4, 1999. S. 348–359

Jochimsen, Maren: Careful Economics. Integrating Caring Activities and Economic Science. Kluwer Academics, Boston 2003

Jochimsen, Maren A. / Kesting, Stefan / Knobloch, Ulrike (Hrsg.): Lebensweltökonomie. Kleine Verlag, Bielefeld 2004

Kearney, Muriel / Aubry, Francois / Tremblay, Louise / Vaillancourt, Yves: L'économie sociale au Québec: le regard d'acteurs sociaux. Cahiers du LAREPPS No 04–25. Université du Québec à Montréal, Mai 2004. Online: www.larepps.uquam.ca/publications/pdf_transversal/cahier04_25.pdf

Kendall, Jeremy: The Voluntary Sector. Routledge, London 2003

Kendall, Jeremy: Third Sector European Policy: Organisations between market and state, the policy process and the EU. Third Sector European Policy Working Paper Series 1. London, 2005. Online: www.lse.ac.uk/collections/TSEP/

Kickbusch, Ilona / Maag, Daniela / Saan, Hans: Enabling healthy choices in modern health societies. Paper for the European Health Forum Badgastein 2005. Online: www.ilonakickbusch.com/en/health-literacy/Gastein_2005.pdf

Kommission der Europäischen Gemeinschaften: Mitteilung der Kommission „Umsetzung des Gemeinschaftsprogramms von Lissabon – Die Sozialdienstleistungen von allgemeinem Interesse in der Europäischen Union", KOM(2006) 177 endgültig. Online: ec.europa.eu/employment_social/social_protection/docs/com_2006_177_de.pdf

Kotarbinski, Tadeusz: Praxiology. An Introduction to the Science of Efficient Action. Pergamon Press, Oxford 1965

Laville, Jean-Louis (dir.): L'économie solidaire, une perspective internationale. Desclée de Brouwer, Paris 2000

Laville, Jean-Louis: A New European Socioeconomic Perspective. In: Review of Social Economy, 61, 3, 2003. S. 389–405

Laville, Jean-Louis: Interview, In: INEES Newsletter N° 1, March 2006. Online: www.ope.lu/fileadmin/INEES/UK/newsletter_1_EN.pdf

Laville, Jean-Louis/Nyssens, Marthe: Solidarity-Based Third Sector Organizations in the "Proximity Services" Field: A European Francophone Perspective. In: Voluntas, 11, 1, 2000. S. 67–84

Laville, Jean-Louis/Maréchal, Jean-Paul (dir.): L'économie solidaire, une écologie sociale. Ècologie et politique, n° 28. Éditions Syllepse, Paris 2004

Laville, Jean-Louis/Cattani, Antonio David (dir.): Dictionnaire de l'autre économie. Desclée de Brouwer, Paris 2005

Laville, Jean-Louis et al. (dir.): Action publique et économie solidaire. Edition Eres, Toulouse 2005

Levitt, Theodore: The Third Sector. New Tactics for a Responsive Society. Amacom Press, New York 1973

Loccumer Initiative/Müller-Plantenberg, Clarita/Nitsch, Wolfgang/Schlosser, Irmtraud (Hrsg.): Solidarische Ökonomie in Brasilien und Deutschland – Wege zur konkreten Ökonomie. Kassel University Press, Kassel 2005

Löhr, Rolf-Peter: Lokale Ökonomie in der Sozialen Stadt – Chancen und Ansätze. 2004. Online: www.stadtteilarbeit.de/seiten/theorie/loehr/lok_oekonomie_soziale_stadt.htm

Madörin, Mascha: Care Economy – ein blinder Fleck der Wirtschaftstheorie. In: Widerspruch, Heft 40. Zürich 2001. S. 41–45

Mayo, Ed/Moore, Henrietta (eds.): Building the Mutual State. Findings from the virtual thinktank www.themutualstate.org. New Economics Foundation and Mutuo, London 2002

Meier, Uta (Hrsg.): Vom Oikos zum modernen Dienstleistungshaushalt. Der Strukturwandel privater Haushaltsführung. Campus, Frankfurt am Main 1997

Montagut, Teresa: The Third Sector and the Policy Process in Spain. Third Sector European Policy Working Papers No.2. London 2005. Online: www.lse.ac.uk/collections/TSEP/OpenAccessDocuments/2%20TSEP.pdf

Müller, Wolfgang: Hilfe umfassend organisieren. In: Sozialwirtschaft, 16, 2, 2006. S. 6–8

Neubauer, Günter/Lewis, Philip: Die Gesundheitswirtschaft ist der größte Arbeitgeber. In: f & w, führen und wirtschaften im Krankenhaus, 23, 2, 2006. S. 160–164

Nicholson-Lord, David (ed.): The Mutual State: How Local Communities Can Run Public Services. New Economic Foundation, London 2001

Ninacs, William A.: A Review of the Theory and Practice of Social Economy/ Économie Sociale in Canada. SRDC Working Paper Series 02–02. Social Research and Demonstration Corporation, Ottawa 2002

Nitsch, Thomas O./Phillips, Joseph M./Fitzsimmons, Edward L. (eds.): On the Condition of Labor and the Social Question One Hundred Years Later: Commemorating the One Hundredth Anniversary of Rerum Novarum, and the Fiftieth Anniversary of the Association for Social Economics. Edwin Mellen, Toronto 1994

Noddings, Nel: Starting at Home. Caring and Social Policy. University of California Press, Berkeley, CA 2002

North, Douglass C.: Theorie des institutionellen Wandels. Eine neue Sicht der Wirtschaftsgeschichte. J.C.B. Mohr, Tübingen 1988

North, Douglass C.: Institutions, Institutional Change and Economic Performance. Cambridge University Press, Cambridge 1990

Novy, Klaus/Prinz, Michael: Illustrierte Geschichte der Gemeinwirtschaft: Wirtschaftliche Selbsthilfe in der Arbeiterbewegung von den Anfängen bis 1945. Dietz, Bonn 1985

Nowotny, Helga/Scott, Peter/Gibbons, Michael: Rethinking Science. Knowledge and the Public in an Age of Uncertainty. Polity Press, Oxford 2001

Oppen, Maria/Sack, Detlef/Wegener, Alexander: Innovationsinseln in korporatistischen Arrangements. Public Private Partnerships im Feld sozialer Dienstleistungen. Wissenschaftszentrum Berlin für Sozialforschung, Berlin 2003. Online: skylla.wz-berlin.de/pdf/2003/iii03-117.pdf

Ott, Auguste: Traité d'économie sociale ou l'économie politique au point de vue du progrès. Renou éditeur, Paris 1851

Ottnad, Adrian/Wahl, Stefanie/Miegel, Meinhard: Zwischen Markt und Mildtätigkeit. Die Bedeutung der freien Wohlfahrtspflege für Gesellschaft, Wirtschaft und Beschäftigung. Olzog, München 2000

Otto, Ulrich: Zwischen Drinnen und Draußen. Aspekte des Sozialmanagements in pädagogischen Handlungsfeldern. In: Neue Praxis, 32, 2, 2002. S. 177–193

Otto, Ulrich/Bauer, Petra (Hrsg.): Mit Netzwerken professionell zusammenarbeiten. Band I: Soziale Netzwerke in Lebenslauf- und Lebenslageperspektive. DGVT Verlag, Tübingen 2005

Peterson, Janice/Lewis, Margaret (eds.): The Elgar Companion to Feminist Economics. Edward Elgar, Cheltenham 1999

Pfaff, Holger: Versorgungsforschung – Begriffsbestimmung, Gegenstand und Aufgaben. In: Pfaff, Holger/Schrappe, Matthias/Lauterbach, Karl W. (Hrsg.): Gesundheitsversorgung und Disease Management. Grundlagen und Anwendungen der Versorgungsforschung. Hans Huber, Bern 2003. S. 13–23

Priller, Eckhard / Zimmer, Annette (Hrsg.): Der Dritte Sektor international. Mehr Markt – weniger Staat ? Edition Sigma, Berlin 2001

Quarter, Jack: Canada's Social Economy: Co-operatives, Non-profits and Other Community Enterprises. James Lorimer, Toronto 1992

Ranci, Costanzo / Pellegrino, Mauro / Pavolini, Emmanuele: The Third Sector and the Policy Process in Italy: Between Mutual Accomodation and New Forms of Partnership. Third Sector European Policy Working Paper Series 4. London 2005. Online: www.lse.ac.uk / collections / TSEP /

Richarz, Irmintraut (Hrsg.): Der Haushalt. Neubewertung in der Postmoderne. Vandenhoeck & Ruprecht, Göttingen 1998

Richter, Rudolf / Furubotn, Eirik G.: Neue Institutionenökonomik. 3. Aufl., Mohr Siebeck, Tübingen 2003

Robinson, Janice / Banks, Penny: The Business of Caring. King's Fund Inquiry into care services for older people in London. King's Fund Publications, London 2005

Sahle, Rita / Scurrell, Babette (Hrsg.): Lokale Ökonomie. Aufgaben und Chancen für die Soziale Arbeit. Lambertus, Freiburg i.Br. 2001

Schubert, Herbert: Das Management von Akteursnetzwerken im Sozialraum. In: Bauer, Petra / Otto, Ulrich (Hrsg.): Mit Netzwerken professionell zusammenarbeiten. Band II: Institutionelle Netzwerke in Steuerungs- und Kooperationsperspektive. DGVT Verlag, Tübingen 2005. S. 73–103

Seel, Barbara: Ökonomik des privaten Haushalts. Ulmer, Stuttgart 1991

Seibel, Wolfgang: Funktionaler Dilettantismus. Erfolgreich scheiternde Organisationen im „Dritten Sektor" zwischen Markt und Staat. Nomos, Baden-Baden 1992

Sharp, Rhonda: Budgeting for Equity. Gender budget initiatives within a framework of performance oriented budgeting. UNIFEM, New York 2003. Online: www.gender-budgets.org / uploads / userS / 10999456961R.Sharppaper.pdf

Singer, Paul: Introducao à Economia Solidária. Perseu Abramo, Sao Paulo 2002

Singer, Paul / Souza, André Ricardo de (Hrsg.): Economia Solidária no Brasil. Contexto, Sao Paulo 2003

Smith, Adam: Der Wohlstand der Nationen. Hrsg. von Horst Claus Recktenwald. Deutscher Taschenbuch Verlag, München 1993

Stage, Sarah / Vincenti, Virginia B. (eds.): Rethinking Home Economics. Women and the History of a Profession. Cornell University Press, Ithaca, NY 1997

Technologie-Netzwerk Berlin e.V. (Hrsg.): Ökonomische Gemeinwesenentwicklung und soziale Unternehmen. Erfahrungen, Instrumentarien und Empfehlungen. TU Berlin 1997

Thomas, Carol: De-Constructing Concepts of Care. In: Sociology, 27, 4, 1993. S. 649–669

Thompson, Patricia J.: Home Economics and Feminism. Home Economics Publishing Collective, Charlottetown 1988

Toepler, Stefan / Anheier, Helmut K.: Theorien zur Existenz von Nonprofit-Organisationen. In: Hopt, Klaus J. / Hippel, Thomas von / Walz, W. Rainer (Hrsg.): Nonprofit-Organisationen in Recht, Wirtschaft und Gesellschaft. Mohr Siebeck, Tübingen 2005. S. 47–63

Ulrich, Peter: Wirtschaftsethik als praktische Sozialökonomie. Zur kritischen Erneuerung der Politischen Ökonomie mit vernunftethischen Mitteln. In: Breuer, Markus / Brink, A. / Schumacher, O. J. (Hrsg.): Wirtschaftsethik als kritische Sozialwissenschaft. Haupt, Bern 2003. S. 141–165

Vaillancourt, Yves / Tremblay, Louise (eds.): Social Economy: Health and Welfare in Four Canadian Provinces. Fernwood Publishing, Halifax 2002

Vienney, Claude: L'économie sociale. La Découverte, Paris 1994

Voigt, Stefan: Institutionenökonomik. Wilhelm Fink, München 2002

Wallimann, Isidor: Selbstverwaltung: Soziale Ökonomie in schwierigen Zeiten. Heuwinkel Verlag, Genf / Basel 1966

Walras, Léon: Éléments d'économie politique pure, ou théorie de la richesse sociale. F. Pichon, Paris 1874

Walras, Léon: Études d'économie sociale. Théorie de la repartition de la richesse sociale. F. Pichon, Paris 1896

Weber, Max: Wirtschaftsgeschichte. Abriß der universalen Sozial- und Wirtschaftsgeschichte. 4. Aufl., Duncker & Humblot, Berlin 1981

Weisbrod, Burton A.: Th Voluntary Nonprofit Sector. Heath, Lexington 1977

Weisbrod, Burton A.: The Nonprofit Economy. Heath, Lexington 1988

Wendt, Wolf Rainer: Ökologie und soziale Arbeit. Enke, Stuttgart 1982

Wendt, Wolf Rainer: Haushaltswissenschaft und soziales Management: Beiträge zur ökonomischen und exekutiven Kompetenz von Sozialarbeitern. In: Nachrichtendienst des Deutschen Vereins für öffentliche und private Fürsorge, 66.Jg., Heft 6, 1986, S. 235–241

Wendt, Wolf Rainer: Ökosozial denken und handeln. Grundlagen und Anwendungen in der Sozialarbeit. Lambertus, Freiburg i. Br. 1990

Wendt, Wolf Rainer: Geschichte der Sozialen Arbeit. 4. Aufl., Enke, Stuttgart 1995

Wendt, Wolf Rainer: Soziales Wissensmanagement. Nomos, Baden-Baden 1998

Wendt, Wolf Rainer: Ansätze einer Sozialwirtschaftslehre. In: Sozialer Fortschritt, 49, 11/12, 2000. S. 261–270

Wendt, Wolf Rainer: Case Management im Sozial- und Gesundheitswesen. 3. Aufl., Lambertus, Freiburg i. Br. 2001

Wendt, Wolf Rainer: Sozialwirtschaftslehre. Grundlagen und Perspektiven. Nomos, Baden-Baden 2002

Wendt, Wolf Rainer: Sozialwirtschaft – eine Systematik. Nomos, Baden-Baden 2003

Wendt, Wolf Rainer: Sozial arbeiten und sozial wirtschaften. Lambertus, Freiburg i.Br. 2004

Wendt, Wolf Rainer/Löcherbach, Peter (Hrsg.): Case Management in der Entwicklung. Stand und Perspektiven in der Praxis. Economica, Heidelberg 2006

Westlund, Hans: Form or Contents ? On the Concept of Social Economy- In: International Journal of Social Economics, 30, 11, 2003. S. 1192–1206

Westlund, Hans/Westerdahl, Stig: Den sociala ekonomins bidrag till local sysselsättning. Institut för social ekonomi, Östersund 1996. Online: www.socek.se/material.html

Williamson, Oliver E.: The Economic Institutions of Capitalism: Firms, Markets, Relational Contracting. Free Press, New York 1985

Williamson, Oliver E.: Die ökonomischen Institutionen des Kapitalismus: Unternehmen, Märkte, Kooperationen. Mohr, Tübingen 1990

Williamson, Oliver E.: Transaktionskostenökonomik. 2. Aufl., Lit, Hamburg 1996

Zimmer, Annette/Hallmann, Thorsten: Nonprofit-Sektor, Zivilgesellschaft und Sozialkapital. In: Hopt, Klaus J./Hippel, Thomas von/Walz, W. Rainer (Hrsg.): Nonprofit-Organisationen in Recht, Wirtschaft und Gesellschaft. Mohr Siebeck, Tübingen 2005. S. 103–126

Zum Stand der Theorieentwicklung des Sozialmanagements

Armin Wöhrle

1. Fragestellung

Im folgenden Artikel wird davon ausgegangen, dass ein Phänomen festgestellt werden kann, das als Sozialmanagement bezeichnet wird. Dieses Phänomen hat eine Praxis und es existieren Vertreter und Vertreterinnen dieser Praxis. Zudem wird an deutschen Hochschulen für eine Sozialmanagement-Praxis ausgebildet und Theorie hierfür vermittelt.

Es gibt also Theorie *für das* Sozialmanagement. Allerdings gibt es streng genommen keine Theorie *des* Sozialmanagements. Es ist nicht einmal sicher, welche wissenschaftliche Disziplin dafür zuständig ist, dass diese Theorie entsteht.

Nun behauptet Wolf Rainer Wendt in diesem Band, dass das Sozialmanagement aus sich heraus ohnehin keine Orientierung gewinnen könne, vielmehr den Bezug zur Sozialwirtschaft brauche. Die Aussage wird hier aufgegriffen, jedoch nicht nur nach diesen, sondern auch nach weiteren Bezügen gesucht.

Es wird der Versuch gewagt, allein von der Betrachtung des Sozialmanagements bzw. des Managements der Sozialwirtschaft her zu argumentieren und dabei einige aktuelle Diskussionslinien aus der Sozialen Arbeit mit einzubeziehen. Was ist dadurch zu gewinnen?

- Es soll herausgefunden werden, wo dieses Management als Untersuchungsgegenstand angrenzt, d. h. welche theoretischen Anknüpfungspunkte prinzipiell untersucht werden müssen.
- Dabei muss ausgelotet werden, welche Bezüge zu den Theorien, die sich mit Management befassen, bestehen.
- Ebenso muss das Verhältnis zur Theoriebildung der Sozialen Arbeit besser geklärt werden.
- Es sollten brauchbare Definitionen in Abstimmung mit dem theoretischen Umfeld (insbesondere der Managementlehre) versucht werden.
- Darüber hinaus sollen Fragestellungen aufgeworfen und eventuell schon Anhaltspunkte gegeben werden, welche wissenschaftliche Logik und welche Verfahren das Unternehmen verlangt, um zu einer Theoriebildung über das Sozialmanagement bzw. Management der Sozialwirtschaft zu gelangen.

Implizit wird in den Ausführungen mit verhandelt, dass – wie in der Sozialen Arbeit auch – ein Theorie-Praxis-Spannungsverhältnis existiert. Zudem ist in vielen Veröffentlichungen in der Sozialen Arbeit eine tiefe Abneigung gegen wirtschaftliche Aspekte zu erkennen, die eine Ausklammerung zumindest der wirtschaftlichen Steuerung aus dem sozialarbeiterischen Spektrum nahe legen. Damit sind grundlegende Zuordnungsfragen aufgeworfen, aber nicht aus Abneigungsgesichtspunkten verhandelbar. Tiefergehende Überlegungen verlangen das Wahrnehmen einer Veränderung im Wissenschaftsgefüge selbst. Diese Veränderung reicht über die Gebiete des Sozialmanagements und der Sozialen Arbeit hinaus, sie hat jedoch rückwirkend Auswirkungen auf die Theoriebildung in diesen Gebieten.

2. Die Suche nach der Verortung als Sozialmanagement hat begonnen

Offensichtlich kippt das Interesse. War es vor ca. 10 Jahren für die Soziale Arbeit ein Erfolg, dass an einem Bundeskongress Soziale Arbeit 1.500 Fachleute teilnahmen, so ist eine gleich bleibende Zahl für einen Bundeskongress kein Erfolg mehr, wenn zwischenzeitlich mehr als 4.161 Interessierte auf die ConSozial gehen. Das Programm der ConSozial beschäftigt sich nicht mit Möglichkeiten der Abwehr der Ökonomisierung aus der Nabelschau der Sozialen Arbeit, sondern mit den Herausforderungen, auf die sich die Organisationen, die Soziale Arbeit erbringen, einzustellen haben und wie die Organisationen auf sie überlebenssichernd reagieren können (vgl. König / Oerthel / Puch 2006). Und offensichtlich interessiert das mehr Besucher und Besucherinnen.

Zum Stand der Theorieentwicklung des Sozialmanagements

Es sind neben der erfolgreichen Ausbildung für die fachliche Praxis der Sozialen Arbeit (die auch durch die Umstrukturierung in Bachelor- und Masterstudiengänge nicht mehr infrage gestellt werden kann) verschiedene Zweige von Hochschulausbildungen für SozialmanagerInnen entstanden (Boeßenecker/Markert 2003). Diese letztgenannten Studiengänge werden von den etablierten Fachbereichen Soziale Arbeit einerseits nicht sonderlich ins Rampenlicht gehoben, andererseits aber offensiv betrieben.[1] Dies deutet darauf hin, dass man das Feld nicht anderen überlassen will und es eventuell auch lukrativ ist, in diesem Gebiet auszubilden. Gleichzeitig gibt es aber auch kein eindeutiges Bekenntnis, dass man dieses Gebiet beansprucht. Man verhält sich ambivalent. Dies ist erstaunlich, weil sich die sozialpädagogische Profession und ihre wissenschaftlichen Instanzen für eine kritisch-reflektierte und streitbare Institution halten. Insbesondere weil Professuren für den Gegenstandbereich Sozialmanagement an Hochschulen eingerichtet wurden, wäre zu erwarten, dass die Frage, ob das Sozialmanagement zur eigenen Disziplin zu rechnen sei und man Anspruch darauf erhebt, für eine entsprechende Profession auszubilden, systematisch und eindeutig geklärt würde.

> *Zugegeben, prinzipiell drei Gründe erschweren die Positionsfindung:*
>
> - Die Vertreter und Vertreterinnen der Sozialen Arbeit führen immer noch eine Debatte darüber, ob überhaupt von einer Sozialarbeitswissenschaft die Rede sein darf, ob es eine Leitwissenschaft, ob es eine Disziplin für die Soziale Arbeit gibt (Puhl 1996, Merten/Sommerfeld/Koditek 1996, Wöhrle 1998, Dewe/Otto 1996). Wenn die Selbstverortung unklar ist, so fällt notwendigerweise auch die Positionsfindung gegenüber dem Sozialmanagement schwer. Allerdings wäre es eine Ausrede, Positionen in der Auseinandersetzung über die Zurechnung bzw. das Abstoßen von Sozialmanagement nicht beziehen zu können, weil keine einheitliche Position hinsichtlich einer Disziplin vorliegt. Und noch krasser formuliert: Vermutlich ist die Einigkeit in inhaltlichen Fragen ohnehin keine Begründung für oder gegen eine Disziplin.[2]

---

[1] Immerhin machen die Sozialmanagemen-Studiengänge unter den Masterstudiengängen an Fachhochschul-Fachbereichen Soziale Arbeit/Sozialwesen fast ein Drittel (27,5 %) aus (Buttner/Katzenmayer 2006, 48).

[2] Maier kann deutlich am Beispiel der Politikwissenschaft zeigen, dass „bis heute (…) keinerlei Einigkeit über den Begriff oder gar das Wesen des Politischen …" besteht (Maier 1996, 138). Er folgert daraus, dass es „keine Begründung dafür (gibt), dass eine präzise Definition oder die Bestimmung des Gegenstandes oder gar eine kontingente Theorie Sozialer Arbeit Voraussetzung einer Sozialarbeitswissenschaft sei" (ebenda, 139).

- Es gibt keine andere Disziplin, die dezidiert Anspruch auf das Sozialmanagement anmeldet. Prinzipiell könnte das die Wirtschaftswissenschaft, indem sie eine Sozialbetriebswirtschaftslehre als Sonderfall der Betriebswirtschaftslehre (vgl. Abb. 9) und das Management in der Sozialwirtschaft als Sonderfall der Managementlehre bestimmen könnten. Ihr Ausbildungsbetrieb verfährt wie der der Sozialen Arbeit auch: Es werden Studiengänge eingerichtet, die mit ihren Bezeichnungen den Anschein erwecken, dass sie das Feld mit abdecken. Theoretische Begründungen liegen kaum vor.[3]
- Zumindest unter einem Gesichtspunkt ist das Sozialmanagement der Sozialen Arbeit sehr ähnlich. Was Dewe und Otto 1996 für die Sozialpädagogik schreiben, kann heute direkt für das Sozialmanagement übernommen werden: Es fehlt die „von der Berufspraxis entlastete(...), freie(...) Form der Reflexion über das eigene Selbstverständnis im Kontext der sukzessiven Disziplinbildung; derartige Reflexionsprozesse sind aber für die Herausbildung einer kognitiven Identität als Wissenschaft unverzichtbar ..." (Dewe/Otto 1996, 23).

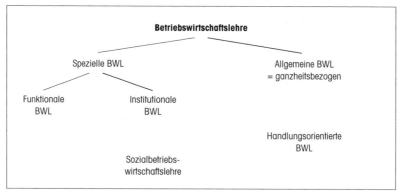

Abb. 9: Ein Sonderfall von ...
(nach: Schellberg 2002, in Anlehnung an Stüdemann 2000)

Auch wenn kein Anspruch auf eine eigene Disziplin der Sozialarbeitswissenschaft erhoben wird (und hier auch nicht erhoben werden soll), wird darüber nachzudenken sein, warum diese Reflexionsprozesse gegenwärtig unterbleiben. Eventuell hat es mit dem Wesen einer bestimmten „Sorte" von Wissenschaft zu tun, die als

---

[3] Eine Ausnahme bildet das an späterer Stelle aufgegriffene Werk von Klaus Schellberg: Betriebswirtschaftslehre für Sozialunternehmen, Augsburg 2004.

Reaktion auf aktuelle Herausforderungen „erfunden" wird und damit die Aufgabe hat, „schnell zu reagieren" und dabei nicht auf Nachdenken über sich selbst angelegt ist. Auffallend ist jedenfalls eine überbordenden Literatur mit praktischen Ratschlägen, strategischen und methodischen managerialen Vorgehensweisen, die teilweise aufgeregt begleitet und abwehrend kommentiert werden, ohne dass eine echte theoretische Aufarbeitung und Auseinandersetzung stattfindet.

In der gegenwärtigen Diskussion in der Sozialen Arbeit scheinen dem Begriff des Sozialmanagements keine Grenzen gesetzt zu werden. Die Debatte beinhaltet alles von der Kritik des Dienstleistungsbegriffs und der Kundenorientierung über Erfolgsberichte über Qualitätsentwicklungs- und Marketingaspekte bis hin zu sozialpolitischen und gesellschaftskritischen Fragen. Sozialmanagement steht dabei offensichtlich als Platzhalter einerseits für alle problematischen Auswirkungen der Ökonomisierung des sozialen Sektors, andererseits als solcher für Erwartungen an ein effektiveres Leistungserbringen und Wirtschaften im Sozialbereich. In beiden Fällen treten altbekannte Phänomene auf, die wir schon bezüglich der Sozialen Arbeit kennen. Im ersten Fall findet eine Ursache-Wirkung-Verkehrung statt: „Wenn ein Sozialarbeiter gesichtet wird, gibt es ein soziales Problem, bei einem Sozialmanager gibt es ein wirtschaftliches ..." Im zweiten Fall findet eine Überschätzung des Sozialmanagements statt, weil es für sozialpolitische, gesetzliche, verwaltungstechnische und finanzielle *Vorgaben* verantwortlich gemacht wird, die es genauso wenig beeinflussen kann wie die Soziale Arbeit.

Bei diesem Wildwuchs der Diskussion, mit der wir es gegenwärtig zu tun haben, entsteht ein als Sozialmanagement bezeichnetes Konstrukt, das Ulrich Otto treffend folgendermaßen charakterisiert: Wir haben es zu tun „mit einem verwirrenden Mosaik aus Erkenntnissen der Organisations- und Verwaltungssoziologie, der Betriebs- und Finanzwirtschaft, kombiniert mit gruppendynamischen und kommunikationstheoretischen und zusätzlich mit sozialphilosophischen und politikwissenschaftlichen Versatzstücken, ein Mosaik, das mit Besonderheiten der Sozialen Dienste in Verbindung gesetzt wurde. Böse könnte man Sozialmanagement kennzeichnen als real existierendes Sammelsurium, als additiv-eklektizistische Kunstlehre modisch arrangierter Teilchen mit besonderem Bias auf einen ärmelhochkrempelnden Erledigungsoptimismus ..." (Otto 2002, 2).

Diese Ausuferungen benötigen offensichtlich Klärungen und Begrenzung. Wir sollten uns also damit beschäftigen, wie Sozialmanagement in den Zusammenhang von Sozialpolitik und Sozialer Arbeit passt. Dabei sollte nach Ansätzen wissenschaftlicher Verortung gesucht und eine Beschränkung durch Definition vorgenommen werden.

3. Ebenen zur Verortung von Sozialmanagement

3.1 Diskussionslinien, mit denen das Sozialmanagement auf den Plan tritt

Der Begriff Sozialmanagement (später ergänzt durch den Begriff Management in der Sozialwirtschaft) hat in die Fachdiskussion auf mehreren Wegen Einzug gehalten:

- Eine deutliche Diskussionslinie behandelt Kritik am Zustand der Wohlfahrtsverbände und der öffentlichen Verwaltung, die (neben der Kritik am sozialpolitischen System) immer auch eine Kritik am Funktionieren und an der Steuerung ihrer Organisationen ist – also eine Kritik am Management.
- Eine zweite Veröffentlichungswelle stellt Konzepte, Strategien und Methoden vor, mit denen eben diese Organisationen reformiert werden sollen (vgl. Abb. 10). Immer mitgedacht und manchmal auch explizit angesprochen wird dabei, dass diese Konzepte umgesetzt werden müssen, wobei die verantwortliche Instanz dafür das Management ist.
- Eng verbunden mit dieser Diskussion ist der Boom einer Beraterliteratur, die als Zielgruppe auf das Management in den sozialen Organisationen, den Wohlfahrtsverbänden, der öffentlichen Verwaltung usw. zielt.
- Mit den wie Pilze aus dem Boden schießenden Ausbildungen und später Studiengängen für das Sozialmanagement entsteht Lehrmaterial, in dem erstmalig die absolute Notwendigkeit besteht, etwas über das Sozialmanagement selbst auszusagen.
- Parallel ab der zweiten Veröffentlichungswelle ist ein Diskussionsstrang festzustellen, der sich kritisch mit dem Sozialmanagement auseinandersetzt bzw. es als Ausdruck einer Ökonomisierung der Sozialen Arbeit grundsätzlich ablehnt.

Zum Stand der Theorieentwicklung des Sozialmanagements

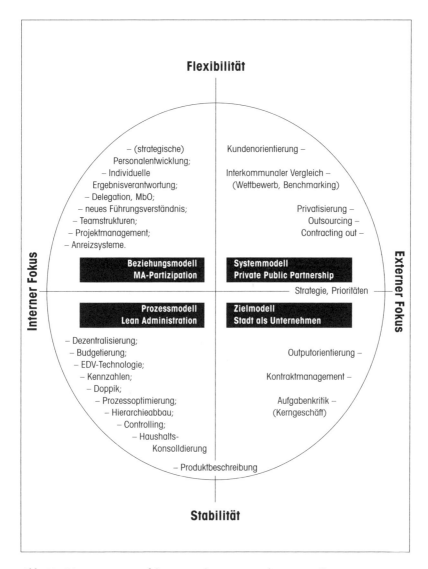

Abb. 10: Management- und Steuerungsinstrumente einer neuen Steuerung (nach Morath / Altehage 1998, 32)

3.2 Referenzrahmen für das Sozialmanagement

Aufgrund oben benannter Unklarheiten ist es wichtig, zunächst Ebenen zu identifizieren, denen das sozialwirtschaftliche Geschehen zugeordnet werden kann. Mit der Zuordnung kann die Frage beantwortet werden, welche Wissenschaften sich mit diesen Ebenen beschäftigen. Damit kann eine Vorstellung davon entstehen, über welche Wissenschaften Zugang zum Sozialmanagement zu bekommen ist.

Hinsichtlich eines Referenzrahmens für die Sozialwirtschaft spricht Eckart Pankoke (2005) von der Steuerungs-, Vermittlungs- und Akteurs-Ebene sowie den intermediären Feldern. Der umfassende Hintergrund wird durch Wirtschaft, Gesellschaft, Politik und deren Verflechtungen gebildet. Auf dieser *Steuerungsebene* sind die makro-ökonomischen und makro-soziologischen Erklärungsmodelle (z. B. arbeitsgesellschaftlicher und wohlfahrtsstaatlicher Art sowie ihre Alternativmodelle) angesiedelt.

Die *Vermittlungsebene* (oder Meso-Ebene) wird von den sozialwirtschaftlichen Assoziationen und Organisationen zwischen Markt, Staat und Gemeinschaft gebildet. Der hier angesprochene Sektor wird derzeit in Abgrenzungen definiert (Wöhrle 2003, 89ff) als „Dritter Sektor" gegenüber Staat und Markt oder als Nonprofit-Organisationen (NPO) in Abgrenzung von Organisationen, deren Zweck die Gewinnmaximierung ist, oder als Nongovernment-Organisationen (NGO) in Abgrenzung zum Staat. Kaum erfasst werden mit diesen Begrifflichkeiten die Initiativen der Gemeinschaft und der intermediäre Aspekt (vgl. Abb. 11). Mit dem Begriff der Sozialwirtschaft, wie ihn Wendt (2002, 2003) definiert, könnten die Aspekte der Lebenswelt und der intermediären Instanzen mit aufgehoben werden.

Mit der *Akteursebene* (oder Mikro-Ebene) ist die Handlungsebene angesprochen. In Abgrenzung zu den Shareholdern, aber auch von einem unklaren Kundenbegriff (ist der Bedürftige, der auf eine soziale Leistung angewiesen ist, Kunde oder ist es der Auftraggeber, der für die Bereitstellung bzw. Erbringung dieser Leistung bezahlt?) wird in der Sozialwirtschaft von den Stakeholdern gesprochen. Auch dieser Begriff ist aus der Wirtschaft übernommen und auch er ist verwaschen, meint er doch alle, die ein Interesse an der Organisation haben und deshalb von ihr einbezogen werden sollten. In der äußeren Umwelt der Organisation sind die Zielgruppen einzubeziehen, gegenüber denen sozialwirtschaftliche Organisationen als Anbieter und Leistungserbringer auftreten, allerdings auch die öffentlichen und privaten Auftraggeber, Finanzgeber, Sponsoren, Spender. Nicht unberücksichtigt bleiben dürfen die Öffentlichkeit, sozialpolitische Akteure, die Fachöffentlichkeit etc. Im Inneren der Organisation sind die Verantwortlichen (Gründer, Vorstände, Geschäftsführer etc.), Mitarbeiter und Ehrenamtlichen zu berücksichtigen.

Mit den *intermediären Feldern* ist eine gewisse zusätzliche Unübersichtlichkeit angesprochen. Die Zuordnung zu Ebenen und Institutionen wird zunehmend schwieriger, da zwischen wirtschaftlichen und sozialen Prozessen, zwischen ökonomischer Rationalität und Solidarität auf unterschiedlichen Ebenen vermittelt werden muss. Quasi „an den Rändern" alter Systemrationalitäten, inmitten der Spannungen zwischen aktivierendem Staat und den korporativen Akteuren von „aktiver Gesellschaft" sind Vermittler mit neuen, intermediären Konzepten (vgl. z. B. Privat-Public-Partnership) tätig. Ebenso gewinnen Akteure an Bedeutung, die sich gleichzeitig inmitten mehrerer Organisationen und alltäglichen Lebenswelten bewegen und dadurch auch übergreifend und verbindend tätig sein können.

Anders als eine hierarchische Gliederung in Ebenen (wie bei Pankoke) ist eine Unterscheidung von Regulationssphären denkbar. Mit diesen sollen Regulationsprinzipien, Regulationsmedien, Normen und Wertesysteme sowie Organisationstypen unterschieden werden. Herbert Effinger unterscheidet die Regulationssphären Gemeinschaft, Markt und Staat, wobei sich die Sphären überlappen und gegenseitig durchdringen sowie einen intermediären Bereich ausbilden (Effinger 1996).

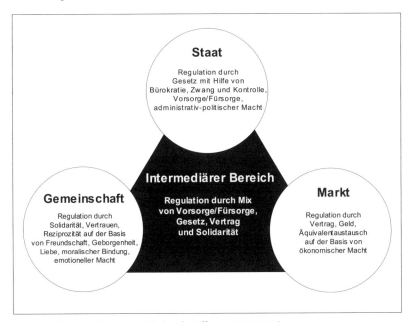

Abb. 11: Intermediärer Bereich (nach: Effinger 1996, 191)

Beide Versuche einer eher prinzipiellen Einteilung benötigen eine Nachbesserung durch die realen Überlappungen und wechselseitigen Durchdringungen, welche in den beobachtbaren Einflüssen und Entwicklungslinien zum Ausdruck kommen. Hier können unterschieden werden:

- die staatlichen und gesellschaftlichen Bewältigungs- und Reproduktionsbemühungen (Sozial-, Familien-, Arbeitsmarkt-, Zuwanderungs- und Bildungspolitik etc.), die eben nicht allein auf staatlicher Grundlage (staatliche Programme, öffentliche Einrichtungen etc.) durchgeführt werden, sondern ebenso auf ehrenamtliches Engagement, gemeinnützige Dienste, aber auch gewerbliche Anbieter angewiesen sind;
- die sozialen Dienste, deren Finanzierung auf einen Mix an Aufträgen und Finanzgebern hinweist (öffentlicher Auftrag, Projektfinanzierung, Ehrenamtlichkeit, Sponsoring, Spenden usw.) sowie
- die Selbsthilfe, mit der sich Betroffene selbst und anderen helfen ohne dass ein organisatorischer Rahmen geschaffen wird, der wiederum finanziert werden muss.

3.3 Auf welchen Ebenen kommt das Sozialmanagement vor?

Die *Makro-Ebene* einer Sozialwirtschaft zwischen Markt, Solidargemeinschaft und Wohlfahrtsstaat bildet den Rahmen für das Sozialmanagement und gibt die Spielregeln vor. Auch wenn nicht alle von Politikern entworfen und gesetzt werden, denn auch die Lebenswelten erzeugen Bedingungen, so handelt es sich hierbei in einem weitverstandenen Sinn um (sozial-)politische Spielregeln. Auf diese Rahmenbedingungen sollte Sozialmanagement Einfluss zu nehmen versuchen wie die Soziale Arbeit auch. Bedauerlicherweise werden heute weniger als vor einigen Jahrzehnten Strategien der Sozialpolitisierung praktiziert und der Anspruch auf Einmischung in der Sozialen Arbeit wird weniger wichtig genommen. Generell muss leider festgestellt werden, dass Sozialmanagement (wie die Soziale Arbeit auch) von dieser Ebene mehr geprägt wird als dass es sie prägen kann.

Die konkrete Verzahnung sozialwirtschaftlicher Organisationsformen, Programme und jeweils modellierter Rahmenbedingungen vor Ort ist eine Seite des Betätigungsfeldes des Sozialmanagements. Seine Funktion ist auf dieser *Meso-Ebene*, die eigene Organisation ins Spiel zu bringen und im Spiel zu halten. Die Funktion umfasst eine Bandbreite von Aufgabenstellungen, die von Lobbyismus, Marketing, Konzepterstellung, Antragswesen, Finanzkalkulation und Rechnungswesen, Projektentwicklung bis Evaluation und Rechenschaftslegung reichen. Weitere zentrale Managementaufgaben für den Umbau der Organisation in Anpassung an den Umbau des Systems kommen mit Change Management mit Organisations-, Personal- und Qualitätsentwicklung hinzu.

Auf der *Akteursebene* tritt Sozialmanagement klassisch mit Führung und Steuerung auf den Plan. Diese Ebene markiert insbesondere kommunikative und operative Aufgabenstellungen, die die Einbindung von Stakeholdern aller Art, fachliche Effektivität, wirtschaftlicher Effizienz, professionelles Profil usw. sicherstellen sollen. Zentrales Ziel ist die Funktionsfähigkeit der Organisation im Interesse der Überlebenssicherung.

Die *intermediären Felder* verlangen neben der staatlichen und kommunalen Daseinsvorsorge selbstorganisierte Produktivität in den Lebenswelten (oder wie Wendt 2003 formuliert: die „Ökonomie des Sorgens"), ebenso Solidarität und ehrenamtliches Engagement neben Professionalität. Sozialmanagement hat hier die Aufgabe, den Anschluss an das sozialpolitische System wie an die Lebenswelten zu halten. Das Management hat zunehmend mehr, miteinander wenig kompatible Logiken zu bedienen, die es bei Strafe des Untergangs nicht außer Acht lassen darf (Wöhrle 2003, 141 ff).

So eingekreist, lässt sich einigermaßen genau festmachen, welche Wissenschaften sich mit Zusammenhängen um das Sozialmanagement herum beschäftigen.

Auf der *Makroebene* finden wir die Volkswirtschaftslehre, genauer ein Teilgebiet (die Sozialökonomik), das sich mit den ökonomischen Seiten des sozialen Lebens, seinen Risiken und ihrer Bewältigung beschäftigt. „Diese spezielle Volkswirtschaftslehre ist besonders schwierig abzugrenzen, weil soziale Fragen allen volkswirtschaftlichen Teilgebieten immanent sind. Gleichwohl empfiehlt es sich, den Begriff der Sozialökonomik in einem engeren Sinn zu verwenden, um das Anliegen zu prononcieren. Die Sozialökonomik sucht vom volkswirtschaftlichen Standpunkt aus die sozialen Erscheinungen zu erfassen, zu erklären und zu gestalten. Letzteres geschieht vornehmlich in der *Theorie der Sozialpolitik,* die bestimmte Wertvorstellungen der Gesellschaft zugrundelegt und sich um die Verbesserung der Lebenslagen gesellschaftlich schwacher und schutzbedürftiger Personengruppen bemüht. Die Risiken des Lebens und daraus resultierende wirtschaftliche Not gehören zum Kern der Sozialökonomik ..." (Eichhorn 2000, 38 f).

Mit der *Meso-Ebene,* auf der das Sozialmanagement sozusagen herauszufinden hat, welches Spiel sozialpolitisch und sozialwirtschaftlich gegenwärtig gespielt wird und wie es mit seiner Organisation im Spiel bleiben kann, beschäftigen sich die *Betriebswirtschaftslehre und Managementtheorien*. Nun ist diese Zuordnung nur oberflächlich eindeutig, weil – je nach Themenbereichen – unterschiedliche Disziplinen daneben und zusätzlich zuständig bleiben. So beschäftigt sich mit organisationalen Aspekten nicht nur die Betriebswirtschaft, sondern auch die (Arbeits- und Organisations-) *Soziologie* und die (Arbeits- und Organisations-) *Psychologie* sowie die *Verwaltungs- und Rechtswissenschaften*.

Auf der *Meso- wie auf der Mikro-Ebene* wird die *Soziale Arbeit als Profession* für das Sozialmanagement interessant. „Die Sozialwirtschaft (im institutionellen Sinne) bedient sich der sozialprofessionellen Arbeit" (Wendt 2003, 17). Der Sozialmanager bzw. die Sozialmanagerin „bedient sich" der professionellen Dienstleistungen, mit denen er seine Organisation profilieren und sichern kann. „Sich bedienen" hat dabei jedoch wenig mit „Dienen" der Profession im Sinne der Unterordnung zu tun, eher schon mit einem „angewiesen sein" des Managements auf die Fachlichkeit. Denn die Fachlichkeit sollte definieren, was fachlich korrekt ist (in Anlehnung beispielsweise an die technische Produktion sollte der Statiker bzw. die Statikerin bestimmen, wie die Brücke zu bauen ist, damit sie nicht einstürzt und eben nicht die Ökonomin oder der Ökonom, die / der den Preis kalkuliert. Und dass dies so ist, dafür hat das Management zu sorgen). Die Disziplin Sozialer Arbeit muss daher Begründungen für die Bedeutung sozialer Dienstleistung liefern, die gesellschaftlich anerkannt werden, die fachlichen Grundlagen einer professionellen Arbeit legen und Standards definieren, die zusammen mit dem „Code of Ethics" der Profession das festlegen und vorgeben, was durch Sozialmanagement zu vertreten und sicherzustellen ist. Hierbei ist der erste Part (die gesellschaftliche Anerkennung) der schwierigste. Das Sozialmanagement ist in seiner Argumentation auf die Überzeugungskraft der fachlichen Argumente der Sozialen Arbeit in gesellschaftlichen Debatten angewiesen.

3.4 Bezugswissenschaften für das Sozialmanagement

Zusammenfassend kann hier zunächst nur festgehalten werden, welche Wissenschaften ein Bezugssystem zum Sozialmanagement bzw. Management der Sozialwirtschaft bilden. Quasi eine Klammer zwischen dem unübersichtlichen Theorieumfeld und den eher pragmatischen Theoriegrundlagen des Managements selbst könnte die Sozialwirtschaft bilden, mit der eine mittlere Stufe der Theoriebildung, allerdings mit uferlos breiten Bezügen angestrebt wird (vgl. Abb. 12). Vom Wirtschaften in Individual- und Familienhaushalten über die kommunalen und die sozialen Ressorthaushalte reicht ihr Interesse bis zu Staats- und EU-Haushalten, wobei unterschiedliche Wirtschaftslogiken wie die unentgeltliche Leistungserbringung (Ehrenamtlichkeit), gemeinnütziges wie profitorientiertes Wirtschaften sowie die Einwerbung von Mitteln aus unterschiedlichen Zusammenhängen (öffentliche Aufträge, Projektmittel, auf Gewinn zielender Verkauf von Dienstleistungen, Sponsorenmittel, Spenden etc.) zu berücksichtigen sind.

Zum Stand der Theorieentwicklung des Sozialmanagements

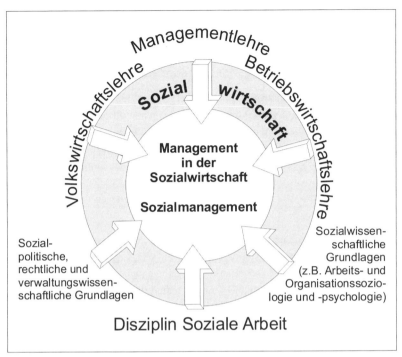

Abb. 12: Bezugswissenschaften des Managements in der Sozialwirtschaft (Wöhrle)

Nachdem das Bezugssystem klar ist, können Bezugspunkte zu Disziplinen, Fächern und Wissenssegmenten bestimmt und ein erkenntnisleitendes Interesse ausgearbeitet werden. Die kurze Vertiefung zur Sozialen Arbeit mag verdeutlichen, dass es dabei nicht allein um eine Bestimmung der Bezugspunke geht, sondern insbesondere die Verhältnisbestimmungen und Klärung der Gewichte entscheidend sind. Mit dem jeweils eingegrenzten „Ausschnitt des Interesses" werden nun seit einigen Jahren Themen und Fragestellungen markiert. Es wird sozusagen Stoff zusammengetragen, es werden Blickwinkel auf den Stoff eingestellt und hinsichtlich des Gegenstandes eigenständige Marken zu setzen gesucht. Mit diesem Vorgehen entsteht ein *Fach* „Sozialmanagement" oder mehrere (z. B. rechtliche, betriebswirtschaftliche und sozialpolitische Grundlagen des Sozialmanagements), jedoch *keine Disziplin*. Zunächst ist nur klar, dass die jeweiligen Disziplinen benötigt werden, um etwas über das Sozialmanagement aussagen zu können, aber bereits die Zuordnung zu den Disziplinen und Verhältnisbestimmungen bleiben unklar. Insbesondere ist klärungsbedürftig, ob das so eingekreiste Gebiet nicht schon lange zu einem oder mehreren Wissenschaftsgebieten qua erklärter Zuständigkeit der Disziplin gehört und somit nichts Eigenständiges übrig bleibt.

4. Definition Sozialmanagement und Management in der Sozialwirtschaft

4.1 Es existiert bereits eine Managementlehre

Vorrangig zu betrachten ist die Managementlehre, die wiederum eng verbunden mit Theorieansätzen über Organisationen ist. Management wird dadurch, dass auch der soziale Sektor seine Leitung und Steuerung entdeckt, nicht neu erfunden! Es gibt eine Geschichte, es gibt Definitionen, Theorien, Lehrmeinungen und Strömungen des Managements (vgl. insbes. Steinmann/Schreyögg 2000, Simon 2002). Sozialmanagement kann sich davon abzuheben versuchen, jedoch kann es nicht ohne Kenntnisnahme der existierenden Theorienbildung, sozusagen voraussetzungslos und nur selbstbezogen entworfen werden.

Versuchen wir uns zunächst an den beiden Hauptansätzen des institutionellen und funktionellen Verständnisses von Management. Wir werden erstaunt sein, wie elegant ein Andocken in dieser Abstraktheit gelingt (vgl. ausführlicher in Wöhrle 2003, 26f und 110ff). Eindeutige Definitionen sind damit möglich, die einige der Ungenauigkeiten im Umgang mit den Begrifflichkeiten Sozialmanagement und Management in der Sozialwirtschaft überwinden helfen.

4.2 Definitionen

Management als Institution behandelt den Personenkreis, der auf verschiedenen Funktionsebenen in unterschiedlichen Organisationen der Sozialwirtschaft (in Initiativen, bei öffentlichen oder freien Trägern, in gemeinnützig oder am Gewinn orientiert wirtschaftenden Organisationen) steuernd, leitend und führend tätig ist.

Gleichzeitig versteht man unter Management in der Sozialwirtschaft ein Bündel von Funktionen, die in konkrete Handlungen münden müssen, um die Sicherung und Entwicklung der Organisationen in ihren sozialpolitischen, betriebswirtschaftlichen, juristischen und fachlichen Zusammenhängen zu gewährleisten. Dieser Blickwinkel betrachtet *Management als Funktion*. Für die Erbringung der Managementleistungen ist ein differenziertes praktisches wie theoretisches Bezugssystem zu beachten, das in der Sozialwirtschaft Besonderheiten gegenüber dem Wirtschaften in anderen Bereichen aufweist.

Wenn wir den Zuständigkeits- und Aufgabenbereich des Managements betrachten, so besteht ein Unterschied dahingehend, ob das Management in Verbindung mit der zu erbringenden sozialen Dienstleistung und ihrer Fachlichkeit definiert wird oder in Verbindung mit der entsprechenden Form des Wirtschaftens in volkswirtschaftlichen und sozialpolitischen Zusammenhängen (vgl. Wöhrle 2003, 111f).

Im ersten Fall, der sich auf das Erbringen sozialer Dienstleistungen bezieht, ist es angebracht von *Sozialmanagement* zu sprechen. Dabei ist unerheblich, ob diese Dienstleistungen in einem öffentlichen Träger (im Jugendamt oder Sozialamt), einem freien Wohlfahrtsverband, einem kleinen gemeinnützigen Verein oder einem gewerblichen, auf Profit orientierten Betrieb organisiert werden. Da der Bezugspunkt die Fachlichkeit Sozialer Arbeit und ihre Standards sind, kann von Sozialmanagement gesprochen werden. Unter diesem Fokus kann Management hinsichtlich unterschiedlicher Fachbezüge unterschieden werden. Sozialmanagement betrifft dann nur Organisationen, die fachliche Leistungen der Sozialen Arbeit erbringen. Sozialmanagement kann von Bildungsmanagement, von Kulturmanagement, Management im Gesundheitswesen, Öffentlichem Dienstleistungsmanagement usw. unterschieden werden. Hinsichtlich des öffentlichen Trägers empfiehlt sich jedoch eine Differenzierung. Der Genauigkeit halber möchte ich den Begriff Sozialmanagement nur auf das Management der Tätigkeitsfelder eingrenzen, die fachlich durch die Soziale Arbeit gekennzeichnet sind (also Sozialamt, Jugendamt etc.). Weder das Bauamt noch die Friedhofsverwaltung usw. können hierzu gerechnet werden. Für das Management der überwiegenden Teile der kommunalen Verwaltung scheint es mir sinnvoller vom Öffentlichen Dienstleistungsmanagement zu sprechen

Im zweiten Fall bezieht sich Management auf sozialpolitische und volkswirtschaftliche Zusammenhänge, rechtliche Rahmenbedingungen und einen Markt für soziale Dienstleistungen. Hier bleiben zwar die fachlichen Bezüge (also die Soziale Arbeit) wie in jedem anderen Sektor, der gemanagt wird (sei es die Computerbranche, die Energiewirtschaft oder die Touristik) zentral, jedoch lassen sich die Funktionen (z. B. Finanzierung, Organisationsaufbau, Personalmanagement, Controlling, Marketing) nicht mehr allein aus den fachlichen Handlungsvollzügen und der Theoriebildung der Sozialen Arbeit ableiten. Sie benötigen ein anderes Gegenüber und Know How. In diesem Fall erscheint es sinnvoller von einem *Management in der Sozialwirtschaft* zu sprechen, das sich auf die gängigen Organisationstheorien und Managementlehren (vgl. Steinmann / Schreyögg 2000) und eine eigenständige Sozialwirtschaftslehre (vgl. Wendt 2002) bezieht.

Die von mir hier vorgeschlagenen Definitionen sind einerseits kompatibel mit Definitionen bestehender Managementtheorien, andererseits mit organisationalen, fachlichen oder einem Branchen-Zuschnitt versehenen Definitionen. Gerade weil die Definitionen in dieser Allgemeinheit eindeutig erscheinen, verwundert es, dass sie bislang so nicht formuliert wurden. Es stellt sich somit die Frage, ob sich die Diskussion innerhalb des Spektrums, in dem Sozialmanagement als solches herausgearbeitet wird, darauf zu bewegt.

4.3 Wandel hinsichtlich der Begriffe und der Erwartungen an sie

Der Begriff Sozialmanagement (z. B. Müller-Schöll/Priepke 1983; G. Schwarz 1994; Merchel 2001), ist seit den 1980er Jahren im deutschsprachigen Raum eingeführt, jedoch nicht eindeutig definiert. Daneben wird vom Management in sozialen Organisationen (z. B. Puch/Westermeyer 1999), sozialem Management (z. B. Pankoke 1997), Management von oder in Nonprofit-Organisationen (z. B. Badelt 1999; P. Schwarz 1986) und Management in der Sozialwirtschaft (z. B. Maelicke 2000; Wendt 2002, Wöhrle 2003) gesprochen. Dennoch kann eine Diskussionslinie nachvollzogen werden, in der sich die Begriffe entfalteten.

Auch wenn einzelne Autoren (wie z. B. Albrecht Müller-Schöll) bereits in den 1970er Jahren den Begriff Sozialmanagement benutzten, so wurde die Menge der Literatur, die dem Begriff zum Durchbruch verhalf, in den 1980er und 1990er Jahren geschrieben. Die Kritik am ineffektiven Wirtschaften und Steuern in den Wohlfahrtsverbänden, der öffentlichen Verwaltung und damit auch der Sozialen Arbeit (sie war ja nie der Angriffspunkt, sondern ihre Träger), wurde in diesen Jahren mit ersten Entwürfen und der Kritik an diesen Entwürfen aus den Reihen der Sozialen Arbeit zu beantworten gesucht. Aufgrund der kritischen Einwände war der Begriff nicht eindeutig hinsichtlich der Vorsilbe *Sozial* in seiner doppelten Bedeutung:

a) die Bestimmung eines Gegenstandsbereichs, der gemanagt werden soll (die Soziale Arbeit, die Sozialwirtschaft, Nonprofit-Unternehmen etc.) und

b) die Bestimmung der Art und Weise, wie geleitet und gesteuert werden soll (nämlich sozial).

Erste Veröffentlichungen (vgl. Müller-Schöll/Priepke 1983) erhoben die Verknüpfung beider Bedeutungen zum Konzept. Aus dieser Phase haben mehrere Missverständnisse bis in heutige Debatten hinein überlebt. Nicht selten ist bei Beschäftigten der Sozialen Arbeit ein besonderer Anspruch an einen sozialen Umgang mit ihnen selbst anzutreffen (vgl. Bader 1999, 69), der allerdings generell hinsichtlich des Managements in allen Sektoren existieren sollte und deshalb keine Exklusivität für diesen Bereich beanspruchen kann. Empirisch nicht untersucht wurde, ob Betriebe in der Sozialbranche tatsächlich zu Zeiten, in denen noch nicht von einem Sozialmanagement die Rede war, sozial mit ihren Beschäftigten umgingen (nach meinen Erfahrungen war dies keineswegs die Regel).

Da offensichtlich ein Manko hinsichtlich des sozialen Umgangs mit Beschäftigten in allen Sektoren festzustellen ist, existieren Bestrebungen, die über das Verständnis in der Sozialwirtschaft hinaus eine „sozial orientierter Unternehmensführung" anstreben und auch diesen Aspekt mit dem Begriff Sozialmanagement besetzen.[4] Dieser Strang kann hier nicht weiter verfolgt werden, da er sich nicht auf die Soziale Arbeit oder die Sozialwirtschaft als speziellen Bereich, der gemanagt werden soll, beziht, sondern generelle Gültigkeit beansprucht ohne jedoch entsprechend theoretisch ausgearbeitet zu sein.

Die eher auf eine Nabelschau konzentrierte Debatte über das Sozialmanagement wurde in den 1990er Jahren von den Anforderungen an das real existierende Management überrollt. „Langsam, aber nachhaltig wirksam erfolgte ein Paradigmenwechsel vom Sozialen zur Betriebswirtschaft in den Managementkonzepten" (Hottelet 1999, 9). Für die Träger der Sozialen Arbeit hatte die Ausrichtung auf die sich wandelnden Außenbezüge (zunehmende marktorientierte Mechanismen, Konkurrenz, Lobbyismus etc.) und die ökonomische Seite der internen Steuerung (Kostensenkung, Controlling, Outsourcing, Zulieferfragen etc.) derart an Bedeutung gewonnen, dass die Gefahr einer „Verbetriebswirtschaftlichung" diskutiert wurde (z. B. auf dem Bundeskongress Soziale Arbeit 1998 in Dresden). Dass eine Umstellung der öffentlichen Haushalte auf eine betriebswirtschaftliche Rechung stattfindet, war bereits unbestritten, dass damit aber auch die Grundlagen einer sozialen Versorgung und die Logik der sozialarbeiterischen Leistungserbringung in Mitleidenschaft gezogen werden könnten, trat nun sehr deutlich in den Vordergrund. Als Reaktion hierauf intensivierte sich in der sozialpädagogischen Diskussion die Auseinandersetzung mit Fragen der Wirkung sozialpädagogischer Interventionen und Leistungen der Sozialen Arbeit, die sich mit Fragen der Qualitätskontrolle, -sicherung und -entwicklung verbanden. Dies kann durchaus als der Versuch betrachtet werden, eine „Schutzschildfunktion" auszubilden, um dem ungehinderten Eindringen von Konzepten aus der Profitwirtschaft (DIN EN ISO 2000ff, EFQM etc.) eigene Konzepte entgegen zu stellen oder zumindest die fremden Konzepte auf den eigenen Bedarf hin abwandeln zu können. Der Bezug zum Sozialen wurde nun eher ins richtige Lot gebracht, nämlich auf die berechtigten Interessen der Klienten ausgerichtet, qualitätsvolle fachliche Leistungen zu erhalten. Vom Management verlangt werden kann ein am Code of Ethics bzw. den ethischen Prinzipien der Sozialen Arbeit[5] ausgerichtetes Führungs- und Leitungsverständnis im Interesse der Klienten.

---

4 Im Internet kann man z. B. unter http://www.socialmanagement.ch eine Homepage mit Informations- und Beratungsangebotes für Unternehmen finden, „die ihre Effektivität und Effizienz durch Einbezug sozialer Aspekte steigern möchten".
5 Vgl. Internationale Erklärung ethischer Prinzipien der Sozialen Arbeit der International Federation of Social Workers – IFSW in der jeweils aktuellen Fassung im Internet unter: http://www.ifsw.org/Publications/4.4.pubd.html

Mit der Schwerpunktverlagerung der Diskussion auf die Finanzierung der sozialen Leistungen und die Anpassung der Organisationen an Rechts- und Unternehmensformen, die die Überlebensfähigkeit sichern können, sowie Fragen der Rechenschaftslegung, des Nachweises der Wirkung von Leistungen und der Zufriedenheit der Stakeholder wird die Diskussion hinsichtlich der Definition von Management immer weniger unterscheidbar gegenüber anderen Sektoren zumindest des Dienstleistungssektors. Die oben eingeführte Definition stimmt nunmehr in der Abstraktheit.

Dennoch bleiben Vorbehalte in den Diskussionslinien der Sozialen Arbeit erhalten, die eine Abgrenzung nahe legen. Einzelne Beiträge wenden sich strikt gegen die Verwendung des Begriffs Sozialwirtschaft (Merchel 2006). Wieder andere bemühen sich um das produktive Nutzbarmachen des Sozialmanagements für die Soziale Arbeit (Otto 2002). Auf diese Beiträge wird an späterer Stelle eingegangen.

4.4 Berechtigte und überzogene Erwartungen

Die gegenwärtige Phase hat keine neuen Dimensionen. Es ist dieser Mix, der sie auszeichnet. Einerseits kann das ökonomische Paradigma, das durch die Entscheidungen der Politik Einzug gehalten hat, nicht aufgehalten werden. Europäische, vom Bund und den Ländern wie von den Kommunen getroffene sozialpolitische Entscheidungen sind hinsichtlich ihres Nutzennachweises deutlicher denn je zuvor an ökonomisch belegbare Daten gekoppelt. Andererseits zwingt dies die Fachlichkeit der Sozialen Arbeit zu einer Rechenschaftslegung, die sie bislang nicht gewohnt war. Soweit ein beklagenswerter oder ein heilsamer Vorgang je nach sozialpolitischer Anschauung. Beklagenswert ist allerdings in jedem Fall das Nachhinken volkswirtschaftlicher Berechungen. Es ist eben unklar, was das Unterlassen sozialarbeiterischer Leistungserbringung für gesellschaftliche Folgeschäden auch in der ökonomischen Dimension nach sich zieht.

Mit dem Aufkommen des Sozialmanagements konzentriert sich nun alles, was auf die Reihe gebracht werden sollte, auf dieses. Vom Sozialmanagement als einer Funktion, die von der unmittelbaren Sozialen Arbeit entlastet ist, aber ihr zielgerichtet zuarbeiten soll, kann einiges erwartet werden, wie von jedem anderen Management auch. Allerdings existieren auch überzogene Erwartungen.

Zunächst hat das Management insbesondere folgende Aufgaben, deren Umsetzung realistischerweise erwartet werden können und müssen:

- Erwartet werden darf, dass das Management den Betrieb des Trägers Sozialer Arbeit sichert, die Organisation darf nicht scheitern.
- Beschäftigungsverhältnisse sollten nicht verloren gehen.
- Von den Vertretern der Funktion werden zielführende Finanzverhandlungen mit den Finanzgebern und die ordnungsgemäße Führung des Betriebes erwartet.
- In diesen Verhandlungen müssen der Stellenwert der Leistung Sozialer Arbeit und die Bedeutung der konkreten Leistungsträger gewürdigt werden.
- Kein Betrieb kann ohne sie erfolgreich geführt werden.
- Qualifizierte Mitarbeiter/innen müssen sich wiederum auf den Stand der Erkenntnisse in der Wissenschaft beziehen können.
- Dass sie dies können, muss durch Personalentwicklung gesichert werden.

Hinsichtlich des zweiten Durchgangs, der das politische Geschäft und somit die Weichenstellung und Beeinflussung der Grundlagen mit einschließt, kann und darf vom Management nicht weniger erwartet werden als von der Sozialen Arbeit, in der hierfür der Begriff der „Einmischung" sogar gesetzlich verankert ist. Im Managementgeschäft ist der Begriff Lobbyismus hierfür ein Kennzeichen. Im Gegensatz zum Begriff der Einmischung ist der Begriff des Lobbyismus widersprüchlich besetzt. In ihm schimmert die gesamte Bandbreite durch, die sich zwischen positiver Einflussnahme im Interesse des Klientels der Sozialen Arbeit einerseits und einseitiger Bevorzugung, politischer Klüngelwirtschaft, Bestechung wie Korruption andererseits bewegt (Kramer 2001). Vom Management darf hier eine ethisch korrekte Linie erwartet werden.

Darüber hinaus muss allerdings als überzogen angesehen werden, wenn vom Management erwartet wird, dass es alle die Probleme löst, die weder die Sozialpolitik, die Wissenschaft der Sozialen Arbeit noch die Wirtschaftswissenschaft bisher lösen konnten. Das Management ist ein abhängiges Konstrukt von verschiedenen Logiken im Rahmen von wissenschaftlichen und praktischen Entwicklungen. Möglichkeiten ergeben sich insbesondere aus sozialpolitischen Entwicklungen und Spielräume müssen insbesondere aus wissenschaftlichen Erkenntnissen erschlossen werden, wobei das Management gegenwärtig wenig Einfluss auf Forschungen im Zusammenhang von volkswirtschaftlichen und betriebswirtschaftlichen Erfolgsrechnungen hat, die nötig wären, um die eigene Position bestimmen zu können. Von den Studiengängen des Sozialmanagements kann erwartet werden, dass sie zukünftig stärker Fragestellungen und Untersuchungsinteressen des praktizierenden Managements aufgreifen und Untersuchungsprogramme hinsichtlich betriebswirtschaftlicher Vergleichsberechnungen sowie volkswirtschaftlicher Rechnungen auflegen.

5. Das Verhältnis von Management und Sozialmanagement

Deutlich geworden ist bei allen Unterschieden, dass es eine Andockstelle an die Managementlehre gibt. Die Unterschiede könnten zunächst einer Besonderheit der Diskussion geschuldet sein, die in der Folge zu den Wurzeln zurückfindet. Genau deshalb entsteht jedoch das wissenschaftliche Interesse, gerade systematisch nach dem zu suchen, was nicht integrierbar bzw. widerspenstig ist. Genauso interessant ist natürlich, warum sich manches so sanft anfügt. Beginnen wir damit.

5.1 Verbindendes

Warum sich an die Managementlehre leicht anknüpfen lässt, kann unter Zuhilfenahme von Steinmann und Schreyögg demonstriert werden. Sie definieren die Managementlehre als „Lehre der systematischen Erörterung von betrieblichen Steuerungsproblemen" und argumentieren anwendungsbezogen: „Nur die Grundlagenforschung kennt rein psychologische oder rein physikalische Probleme; die Steuerungsprobleme sind dagegen praktische Probleme, sie nehmen keine Rücksicht auf Disziplinen; sie sind ihrer Natur nach „*a-disziplinär*". Diese Perspektive einer problembezogenen Wissenschaft ist keineswegs ungewöhnlich, im technischen Bereich sind die Ingenieurwissenschaften in gleicher Weise etabliert" (Steinmann/Schreyögg 2000, 37):

> - „Das Prinzip der Problemorientierung fordert dazu auf, über alle Disziplingrenzen hinweg auftretende Probleme bei der Steuerung von Betrieben zu verstehen, zu formulieren (…) und solches Wissen zu generieren oder aus Grundlagendisziplinen einzuarbeiten, das der Problemlösung dienlich ist (…).
> - Um das leisten zu können, muss die Managementlehre Integrationswissen generieren, d.h. sie braucht ein Instrumentarium, um sich zwischen den Disziplinen bewegen zu können. Insofern arbeitet sie nicht interdisziplinär, sondern „*infradisziplinär*". (…)
> - Die Managementlehre ist – so gesehen – den Grundlagendisziplinen vorgelagert. Sie ist der erste Adressat, wenn es um die Klärung ungelöster Steuerungsprobleme geht …" (ebenda, 37f).

Der Vorteil dieser Konstruktion ist, dass wir uns nicht über Passformen und Andockmöglichkeiten zwischen Disziplinen verständigen müssen. Klare Suchkriterien für die Suche in allen Disziplinen werden durch die Steuerungsprobleme in Organisationen der Sozialwirtschaft vorgegeben. Selbstverständlich muss das Instrumentarium, das gestattet, sich zwischen den Disziplinen zu bewegen, so konstruiert sein, dass es mit Erkenntnissen der Profession und Disziplin der Sozialen Arbeit problemlos umgehen kann.

Zum Stand der Theorieentwicklung des Sozialmanagements

Klaus Schellberg stellt die Frage, ob sich hinsichtlich der Sozialen Arbeit entsprechende ökonomische Aspekte und Fragestellungen finden lassen. Er behandelt dabei den Gegenstand der Sozialen Arbeit, ihre Tätigkeit und ihren Prozess, ihre Organisationen, ihre Kostenträger, Planung und die sozialpolitische Ebene. Er stellt fest, dass die Soziale Arbeit eine ökonomische Dimension hat und sich dem Charakter nach als eine wirtschaftliche Handlung darstellen lässt (Schellberg 2004, 31). Die zentrale ökonomische Kategorie des Umgangs mit Knappheit kommt in der Knappheit der Hilfsangebote und der Knappheit der Haushaltsmittel zum Ausdruck. Wirtschaftliche Effizienz wird deutlich, wenn der Kostenträger seinen gesetzlichen Auftrag mit dem geringst möglichen Aufwand zu erfüllen trachtet und die Leistungen so günstig wie möglich von leistungserbringenden Organisationen „einzukaufen sucht" (ebenda, 35). Ohne hier auf weitere Details eingehen zu können, können folgende begriffliche Festlegungen von Schellberg festgehalten werden:

a. „Als „Ökonomik Sozialer Arbeit" bezeichnet man die Ebene des ökonomischen Verhaltens in der Sozialen Arbeit.
b. Als „Betriebswirtschaft von Sozialunternehmen" bezeichnet man die Ebene des ökonomischen Verhaltens von Organisationen der Sozialen Arbeit.
c. Als „Sozialökonomie" wird die Ebene der Kostenträger und ihre Beziehungen zu Einrichtungen und Leistungsempfängern bezeichnet.
d. Als „Sozialpolitik" werden die grundsätzlichen Fragestellungen über die Organisation des Sozialstaates, staatliche Ausgaben, deren Finanzierung und deren Angebot bezeichnet" (ebenda, 38).

Auch Schellberg verwendet den Begriff Sozialwirtschaft in Bezug auf Wendt. Auf diese Bezüge muss im Kontext dieses Bandes nicht weiter eingegangen werden. Seine weiteren Ausführungen befassen sich dann mit den Grundlegungen der Betriebswirtschaftslehre von Sozialunternehmen (ebenda, 39 ff), wobei Charakteristika der Sozialen Arbeit in ihren Wirkungen auf betriebswirtschaftliche Funktionen bezogen werden:

Charakteristika der sozialen Arbeit	Folge	Wirkungen auf betriebswirtschaftliche Funktion
Hilfsangebote, Angebote in Notsituationen	Informationsasymmetrien, Marktmacht Fehlende Beurteilungsfähigkeit Fehlende Auswahlmöglichkeit	Marketing Controlling
Selbstbefähigung als Ziel	Keine direkte Kundenbindung	Marketing
Komplexität der Dienstleistung	Schwierigkeiten der Messung des Outputs Schwierigkeiten der Bestimmung von optimalen Produktionsverfahren Sicherheitsbetonte Produktionsverfahren	Produktion Controlling Finanzierung
Teilweise fehlende Freiwilligkeit, Eingriffsverwaltung	Nachfrage nicht freiwillig Marktmacht des Anbieters Angleichung an öffentliche Anbieter	Marketing Produktion

Abb. 13: Überblick über die Besonderheiten der Sozialen Arbeit (Schellberg 2004, 49)

Schellberg verheimlicht also die Besonderheiten keineswegs. Auch wenn die Abbildung eine Vereinfachung nahe legt, so ist er sich über die Notwendigkeit fachspezifischer Antworten im Klaren, wie folgendes Zitat deutlich macht: „Entwickelt die Ökonomie auf die ökonomisch interpretierten sozialarbeiterischen Fragestellungen Antworten, so werden diese letztlich nur wieder sozialarbeiterisch sein können" (Schellberg 2004, 31).

5.2 Sperriges und Trennendes

Nun sind wir im Flusse einer bequemen Andockmöglichkeit doch beim Sperrigen gelandet. Suchen wir nun in dieser anderen Richtung weiter. Wo lassen sich deutliche Unterschiede zwischen Unternehmen und ihrem Management in der Sozialwirtschaft und in den ausschließlich profitwirtschaftlich orientierten Sektoren feststellen?

Peter Schwarz hat bereits 1986 sieben Strukturmerkmale aufgezeigt, hinsichtlich derer sich Nonprofit-Unternehmen von Wirtschaftsunternehmen unterscheiden (P. Schwarz 1986, 17). Jochim Merchel greift diese auf, um damit einhergehende Managementanforderungen zu skizzieren (Merchel 2000, 70f). Mit den genannten Strukturmerkmalen:

1) Hauptzweck (der Produktion),
2) Bedarfsdeckung, Kunden,
3) Steuerung der Organisationsentscheide,
4) produzierende Güter,
5) Finanzmittel,
6) Faktor Arbeit und
7) Erfolgskontrolle (Effizienz)

können Unterscheidungen herausgearbeitet werden. Dabei ist nicht alles genug griffig. Ohne hier befriedigend tief eingehen zu können, lassen sich unter folgenden Gesichtspunkten Besonderheiten für das Wirtschaften in der Sozialwirtschaft herausarbeiten, die das Sozialmanagement zu beachten bzw. als Widersprüche zu integrieren hat (vgl. ausführlich in: Wöhrle 2003, 119ff). Hier soll lediglich die Quintessenz zusammengefasst werden:

- Der Zweck des Wirtschaftens wird in der Sozialwirtschaft in der Wohlfahrtsproduktion gesehen. Damit ist eine sozialpolitische und eine gesellschaftliche (sprich: lebensweltbezogene) Einbindung gegeben. Die Wertschöpfung hängt dabei von Wertungen ab, die von den beteiligten Personen, wiederum abhängig von ihren Kontexten getroffen werden.
- Wir haben es nur bedingt mit einem Markt zu tun. Es herrschen „Als-ob-Märkte" in den öffentlichen Verwaltungen und im Zusammenspiel mit den Auftrag nehmenden Organisationen vor. Es lässt sich kein formaler Maßstab gewinnen. Der Produktionserfolg lässt sich deshalb nicht einfach quantifizieren. Finanzieller Gewinn ist eine, jedoch nicht die allein ausschlaggebende Kategorie.
- Die Anzahl der Stakeholder (Betroffene, Kunden, Auftraggeber und Co.) ist enorm. Auch wenn dies bei einigen Organisationen in völlig anderen Branchen ebenso sein kann, so bleibt eine Besonderheit: Wer die Dienstleistung in Auftrag gibt und für sie bezahlt, ist in der Sozialen Arbeit nicht ihr Nutzer. Wir haben es mit nicht-schlüssigen Tauschbeziehungen zu tun und mit der Folge, dass die erbrachten Leistungen, die Leistungserbringenden und ihre Organisationen gerade von den „Hauptkunden" (Nutzer einerseits und Auftraggeber andererseits) unter unterschiedlichen Logiken betrachtet und mit unterschiedlichen Wertmaßstäben gemessen werden (s. Abb. 14).
- Nicht alle Nutzer sozialer Dienstleistungen können als Kunden angesehen werden. Nicht jede Dienstleistung wird freiwillig in Anspruch genommen (z.B. bei Interventionen zum Kindeswohl in Familien), nicht jeder, der eine Leistung benötigt, hat die Auswahl unter verschiedenen Leistungen. Es fehlen Beurteilungsmöglichkeiten und es fehlt die Nachfragemacht unter den Nutzern der Sozialen Arbeit.

- Auch wenn eine zunehmende Professionalisierung nachgewiesen werden kann, bleibt die Sozialwirtschaft abhängig von Eigeninitiative, Nachbarschaftshilfe, ehrenamtlicher Tätigkeit, aber auch von Spendern und Sponsoren. Damit kommt eine weitere Wertungsebene hinzu und für nicht wenige Organisationen eine Zerreißprobe aufgrund unterschiedlicher Wertekonstellationen, die von den ehrenamtlichen Organisationsmitgliedern und den fest angestellten Professionellen vertreten werden.
- All die bereits angedeuteten unterschiedlichen Wertesysteme haben Auswirkungen auf die Bewertung der Qualität der Arbeit, die Effektivität der Leistungserbringung und die Effizienz, mit der die Organisation arbeitet. Allerdings ist zu beachten, dass Qualität und Effektivität einer Organisation nicht mit ihrem Erfolg zusammenfallen müssen. Die Logiken der wichtigen Bezugssysteme, sprich der Auftrags- und Finanzgeber, können widersprüchliche Anforderungen an eine Organisation stellen oder gar aus Gründen, die nichts mit der Qualität von Leistungen zu tun haben, dennoch dazu führen, dass Organisationen nicht überleben können.

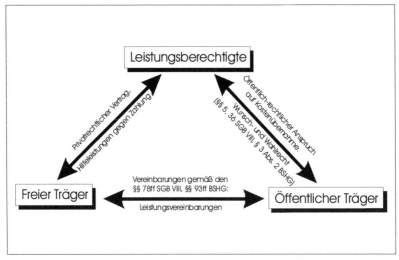

Abb. 14: Tauschbeziehungen (Leistungen und Kosten) in der Sozialwirtschaft (vereinfachte Darstellung nach Zimmer/Nährlich 1998, 72 „das sozialrechtliche Dreiecksverhältnis")

Wenn diese Überlegungen deutlich auf Unterschiede zwischen dem Management in der Sozialwirtschaft und dem übrigen Management aufmerksam machen, so stellt sich die eingangs aufgeworfene Frage auf höherem Niveau erneut. Muss die entstehende Disziplin der Sozialen Arbeit sich dem Management der Organisationen, die für das eigene Handlungsfeld die Sicherstellung des Angebots und der qualitativ einwandfreien Leistungserbringung bewerkstelligen, in der eigenen Theoriebildung annehmen oder kann sie die Theorieentwicklung getrost der Organisationstheorie und Managementlehre, sprich der Wirtschaftswissenschaft überlassen?

6. Das Verhältnis zwischen Sozialer Arbeit und Sozialmanagement

Wie bereits dargelegt, gibt es von Seiten der Wirtschaftswissenschaft keine theoretische Barriere, das Wirtschaften und Managen in der Sozialwirtschaft als Sonderfall mit zu integrieren. Gibt es diese Barriere von Seiten der Sozialen Arbeit?

6.1 Abgrenzendes

Zunächst schimmert in der aktuellen Diskussion der Sozialen Arbeit eine moralisch-ethische Kategorie durch, nach der die Verbesserung von Lebensbedingungen und das Ziel eines gelingenden Alltags von Personen nicht gekoppelt werden dürfe an ökonomische Kategorien. Was zunächst als Anspruchshaltung und Besitzstandswahrung (immer mehr Soziale Arbeit ohne Rücksicht auf die Finanzierbarkeit bzw. Kosten für die Gesellschaft) gesehen werden könnte, hat eine viel bedeutendere, prinzipielle Seite hinsichtlich der Theoriebildung. Vielleicht macht es die Verfremdung deutlicher: Muss die medizinische Theoriebildung immer schon die Kosten jedweder Behandlung mitdenken? Nein, sie muss Grundlagenforschung betreiben können ohne direkte Kopplung an die Frage, ob denn diese neu gewonnenen Erkenntnisse in der Folge allen Menschen in Form einer Behandlung zugute kommen können. Die Debatte darüber, welche Maßnahmen ethisch-moralisch angezeigt und wie bzw. durch wen finanzierbar erscheinen, muss gesellschaftlich breit geführt werden und es bedarf der politischen Beschlüsse darüber, welches Finanzierungssystem sich die Gesellschaft leistet. Die Debatte muss nicht Teil der medizinischen Theoriebildung sein. Für die Wissenschaft der Sozialen Arbeit würde diese Blickrichtung tatsächlich die Trennung zwischen dem Nachdenken über alles, was fachlich notwendig und sinnvoll ist und dem, was sozialpolitisch und sozialwirtschaftlich machbar ist, bedeuten.

Auch wenn nicht dezidiert über Sozialmanagement geschrieben wird, so bringt Bernhard Haupert die Position extremer Abgrenzung am deutlichsten auf dem Punkt, weil er einen prinzipiellen Bruch zwischen professionellem Handeln und Marktmechanismen einführt: Da professionelles Handeln durch das „Personalitätsprinzip" und das „Humanitätsprinzip" (Haupert 2005, 17) bestimmt sei, könne es „weder den Prinzipien des Marktes, also „Angebot und Nachfrage" bzw. höchster Effizienz und Nutzen bei geringstem Einsatz von Mitteln (Kapital und Güter), noch den Prinzipien des geldwerten Entgelts einer Leistung gehorchen (…), da letztlich die geldwerte Leistung von Professionellen, nach Marktgesetzen jedenfalls, unbestimmbar" bliebe (ebenda). Diese Denkfigur ist insofern die radikalste, weil sie nicht nur die Ökonomisierung kritisiert, sondern in deren Gefolge alle Begrifflichkeiten (z. B. auch den der Dienstleistung und des Kunden), die nicht aus bestimmten moralischen, gesellschaftskritischen und so verstandenen fachlichen Diskussionszusammenhängen stammen, ablehnt. Da nicht angenommen werden kann, dass die ältere Form der Steuerung Sozialer Arbeit durch die kameralistische Verwaltung als positive Alternative begrüßt wird (schließlich existiert Kritik daran solange es Soziale Arbeit gibt), muss davon ausgegangen werden, dass keines der bekannten Steuerungsmittel begrüßt wird. Ob Soziale Arbeit in diesem Ansatz als sich selbst steuernde Monade entworfen wird oder ob andere Steuerungsmittel gefordert werden, mit denen Soziale Arbeit gerechter an politische oder gesellschaftliche Entscheidungen gekoppelt werden kann, soll hier nicht weiter untersucht werden. Diese Untersuchung muss im Rahmen der Theoriebildung Sozialer Arbeit geführt werden. Wichtig ist in unserem Zusammenhang nur die Aussage, dass es im Umfeld dieses Ansatzes keine Anknüpfungspunkte sondern nur Abgrenzungen zwischen Sozialmanagement und Sozialer Arbeit geben kann, da Sozialmanagement zu steuern hat und hierfür auf Instrumente angewiesen ist, die nicht allein aus dem „Inneren" der Sozialen Arbeit stammen können.

6.2 Einholendes

Was für eine naturwissenschaftlich geprägte Fachlichkeit einleuchtend erscheint, muss für eine „Sozialarbeitswissenschaft", die einer interdisziplinären Theoriebildung anhängt, nicht genauso passen. Insbesondere die Diskussionszusammenhänge an Fachhochschulen, in denen Fachvertreter aus den Erziehungswissenschaften, der Psychologie, Soziologie und Politologie, aus der Jurisprudenz, der Verwaltungswissenschaft, der Medizin, den Kulturwissenschaften usw. sich zusammengerauft haben, um an einer Sozialarbeitswissenschaft zu bauen, sollen nun die volkswirtschaftlichen und betriebswirtschaftlichen Ansätze (die bereits zu Zeiten von Alice Salomon Bestandteil der Ausbildung waren) abwehren, um an einer „reinen Lehre" festzuhalten? Welche sollte das denn sein? Zudem werden die meisten Sozialmanager genau an diesen Fachbereichen ausgebildet, die sich nun quasi theoretisch von ihren „Produkten" distanzieren müssten und feststellen, dass Professuren für Sozialmanagement in die falschen Fachbereiche geraten sind. Das klingt ebenfalls unwahrscheinlich.

Es erscheint also wahrscheinlicher, dass eine Auseinandersetzung nicht zu verhindern ist. Ob Konfrontation oder Suche nach Anknüpfungspunkten, beides klärt. Insbesondere kommt hinzu, dass Begrifflichkeiten, insbesondere wenn ein interdisziplinärer Ansatz verfolgt wird, von anderen Wissenschaften mit eingeführt und definiert werden.

Versuchen wir am Beispiel des Dienstleistungsbegriffs, an dem sich die Argumentation Hauperts entzündet, theoretische Hintergründe aufzuhellen, um nach anderen Möglichkeiten des Umgangs mit den neuen Begrifflichkeiten in der sozialarbeiterischen Debatte zu suchen.

Zunächst lässt sich feststellen, dass der Dienstleistungsbegriff mehrere theoretische Hintergründe hat:
Der Dienstleistungsbegriff lässt sich in allen volks- und betriebswirtschaftlichen Lehrbüchern finden. Er steht für eine Residualkategorie (vgl. Abb. 15).

Sektoral gegliederte Wirtschaftsabteilungen		
Primärer (Nahrungsmittel- und Rohstoff-) Sektor	**Sekundärer (Produktions-) Sektor**	**Tertiärer (Dienstleistungs-) Sektor**
Nahrungsmittel- und Rohstoffgewinnung (Land- und Forstwirtschaft, Fischereiwesen, Bergbau, Energie- und Wasserversorgung	industrielle Rohstoffverarbeitung in der Investitions- und Konsumgüterproduktion sowie im Baugewerbe	Dienstleistungen = alle Wirtschaftsabteilungen, die im Primär- und Sekundärsektor nicht erfasst sind

Abb. 15: Sektorale Wirtschaftsgliederung (Bauer 2001, 21)

Er wurde schon in frühen Arbeiten zum Management in der Sozialwirtschaft (z. B. Decker 1992, 63; Gehrmann / Müller 1993) übernommen. Die Übernahme des Begriffs erfolgte in der Sozialen Arbeit zeitgleich. Dahinter steht offensichtlich eine Trendwende. Grob gesprochen wird in den 1970 / 80er Jahren ein Wandel konstatiert: Die Produktionsgesellschaft gehe in eine Dienstleistungsgesellschaft über (heute spricht man bereits von einer Informations- und Wissensgesellschaft). Die Charakterisierung hatte verschiedene wissenschaftliche Untersuchungen zur Grundlage und löste ebensolche aus. Insbesondere soziologische Analysen beschäftigten sich mit dem Charakter und der spezifischen Eigenlogik von Dienstleistungstätigkeiten (Olk 1994, Berger/Offe 1984). Dabei werden potenzialorientierte, prozessorientierte und ergebnisorientierte Ansätze (vgl. Corsten 1997) unterschieden.

Interessant ist, dass sich mit den Beschreibungsmerkmalen durchaus sozialarbeiterische und sozialpädagogische Handlungsvollzüge abstrakt fassen lassen. Mit dem potenzialorientierten Ansatz lässt sich ein professionelles Vermögen fassen, mit dem Veränderungen auf einen erwünschten Zustand hin angestrebt werden können. Der prozessorientierte Ansatz fokussiert die zeitraumbezogenen Aspekte der Dienstleistungserbringung (vgl. Meyer 1984, 197 ff) und hebt dabei das Zusammenfallen von Produktion und Absatz hervor sowie den direkten Kontakt zwischen Leistungserbringer und Leistungsnehmer (vgl. Berekoven 1983, 23). Mit dem ergebnisorientierten Ansatz kann die Veränderung von Personen als Resultat der Dienstleistung erfasst werden. Da die immaterielle Form der Dienstleistung (z. B. in Form sozialpädagogischer Angebote) hier immer mit erfasst, das Trägermedium „sozialpädagogisch professionell Handelnder" als Teil des Potenzials mit erkennbaren Wirkungen im Prozess und hinsichtlich des Ergebnisses eingesetzt und zusammengedacht werden kann (Hentschel 1992, 21), lassen sich sozialarbeiterische und sozialpädagogische Dienstleistungen beschreiben und hinsichtlich ihrer Struktur-, Prozess- und Ergebnisqualität (Donabedian 1966) bewerten.

Ohne hier auf Debatten und Kontroversen eingehen zu können, sei auf die Arbeit von Rudolph Bauer (2001) verwiesen, mit der eine umfassende Definition personenbezogener Sozialer Dienstleistungen vorgenommen wird, wobei mit dem folgenden Schaubild lediglich einige Aspekte angedeutet werden sollen.

Begriffliche Elemente und besondere Aspekte	Erläuterungen
1. Terminologie	„Soziale Dienstleistungen" (Handlungsaspekt) und „Soziale Dienste" (Organisationsaspekt) werden terminologisch nicht exakt unterschieden
2. Klassifikation	Soziale Dienstleistungen werden als eine Unterkategorie personenbezogener Dienstleistungen klassifiziert
3.a inhaltlicher Aspekt	Soziale Dienstleistungen weisen die besonderen Eigenschaften von Hilfen (für abhängige Personen) auf
3.b formaler Aspekt	Soziale Dienstleistungen werden im Rahmen staatlicher Sozialpolitik erbracht: zentral, bürokratisch, bezahlt, verberuflicht
3.c historischer Aspekt	Soziale Dienstleistungen sind ein geschichtliches Novum; entsprechende Dienstleistungen wurden in früheren Zeiten im soziokulturellen Bereich, „familiennah" und „natural" erbracht

Abb. 16: Begriffliche Elemente und besondere Aspekte „Sozialer Dienstleistungen" (Zusammenstellung nach Badura/Gross, zitiert nach: Bauer 2001, 29)

Die Einführung des Dienstleistungsbegriffs in die Soziale Arbeit lässt sich nun weder mit den wirtschaftlichen Lehrbüchern noch mit den soziologischen Analysen allein erklären. Die politische Analyse kann feststellen, dass sich das sozialpolitische Klima verändert hat. Auf dem Hintergrund eines verschärften internationalen Wettbewerbs, wirtschaftlicher Rezession und hoher Arbeitslosigkeit und der Finanzkrise der öffentlichen Haushalte werden der Umbau des Sozialstaates und der öffentlichen Verwaltung angestrebt. Dabei verändern sich Blickrichtung und Logik. Der wesentlichste Finanzgeber der Sozialen Arbeit – die öffentliche Verwaltung – wird von der Kameralistik auf neue Steuerung umgestellt. Es findet eine Umorientierung auf privatwirtschaftliche Marktmechanismen statt.

> „Die Meinungsführerschaft in der Diskussion über die Leistungsfähigkeit der staatlichen und kommunalen Verwaltungen ging in allen Ländern von den Juristen und Sozialwissenschaftlern auf die Wirtschafts- und Finanzwissenschaftler über. Das Spannungsverhältnis zwischen dem Demokratie- und dem Effizienzpostulat verschob sich zugunsten der Effizienz. In Zeiten knapper werdender Kassen wurden überall „Effizienz" und „value for money" die maßgeblichen Werte. So gesehen kann von einem internationalen „Paradigmenwechsel" in der Verwaltungswissenschaft und bis zu einem gewissen Grade auch in der Verwaltungspraxis gesprochen werden" (KGSt-Bericht 19/1992, 11).

Auch wenn die öffentliche Verwaltung nicht ausschließlich maßgebend ist für die Sozialwirtschaft, so gilt die angedeutete Orientierung erst recht für die Projekteinwerbung (z. B. in der Europäischen Gemeinschaft) und allen anderen Bereichen, aus denen Geldmittel für die soziale Leistungserbringung eingeworben werden.

Über Dienstleistung wird in der Sozialen Arbeit unter ökonomischen wie unter fachlichen Aspekten diskutiert. Klaus Grunwald differenziert zwischen Betrachtungen über die „Dienstleistung aus marktorientierter Perspektive" (Grunwald 2001, 120 ff) und einer Sozialen Arbeit aus der Perspektive einer lebensweltorientierten Dienstleistung (ebenda, 124 ff). Dabei sieht er Bezüge zwischen beiden Konzepten, gegenseitige Anregungen, aber auch „für beide Konzepte die Gefahr von verzerrten und verkürzten Rezeptionen in Theorie und Praxis, die den kritischen Impetus, der beiden Ansätzen eigen ist, vergessen lassen" (ebenda, 126).

Hier deutet sich bereits eine Verschiebung in der Betrachtungsweise an. Der Begriff gilt nicht mehr als ökonomischer, von außen aufgezwungener, der dem Wesen der Sozialen Arbeit völlig fremd ist, sondern er wird unter einem sozialpädagogischen Verständnis rekonstruiert. So vertritt Andreas Schaarschuch 1996 die These, dass „mit der Kategorie der Dienstleistung die notwendige Neuorientierung Sozialer

Arbeit möglich wird" (Schaarschuch 1996, 87). Der zentraler Gedanke ist die Parallelität von Kunden- und Subjektorientierung: „Diese Grundfigur des Dienstleistungsgedankens, die – unabhängig von ihrem Erbringungskontext – das nachfragende Subjekt zum Ausgangspunkt macht, steht in einer Tradition der Theorie Sozialer Arbeit als *Profession,* die unter den Stichworten "Lebenswelt- und Alltagsorientierung", "Lebenslagenbezug", "Reproduktionsorientierung" u. a.m. gegen subsumtionslogische und funktionalistische Interpretationen Sozialer Arbeit die im Kontext gesellschaftlicher Strukturen vermittelte produktive Potenz des Subjekts in der Konstitution seiner lebensweltlichen Zusammenhänge hervorgehoben hat" (ebenda).

6.3 Folgen für die Herangehensweise

Auch hier soll nicht inhaltlich in die Diskussion eingestiegen werden, sondern lediglich festgestellt werden, dass es bei der exemplarischen Betrachtung des Umgangs mit dem Begriff Dienstleistung keine Abschottung gab. Sah es so aus, dass sich die Disziplin Sozialer Arbeit den neuen Zumutungen entziehen müsse, um zu sich selber zu finden, so zeigt das Beispiel der Diskussion dieses Begriffs, dass sich Soziale Arbeit von der um sie herum geführten Diskussion offensichtlich nicht abschotten kann. Gerade als interdisziplinär definierte Wissenschaft sind sozusagen alle Türen offen. Wenn denn mit neuen Zumutungen umgegangen werden muss, so stellt sich die Frage, ob hierfür eine bestimmte Haltung oder Strategie sinnvoller als eine andere sein kann. Interessant hierzu sind die Gedanken von Ulrich Otto. Für ihn ist das Sozialmanagement nicht „draußen", d. h. außerhalb der Sozialen Arbeit zu halten. Er sieht den Fluchtpunkt seiner Argumentation in folgendem: „Gerade im eigentümlichen Oszillieren zwischen Drinnen und Draußen entwickelt Sozialmanagement eine irritierende aber produktive Potenz – die Konfrontation der pädagogisch-sozialen mit vermeintlich fremden Handlungs- und Denkrationalitäten verhilft zur besseren Erreichung des eigenen" (Otto 2002, 1). Anhand von sieben gängigen Einwänden belegt er die Produktivität der Auseinandersetzung mit den Ansätzen des Sozialmanagements und behauptet keck: „Wenn auch SM (Sozialmanagement, A.W.) keinen eigenständigen Begriff des Sozialen und Pädagogischen hat, so lässt es sich dennoch in besonderer Weise mit einem solchen kompatibel konzipieren" (ebenda, 6).

Allein der letztgenannte Aspekt sowie eine ganze Reihe der Argumente von Otto wären es wert, vertieft zu werden. Hier soll lediglich einer seiner Hinweise aus seiner zweiten Vorbemerkung beispielhaft angeführt werden:

Zum Stand der Theorieentwicklung des Sozialmanagements

> *„Sozialmanagement bezieht sich in mehrfacher Hinsicht „auf Ganze" – erstens –*
> - mit Blick auf einen Fall über eine ganze Zeitstrecke und das besser strukturierte Handeln im Fallverfolg und sei es auch in Dienstleistungsketten,
> - mit Blick auf umfassende nicht nur dyadische Prozesse in sozialen Feldern im Sinne von Prozessmanagement,
> - mit Blick auf das besser strukturierte Handeln *in* und *zwischen* Institutionen und deren schlüssigere Organisation („Management in NPO"),
> - mit Blick auf *ausdifferenzierte* Funktionen („das Management / die Manager") und einem Kanon entwickelter Instrumente und Methoden (Managementlehre),
> - mit Blick auf *eingebettete* Vollzüge im berufsalltäglichen Handeln sämtlicher Fachkräfte sämtlicher Ebenen, wobei viel dafür spricht, hier die vielfältigen Formen nichtberuflichen intermediären Handelns ebenso mit einzubeziehen,
> - mit Blick auf den sozialwirtschaftlichen Rahmen der Ordnungs- und Wohlfahrtspolitik, des Sozial- und Bildungsrechts usw.,
> - mit Blick auf das ganze große „Andere" der Wohlfahrtsproduktion, auf *Handeln im intermediären Bereich*, in sozialen Räumen, in sozialen Netzwerken, im dritten Sektor, im NPO-Bereich,
> - Sozialmanagement also bezieht sich aufs Ganze mit Blick auf die schwierige Regulation im *Mix der Handlungsrationalitäten* von Bürokratie, Solidarität, Vertrag und Tausch.
>
> *Sozialmanagement bezieht sich – zweitens – mit seinem Qualitätsbegriff „aufs Ganze",*
>
> indem es im Anschluss an Donabedians klassischen Vorschlag grundsätzlich sowohl die Struktur, – die Prozess- wie (vor allem) die Ergebnisqualität optimieren möchte (vgl. Donabedian 1982). Was im folgenden Beitrag ganz knapp und alles andere als systematisch profiliert werden soll, wäre ein programmatischer Begriff von Sozialmanagement, der sozial und pädagogisch anschlussfähig wäre und der eine Reihe normativer (und eine kleinere Reihe funktional-systematischer) Begründungen auf seiner Seite hätte" (Otto 2002, 1f).

So interessant dieser Hinweis ist, auch er kann hier nicht zu Ende diskutiert werden. Vielmehr sollen verschiedene Hinweise bei dieser angewandten Methode des Abgleichs aufgefunden werden. Sie besteht darin, Themenstellungen quer durch die Wissenschaftsgebiete zu verfolgen, um anschlussfähige Argumentationslinien zu kreieren. Nicht erst mit Ulrich Otto (2002), sondern bereits früh – z. B. in einer Dissertation von Kurt Klappenecker und Dieter Schramm (1982) oder in einer

Arbeit von mir in 1992 wurde versucht, solche Andockstellen und Verknüpfungsmöglichkeiten für die Diskussion zwischen Sozialmanagement und Sozialer Arbeit anhand von Beratung, Fortbildung und Organisationsberatung zu finden. Auch diese Suchbewegungen können hier nur angedeutet werden. Die Autoren argumentierten zumeist aus einer Praxis als Berater oder Manager in der Sozialwirtschaft. Nicht selten anzutreffen war die Kritik am aktuellen Zustand der Organisationen. Auf dem Hintergrund ihrer sozialpädagogischen Ausbildung, in der Fragen des Führens und Leitens ebenso wenig vorkamen wie Fragen der Organisationsanalyse und der Finanzierung von Organisationen, „importierten" die Autoren in den 1980er Jahren insbesondere organisationssoziologische und -psychologische Themenstellungen in den sozialarbeiterischen Diskussionszusammenhang. Mit der Entdeckung von Zusammenhängen zwischen Laboratoriumsmethode, Sensitivity-Training, Survey-Feedback-Verfahren, Aktionsforschung und der Organisationsentwicklung als sozialwissenschaftlichen Forschungsverfahren, die gleichzeitig zur Veränderung von Organisationen taugen und dabei ethische Grundsätze der Sozialen Arbeit (wie die Beteiligung der Organisationsmitglieder) berücksichtigt, taten sich neue Gestaltungsmöglichkeiten auf (vgl. auch Comelli 1985, aber auch die ersten Sozialmanagement-Bücher wie Müller-Schöll / Priepke 1983).

Theoretisch gesprochen, hatte diese Erweiterung keine grundsätzliche Barriere zu nehmen, denn wir bewegen uns innerhalb jener sozialwissenschaftlichen Theoriebildung, die einem humanistischen Menschenbild anhängt, keinen grundsätzlich unüberwindbaren Widerspruch zwischen den Bedürfnissen der Menschen in einer Organisation und der Organisation selbst annimmt und sich bestimmten Verfahren verpflichtet sieht (vgl. z.B. Comelli 1985, 11). Schwieriger wird es erst mit der zunehmenden Einführung wirtschaftlicher Kategorien. Auf die Abwehrhaltungen, die daraufhin in der Sozialen Arbeit entstanden, wurde bereits hingewiesen. Allerdings muss uns das hinsichtlich der genannten Anschlussstellen in sozialwissenschaftlich ausgeprägten Untersuchungsgebieten nicht abschrecken.

Interessant wäre nun, wenn gerade aufgrund neuer Begrifflichkeiten, die in den Diskussionszusammenhang der Sozialen Arbeit aufgenommen werden, neue theoretische Anknüpfungspunkte entstünden. Da uns im Rahmen des vorliegenden Beitrags die Diskussionen um den Dienstleistungsbegriff nicht mehr fremd sind, soll der Begriff nun auch dafür herhalten, seine Tragfähigkeit für die Diskussion über unterschiedliche Tätigkeiten im Rahmen der Sozialen Arbeit zu verhandeln. Eingeführt, um die sozialarbeiterischen Tätigkeiten in sozialpolitische und ökonomische Kategorien einzubinden, kann er auch auf Tätigkeiten angewandt werden, die zweifellos mit zur Dienstleistungserbringung in Organisationen der Sozialwirtschaft gehören, jedoch nicht unbedingt dem Kerngebiet der Sozialen Arbeit entstammen.

Überspringen wir die Diskussionen um die Differenzierungen hinsichtlich des Begriffs und folgen wir Hartmut Häußermann und Walter Siebel bei der Feststellung, dass Dienstleistungen nicht nur formbeschützenden (vgl. Berger/Offe 1984), sondern auch innovativen Charakter haben (Häußermann/Siebel 1995, 162). Zu letzteren „können all jene Tätigkeiten gerechnet werden, die die Rahmenbedingungen des gesellschaftlichen Produktionsprozesses mit dem unmittelbaren Ziel seiner Effektivitätssteigerung ändern" (ebenda, 163). Ursprünglich im sekundären Sektor entwickelt, kann man sich unter den innovativen Berufen den Ingenieur oder Unternehmensberater vorstellen. Doch die innovativen Tätigkeiten erobern auch den tertiären Sektor. Häußermann und Siebel sprechen explizit von präventiven und kurativen Dienstleistungen und dabei idealtypisch die Tätigkeitsbereiche der Polizisten und Sozialarbeiter an (ebenda). Rudolph Bauer macht deutlich, was mit den innovativen Dienstleistungen gemeint ist. Es sind „einerseits technologische und andererseits organisatorische Verfahren, die sich u. a. auf Strukturen und Abläufe der Sozialen Dienste beziehen („Nonprofit-Management", „Lean Administration") sowie auf die Koordination der Sozialleistungen („Care Management") und nicht zuletzt auf die Nutzung elektronischer Technologien und Medien. Diese technologischen und organisationsbezogenen Dienstleistungen können als „dienstleistungsinnovativ" bezeichnet werden und entwickeln sich zu einem integralen Bestandteil des Sozialwesens" (Bauer 2001, 27).

	Technologische Innovation	**Organisatorische Innovation**
Handlungsebene 4: **Sozialleistungssystem**	Neue Technologien (Rationalisierung/Automatisierung der Kontroll- und Abrechnungsverfahren)	Contracting (betr. Umfang, Qualität und Kosten)
Handlungsebene 3: **Soziale Dienste**	Informations- und Kommunikationstechnologie; Neue Medien	Nonprofit-Management; Lean Administration; Neue Steuerung
Handlungsebene 2: **Soziale Dienstleistungen**	Informationstechnologische Kompetenz; Assessment-Kompetenz	Management-/Marketingkompetenz; Care Management
Handlungsebene 1: **personenbezogene Dienstleistung**		

Abb. 17: Beispiele innovativer Dienstleistungen auf den verschiedenen Handlungsebenen des Sozialwesens (Bauer 2001, 30)

Damit haben wir das gesamte Spektrum im Umgang mit dem Begriff Dienstleistung durchleuchtet. Von der Abwehr und prinzipiellen Ausgrenzung des Begriffs aus der Sozialen Arbeit über seinen skeptisch begleiteten und reflektierten Einlass, gefolgt von einer Rekonstruktion und sogar fachspezifischen Aufladung bis hin zu seiner Funktion, nun als Einfallstor (oder Trojanisches Pferd?) für das Sozialmanagement zu fungieren.

Fassen wir zusammen und spitzen wir noch etwas zu, so erhalten wir folgende These und Antithese:

These	Antithese
Die Inhalte, die unter der Überschrift Sozialmanagement diskutiert werden, sind mit dem Wesen der Sozialen Arbeit nicht vereinbar. Sie können nicht im Sinne einer Bereicherung zur Theoriebildung beitragen, sondern bilden eher eine Irritation und Störung, die abhält, um zu einer schlüssigen Theoriebildung der Sozialarbeitswissenschaft zu kommen.	Die Inhalte, die durch die neue Diskussion eingeführt werden, stellen eine produktive Herausforderung für die Diskussion um die Sozialarbeitswissenschaften dar. In Konfrontation mit neuen Blickwinkeln können Aufgabenstellungen der Sozialen Arbeit deutlicher gesehen und Problemstellungen produktiver gelöst werden. Die interdisziplinäre Theoriebildung wird nicht nur bereichert, sondern holt in ihrer kurzen Geschichte bereits verschüttete Inhalte wieder mit herein.

In guter dialektischer Tradition sollten wir eben keinen faulen Kompromiss oder Mittelweg versuchen. Ob Sozialmanagement in das Theoriegebäude der Sozialarbeitswissenschaft integriert werden kann und soll, ist gegenwärtig unklar. Deutlich ist allerdings, dass die Diskussion über Sozialmanagement und die sich entwickelnde Theoriebildung von den Vertretern der Sozialen Arbeit mit geführt werden sollte. Auch in die Diskussion über das Management in der Sozialwirtschaft sollten sich die Vertreter der Sozialen Arbeit einmischen. Ein völliges Verwerfen des Begriffs, wie es Merchel (2006, 41ff) vorschlägt, nützt ja recht wenig, wenn ein Begriff sowohl theoretisch so breit ausgearbeitet als auch in den europäischen Debatten verankert ist (vgl. Wendt in diesem Band). Allerdings kann hier die Diskussion nicht mehr nur auf dem Terrain der Sozialen Arbeit geführt werden. Jedoch ist dies mit Verwendung des Begriffs Management ohnehin klar, das verdeutlicht der Begriff Wirtschaft nur noch zusätzlich.

7. Ist Sozialmanagement ein eigenständiger Theorieansatz?

7.1 Suche nach einer „Heimat" für das Sozialmanagement

Offensichtlich unterscheiden sich die Herangehensweisen im Frühstadium der Suche nach einer eigenständigen wissenschaftlichen Verortung wenig. Konrad Maier findet Parallelen zwischen den „Bemühungen um eine systematische Begründung der Sozialarbeitswissenschaft" in den 1990er und den großen „Einführungen in die Politikwissenschaft" aus den 1960er Jahren. „Man versichert sich der erkenntnistheoretischen Grundlegung von Wissenschaft überhaupt, sucht nach historischen Wurzeln der eigenen Disziplin und entsprechenden Theoriefragmenten, reklamiert bestimmte Fragestellungen und methodische Vorgehensweisen für die neue Disziplin (…) und bestimmt in klassischer Weise Gegenstand nach Materialobjekt und Formalobjekt der Disziplin …" (Maier 1996, 139).

Mit diesem Zitat soll keineswegs angedeutet werden, dass Sozialmanagement und Management der Sozialwirtschaft den Raum einer eigenen Disziplin beanspruchen. Gleichwohl ist es unbefriedigend, wenn für die Fragestellungen und Forschungsstrategien so gar kein klarer Rahmen gefunden werden kann, also eine gewisse Heimatlosigkeit vorherrscht. Nun löst der Anspruch einer Verortung die gleichen Fragen und Vorgehensweisen aus wie die Kreation einer Disziplin. Etwas eingegrenzter kann folgendermaßen gefragt werden:
- Können bestehende Theoriebildungen den neuen Gegenstandsbereich befriedigend aufnehmen oder ist etwas so sperrig, dass es über alle bisher existierenden Betrachtungsweisen hinaus weist?
- Gibt es Begrifflichkeiten, die in mehrere der beteiligten Disziplinen eingreifen und neue Verbindungen ermöglichen?
- Wenn keine direkte Zuordnung zu einer Disziplin möglich ist, können für diese Suchbewegung adäquate Vorgänge gefunden werden bzw. gibt es einen Typ von Wissenschaft, der das bereitstellt, als was hier benötigt wird?
- Mit welcher Suchrichtung und welchem Instrumentarium ist sinnvoll weiter vorzugehen?

Verzichten wir aufgrund des eng gesteckten Rahmens auf erkenntnistheoretische Grundlegungen und all die grundsätzlichen Versicherungen, dass wir in wissenschaftlichen Zusammenhängen denken können. Halten wir fest, dass schneller und im Prinzip glatter an die Managementlehre der Wirtschaftswissenschaft angedockt werden kann, gleichzeitig jedoch die Warnrufe aus der Profession und Disziplin der Sozialen Arbeit so laut sind, dass die Verbindung dorthin nicht vernachlässigt werden darf. Nicht behandelt werden kann und soll hier, welche Forschungsarbeit für das Management in der Sozialwirtschaft und das Sozialmanagement unbedingt geleistet werden sollte. Fast auf allen wesentlichen Gebieten fehlen Daten und zu den wesentlichen volkswirtschaftlichen Zusammenhängen fehlen sogar die „theoretischen Brücken", um Daten fruchtbar werden lassen zu können (vgl. Bader 2001, 22; Wöhrle 2003, 106f, 170ff). Hier rächt sich offensichtlich, dass mit der Sozialpädagogisierung nach dem Zweiten Weltkrieg die Volkswirtschaftslehre als Bezugswissenschaft (wie sie im Fächerkanon seit Alice Salomon integriert war) für das Studium der Sozialen Arbeit entfiel.

Beginnen wir pragmatisch mit folgenden Vorgehensweisen:
- Es kann nachgesehen werden, was hinsichtlich des neuen Untersuchungsgegenstands diskutiert wird und wer sich damit beschäftigt.
- Wenn wir den Gegenstand definieren können, so kann unterschieden werden, in welche Disziplinen oder Fächer bestimmte Fragestellungen gehören und danach gesucht werden, welche Antworten dort bereits gefunden worden sind. Die nächste Frage ist, ob diese Antworten passen bzw. ausreichend sind.

Hinsichtlich der ersten Verhältnisbestimmung (Soziale Arbeit und Sozialmanagement) stellten wir weiter oben fest, dass Unschlüssigkeit existiert, ob der Gegenstand Sozialmanagement zur Disziplin gehört. Es konnte gezeigt werden, dass die Beschäftigung damit offensichtlich stattfindet. (Selbst eine systematische Abgrenzung ist Beschäftigung damit. Nur Ignoranz wäre eine bedeutende Aussage).

Hinsichtlich der zweiten Verhältnisbestimmung (Sozialmanagement und Wirtschaftswissenschaft) kann zunächst festgestellt werden, dass der Gegenstand von der Wirtschaftswissenschaft aufgegriffen werden müsste, eine rege Aktivität hier jedoch nicht feststellbar ist. Das könnte dem Umstand geschuldet sein, dass in diesem Wissenschaftsgebiet die Meinung vorherrscht, alle Grundlagen würden existieren, um den Gegenstand als einen ableitbaren Sonderfall einsortieren zu können. Die Ausbildung könnte damit auch auf dieses Praxisfeld ausgeweitet werden und müsste lediglich berücksichtigen, dass die Managementlehre durch spezifische fachliche Bezugspunkte ergänzt würde. Diese fachlichen Bezüge müsste die Soziale Arbeit liefern, was wiederum nichts Ungewöhnliches wäre, da z.B. für das Management in technischen Bereichen die Fachlichkeit ebenso aus den technischen Wissenschaften kommt. Die Ergänzungen können durch vorausgehende einschlägige Studien abgedeckt werden oder durch Praktika, die in den jeweiligen Branchen stattfinden.

7.2 Sozialmanagement ist aus den Wirtschaftswissenschaften nicht einfach ableitbar

Für das Management in der Sozialwirtschaft wird in Wirtschaftsfachbereichen ausgebildet. In welchem Maße hierbei Besonderheiten des Sozialmanagements bzw. der Fachlichkeit Sozialer Arbeit berücksichtigt werden, ist gegenwärtig nicht untersucht. So wichtig dies für die zukünftige Praxis auch ist, im hier diskutierten Zusammenhang ist es nicht weiter von Bedeutung, da es um die Klärung theoretischer Grundlagen geht. Für die wissenschaftlich-strategische Vorgehensweise bietet es sich zunächst an, auszuprobieren, ob bereits bestehende Theoriebildungen auf den neu zu untersuchenden Gegenstand passen oder ob sie erweitert werden müssten. Also prüfen wir beispielsweise, ob die generelle Begründung für die Entstehung des Managements auch für die Entstehung des Sozialmanagements taugt.

Auch in der deutschsprachigen Managementliteratur (Kocka 1975, Steinmann/ Schreyögg 1990) wird der Ursprung des Managements Mitte des 19. Jahrhundert in den USA angesetzt. Die Größe der Unternehmen und die Komplexität der Steuerungsprobleme verlangten eine personenunabhängige Struktur aus Stellen mit einer eindeutigen Kompetenz- und Entscheidungslogik und einem einleuchtenden Regelwerk unabhängig von direkten Unternehmerentscheidungen, mit der die Steuerungs- und Koordinierungsaufgaben zu bewältigen waren. Für Deutschland war diese Struktur bereits durch den im Feudalismus groß gewordenen Verwaltungsapparat gegeben. Die deutsche Bürokratie (insbesondere in der Theorie von Max Weber) wird denn auch in den Managementbüchern als eine eigene Säule hervorgehoben.

Diese Säule kann somit als „Mutter" des Sozialmanagements und des Managements in der Sozialwirtschaft angesehen werden. Schließlich findet man in der älteren Literatur keine theoretischen Verbindungslinien zum Management, wohl aber zur Verwaltung (vgl. Ortmann 1994). Die organisatorische Zuordnung wird zudem beklagt. Diskutiert wurde das Spannungsverhältnis für die SozialarbeiterInnen und SozialpädagogInnen unter dem Stichwort des Doppelten Mandats: Dabei sind sie einerseits dem Klientel verpflichtet, als Teil der Eingriffsverwaltung jedoch auch staatlichen Vorgaben und ebensolchen der Verwaltung. Sozialpolitisch gesprochen dienen sie somit auch der Funktion, gesellschaftlich lizensierte Normalitätsstandards zu bewachen (Olk 1986, 110).

Davon getrennt ist allerdings die „begriffliche Geburt" des Managements in der Sozialwirtschaft bzw. des Sozialmanagements zu betrachten. Weder durch ein sprunghaftes Größenwachstum der Organisationen des Sozialwesens (die waren schon zuvor mächtig gewachsen) noch durch eine plötzliche Übernahme der Bürokratie in diesen Organisationen (sie waren ja sozusagen bürokratisch groß geworden) kam es zu einer bewussten, öffentlich reflektierten Steuerung und Leitung. Vielmehr vollzieht sich ein Wandel in den Bezugssystemen. Zuvor intensiv in das bürokratische System eingebaut, beginnt in den 1980 Jahren ein bis heute noch nicht abgeschlossene Umbau des sozialpolitisch-verwaltungstechnischen Systems zu einem sozialpolitisch-betriebswirtschaftlichem. Nicht die Einführung der Bürokratie, sondern ihre Kritik, nicht die Größe und Macht der Wohlfahrtsverbände sondern ihr „funktionaler Dilettantismus" (Seibel 1992), nicht die Ungeregeltheit der Vorgänge, sondern die Überreglementierung und damit die Unbeweglichkeit der Organisationen führen zur Forderung nach mehr und später nach eigenem Management.

Diese kurzen Andeutungen mögen genügen, dass es sich lohnt, nach den Besonderheiten der Entstehung des Managements in der Sozialwirtschaft und des Sozialmanagements zu suchen. Auch wenn zukünftige Entwicklungen in einen Mainstream betriebswirtschaftlicher Logik münden sollten, so waren Beginn und Übergang davon abgehoben. Zwar durch den Mainstream globaler Entwicklungen (WTO-Beschlüsse, Europäisierung etc.) und neuer sozialpolitischer Weichenstellungen bedingt, handelt es sich doch um eine Besonderheit, wenn die althergebrachte Steuerungslogik derart grundsätzlich umgestellt wird.

Für unsere Überlegungen bedeutet dies, dass die wirtschaftswissenschaftliche Geschichtsschreibung Anregungen erfahren könnte und müsste, wenn sie sich für die Sozialwirtschaft zuständig sähe.

7.3 Sozialmanagement hat als eigenständiger Ansatz zu wenig Substanz

Auch die entgegengesetzte Forschungsstrategie kann verfolgt werden. Man sammelt Ansätze, die hinsichtlich des Neuen auffindbar und beschreibbar sind und versucht dieses Material zu systematisieren und kategorisieren. Offensichtlich waren Wissenschaftler hinsichtlich dieser Vorgehensweise in den 1990er Jahren mutiger, denn hier wurden vier Sozialmanagement-Ansätze (sozialtechnokratisch orientierter, gruppen- bzw. interaktionsdynamisch orientierter, sozialplanerisch orientierter und innovationsorientierter, sozialpolitisch ausgerichteter) definiert (Flösser / Schmidt 1992), die allerdings heute als überholt angesehen werden können, ohne dass damit diese Art der Herangehensweise kritisiert werden soll. Kritisch zu betrachten ist lediglich, wenn diese Sortierung aus 1992 im Handbuch der Sozialarbeit / Sozialpädagogik 2001 immer noch auftaucht (Karsten 2001, 1760) obwohl zwischenzeitlich fast keine der Kategorien mehr gehalten werden kann (siehe ausführlich in: Wöhrle 2005a).

Hilfreich kann hier nun wieder der Abgleich mit der Managementlehre sein, die bereits einen längeren Forschungsfundus und belegbare Kategorien hat. Unter Hinzuziehung deren Einteilung können wir von vier Phasen der Managementtheorie ausgehen (vgl. Simon 2002, 23 ff):

1. Periode des rationalen Handelns im geschlossenen System mit den Modellen: Bürokratie, Scientific Management, Administrative Lehren, Fordismus (1900 – 1925 / 30),
2. Periode des sozialen Handelns im geschlossenen System mit den Ansätzen: Human Relations-Bewegung, XY-Theorie, Leadership-Theorie und Motivationstheorie (1925 – 1955),
3. Periode des rationalen Handelns im offenen System mit den Situationstheoretischen Ansätzen und der Strategy and Structure-Theory (1955 – 1970)
4. Periode des sozialen Handelns im offenen System mit den evolutions- und chaostheoretischen Ansätzen, der Entscheidungstheorie, Kybernetik, der empirischen Erfolgsforschung, dem Lean Management und dem Postschlanken Management (seit 1970).

Auch wenn manche Organisationen der Sozialverwaltung in der theoretischen Zuordnung in die Bürokratiemodellphase (1900 bis ca. 1930) fallen könnten, so lassen sich alle ernst zu nehmenden, unter dem Begriff Sozialmanagement bzw. Management in der Sozialwirtschaft diskutierten Ansätze der letzten Phase zurechnen. Es ist dabei unerheblich, ob sie alle bis dahin in der Diskussion befindlichen theoretischen Versatzstücke aufgenommen haben oder nicht.

Wenn wir diese Messlatte anlegen, so ist von den oben angedeuteten Ansätzen in der Sozialmanagement-Literatur nur der innovationsorientierte, sozialpolitische übrig geblieben. Unter ihn lassen sich zwar verschiedene Linien hinsichtlich Personen und Veröffentlichungen sortieren, jedoch bleibt der Kreis überschaubar. Ursprünglich war hiermit eine Linie bezeichnet worden, die mit dem Institut für Sozialarbeit und Sozialpädagogik (ISS) Frankfurt begann und mit und um Bernd Maelicke mit verschiedenen Publikationsreihen weiterentwickelt wurde. Betrachten wir nun aber beispielhaft eine weitere Linie um Gotthart Schwarz mit einer in den 1990er Jahren begonnen Publikationsreihe sowie eine Gruppe von Autoren um Armin Wöhrle, die in ca. 4.000 Seiten kompakt entwickelten Studienbriefen des Postgradualen Fernstudiengangs Sozialmanagement im Rahmen des Hochschulverbundes Distance Learning einen Ansatz vertreten, so wird deutlich, dass auch diese Veröffentlichungsreihen unter die genannte Überschrift fallen. Auch wenn wir Autoren wie Joachim Merchel heranziehen, der gegen den Begriff der Sozialwirtschaft argumentiert und somit gegen Wolf Rainer Wendt, so passen alle weiteren inhaltlichen Aussagen beider nur noch in diese einzig übrig gebliebene Schublade. Der Begriff taugt also nicht mehr zur Abgrenzung (vgl. Wöhrle 2005a).

Gleichzeitig kann es natürlich sein, dass es nichts mehr zum Abgrenzen gibt, dass wir alle, die wir Managementansätze in der Sozialwirtschaft vertreten, von den gleichen Anliegen beseelt sind und die gleichen theoretischen Versatzstücke einbringen. Das müsste untersucht werden. Hier wären vergleichende Studien wichtig. Es müsste verglichen werden, ob sich die an unterschiedlichen Orten (wie Verlagsreihen oder Studiengängen) entwickelten Diskussionszusammenhänge voneinander unterscheiden und was die wesentlichen Unterschiede sind. Gleichzeitig könnte die Hypothese verfolgt werden, dass sie alle unter einen Ansatz passen, dass wir es also mit einem Ansatz des Managements in der Sozialwirtschaft und einem Sozialmanagement-Ansatz zu tun haben. Das erscheint als komplexes Untersuchungs-Unternehmen.

Freuen wir uns zunächst, weil wir es offensichtlich gegenwärtig lediglich mit einem Managementansatz in der Sozialwirtschaft zu tun haben und dieser sich einer allgemeinen Periode von Managementansätzen zuordnen lässt. Nicht geklärt ist dabei, ob Sozialwirtschaft und Sozialmanagement unterschwellig dennoch so sperrige Inhalte transportieren, dass sie eine Eingliederung wiederum nicht oder nicht einfach möglich machen. Feststellbar ist, dass das Unternehmen weitgehend vom Import lebt und die Quintessenz dieses Beitrags ist, darauf hinzuweisen, dass dabei das Nachdenken über sich selbst zu kurz gekommen ist.

Die Diskussion in der Sozialen Arbeit im Hintergrund, müsste sich das Widerständige insbesondere aus ethisch-moralischen Kategorien, die mit dem Wesen der Sozialen Arbeit verbunden sind, ergeben. Eine eindeutige Abgrenzung ergäbe sich, wenn Management prinzipiell nicht in der Lage wäre, sich an ethischen Kategorien auszurichten bzw. wenn Ökonomik und Ethik sich ausschließen würden.

Nun gibt es die Diskussion über ethische Kategorien in der Managementlehre auch (vgl. z. B. Hemel 2005, McNamara 2005). Steinmann und Schreyögg verhandeln das Verhältnis des Managements zu seinen Bezugsgruppen im Spannungsverhältnis zwischen den beiden Handlungstypen „erfolgs- und verständigungsorientiertes Handeln" (Steinmann/Schreyögg 2000, 76 ff). Das verständigungsorientierte Handeln ist dabei der Typus, der auf Kommunikation und Verständigung, Verantwortung und Konsensbildung aufbaut und damit auch mit Kategorien der Sozialen Arbeit kompatibel wäre. Im erfolgsorientierten Handeln, das nicht reflexiv in den Kommunikationszusammenhang mit Bezugsgruppen rückgebunden ist, stecken die Gefahrenquellen, die da z. B. sind: andere Menschen als Mittel für wirtschaftliche

Ziele zu benutzen, Macht missbrauchen usw. Diese Unterscheidung von Steinmann und Schreyögg ist insofern wichtig für die Diskussion über Management in der Sozialwirtschaft als sie deutlich machen können, dass es keine ökonomische Rationalität „an sich" gibt, die im Prinzip mit ethischen Kategorien der Sozialen Arbeit kollidieren muss.

> „*Ökonomische Rationalität* ist – richtig verstanden – somit immer eine *abgeleitete* Rationalität und bleibt als solche kritikzugänglich und legitimationsbedürftig und darf nicht dogmatisiert werden. Es gibt keine „von Hause aus" ökonomische Rationalität, die sich gleichsam nur aus sich heraus legitimieren kann; die Freistellung der „subjektiven Handlungsrationalität" in ökonomischen Handlungszusammenhängen bleibt immer als politischer Akt selbst noch einmal begründungsbedürftig ..." (Steinmann/Schreyögg 2000, 81). Zumindest theoretisch ist damit den Ansätzen des Sozialmanagements die Substanz für die Abgrenzung genommen. Managementansätze sind von ihrer theoretischen Konstruktion sehr wohl in der Lage, ethische Kategorien aufzunehmen. Wohlgemerkt, wir wollen hier nicht diskutieren, ob Manager in der Praxis verantwortungsvoll und nach ethischen Prinzipien handeln. Unsere rein theoretische Fragestellung lautet: Gibt es ausgearbeitete Managementansätze bzw. -modelle, in denen ethische Kategorien explizit vertreten werden? Die Frage kann mit ja beantwortet werden.

Als Beispiel kann ein Managementmodell aus unserem Kulturkreis, das gesellschaftliche und ökologische Verantwortung hervorhebt – das St. Galler Managementmodell – angeführt werden (Bleicher 1991, Gomez 1998, Rüegg-Stürm 2002, Ulrich 2001). Das Modell soll hier nicht beschrieben werden. Die nachfolgende Abbildung (Abb. 18) kann die Zielausrichtungen und Orientierungen insofern andeuten, als in den Begriffen Verantwortung und Verbindlichkeit die gesellschaftliche Einbindung wie die Einbeziehung der Stakeholder zum Ausdruck kommen. Der Anknüpfungspunkt zu den Aussagen von Steinmann/Schreyögg und gleichsam ihre Untersetzung ist das von Peter Gomez im Rahmen des St. Galler Managementmodell vorgestellte „VIP-Konzept". Die Einbindung aller sog. „Stakeholders" (Shareholder, Mitarbeitende, Kunden, Lieferanten, Öffentlichkeit usw.) in eine konsequente Wertorientierung und einen Weg, der von der *Vision* zur *Prozessorganisation* (daher: VIP-Konzept) führt, wird hier entworfen.

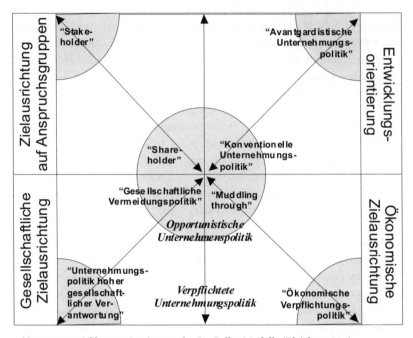

Abb. 18: Entwicklungsorientierung des St. Galler Modells (Bleicher 1991)

Dieses Beispiel eines Managementmodells kann andeuten, dass der Bestandteil ethischen Kategorien in den Konzepten des Managements keine Besonderheit des Managements in der Sozialen Arbeit ist. Es existiert das Gebiet der Wirtschaftsethik (vgl. Enderle/Homann/Honecker/Kerber/Steinmann 1993). Ohne hier ins Detail zu gehen, kann geschlussfolgert werden, dass die Kategorie Ethik offensichtlich für ein Management in der Sozialwirtschaft keine solch zentrale Besonderheit darstellt, dass sich daran ein prinzipieller Unterschied und ein Hebel zur Abgrenzung von der generellen Managementlehre festmachen lässt. Es kommt erschwerend hinzu, dass sich in den oben erwähnten Publikationsreihen des Sozialmanagements bzw. des Managements in der Sozialwirtschaft Querverbindungen zum St. Galler Modell feststellen lassen. Entweder kann ein ethisch und moralisch rückgebundenes, reflektiertes und verantwortliches Management nur auf eine bestimmte Weise konzipiert werden, so dass auf bewährte Modelle zurückgegriffen wird, oder der ganz andere Entwurf ist bisher lediglich nicht angegangen worden. Dabei ist keineswegs auszuschließen, sondern sogar sehr plausibel, dass aufbauend auf ethischen Kategorien der Sozialen Arbeit ein konsistentes Sozialmanagement-Modell entwickelt werden könnte.

8. Suche nach einem geeigneten Wissenschaftstyp und Forschungsansatz

Versuchen wir nun nicht noch mehr Türen durch weitere Fragestellungen und Abgleiche aufzumachen, sondern die Vielfältigkeit der Suchbewegung zwar nicht einzugrenzen, jedoch zu systematisieren.

8.1 Die bisherigen Abgleiche

Das bisherige Vorgehen im vorliegenden Beitrag kann folgendermaßen charakterisiert werden: Es wurde das Sozialmanagement bzw. das Management der Sozialwirtschaft (C) mit der entstehenden Disziplin der Sozialen Arbeit (A) und mit der Managementlehre (B) in Verbindung gebracht, um Unterschiede und Anknüpfungsmöglichkeiten zu finden. Dabei wurde festgestellt, dass die Managementlehre für die Sozialwirtschaft und die Soziale Arbeit (C) weder aus der generellen Managementlehre (B) einfach ableitbar ist, noch einfach in das theoretische Gebäude der Sozialen Arbeit (B) aufgenommen werden kann. Gleichfalls kann sich die Soziale Arbeit (A) bei der Bestimmung des Managements für den eigenen Sektor (C) nicht einfach „heraushalten". Dieser ist aber auch nicht ohne die bereits existierende Theoriebildung der allgemeinen Managementlehre (B) konstruierbar. Die Möglichkeit, dass Sozialmanagement bzw. Management in der Sozialwirtschaft (C) in Abgrenzung zur Sozialen Arbeit (A) und Managementlehre (B) völlig selbstständig operieren, d.h. eine Selbstverortung als eigene Disziplin vornehmen, erscheint nach den vorausgehenden Aussagen auch nicht erfolgversprechend, da die nötige Substanz zur Abgrenzung fehlt. Dennoch scheint Distanz zwischen den eigenständigen Überlegungen des Sozialmanagements bzw. des Managements der Sozialwirtschaft (C) sowohl gegenüber der Sozialen Arbeit (A) als auch der Managementlehre, die in der Wirtschaftswissenschaft gewachsen ist (B) geboten, da sonst die Gefahr besteht, dass die Besonderheiten des Managens im sozialen Sektor (C) durch die Dominanz von Sichtweisen der Sozialen Arbeit (A) oder der Wirtschaftswissenschaft (B) untergehen.

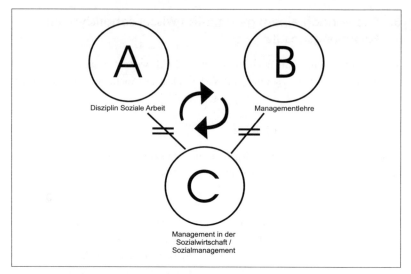

Abb. 19: Abgleich des Sozialmanagements mit Sozialer Arbeit und Managementlehre (Wöhrle)

8.2 Wie das Eigenständige gewinnen?

Für die Suche nach Besonderheiten für das Sozialmanagement bzw. Management in der Sozialwirtschaft benötigen wir etwas Eigenes, aus der Distanz Operierendes, das aufschließenden Zugang zu bereits bestehenden Wissensbeständen und Theoriegebäuden hat.

Kommen wir auf die eingangs aufgeworfene Fragestellung zurück, warum sich die Wissensproduktion im Sozialmanagement so pragmatisch verhält, und ob dem ein bekannter „Typ" von Wissenschaft entspricht. Michael Gibbons konstatiert einen neueren Modus der Wissensproduktion (Modus 2), der primär auf die Bearbeitung von Handlungsproblemen und erst sekundär auf Erkenntnisprobleme zielt. Mit Transdisziplinarität wird nach rasch verfügbaren Erkenntnissen zur Beantwortung aktuell drängender Fragen gesucht. Darin kommt eine gewachsene Verantwortung der Wissenschaftler gegenüber der Gesellschaft zum Ausdruck, die mehr wiegt als die Verantwortung vor den Fachkollegen. In die Wissensproduktion einbezogen sind allerdings damit auch mehr Experten weit über die Hochschulen hinaus. Es kommt zu einer „social distributed knowledge production" (Gibbons et al. 1994, III ff.; vgl. auch Wendt in diesem Band S. 25). Die Einsortierung und Reflexion steht später an.

Es wird offensichtlich nicht mehr der herkömmliche Weg (Modus 1) beschritten, die Sozial- und Wirtschaftswissenschaften aus der alten Philosophie „herauszumeißeln". Pädagogik, Soziologie, Psychologie und später auch die Politikwissenschaft und die Wirtschaftswissenschaft bildeten sich durch Abgrenzung heraus. Der Schnitt, also die Eingrenzung dessen, für was sich die Disziplin zuständig hält, bilden den Schritt in die Eigenständigkeit. Fand auf dem bisherigen Weg eine Reduktion der Komplexität statt, so folgten die Problem-, Aufgaben- und Fragestellungen der Praxis verschiedener Professionen nicht der Logik der Disziplingründung. Transdisziplinarität ist offensichtlich seit den 1970er Jahren die Antwort darauf, die Scheidung der Wissenschaften voneinander und vom gesellschaftlichen Bedarf an Wissen zu überwinden.

Hinzuziehung „fremden" Fachverstandes und Wissens, Anreicherung des eigenen Blickwinkels und über den Tellerrand der eigenen Disziplin hinaussehen, mit verschiedenen disziplinär geschulten Betrachtungsweisen denselben Gegenstand unter die Lupe nehmen usw. werden notwendige Vorgehensweisen, die Folgen haben, denn es müssen nun natürlich unterschiedliche Ergebnisse, die auf unterschiedlichen Kontexten gewonnen wurden und erklärt werden, unter einen Hut gebracht werden. Es wird eine zusammenwirkende Forschung mit interdisziplinären und transdisziplinären Ansätzen notwendig. Die multifaktoriellen Erklärungen von Problemstellungen verlangen auch nach Metatheorien, die nicht mehr aus einer Disziplin geleistet werden können. Das Zusammenwirken selbst verlangt nach Metatheorien, die jedoch die Philosophie nicht mehr zur Verfügung stellt, sondern inmitten besonderer Schnittstellen gewonnen werden müssen.

Wenn wir für das Management in der Sozialwirtschaft und das Sozialmanagement eine wissenschaftliche Verortung suchen, so sind unsere zentralen Bezugswissenschaften relativ neue, die sich – bei allen inhaltlichen Unterschieden[6] – eher für Mangelzustände und deren Behebung – also praktische Lösungen zuständig fühlen. Die Soziale Arbeit behandelt soziale Problemlagen und solche der verschiedenen Lebenslagen, die Wirtschaftswissenschaft Verteilungsprobleme und ihre Manage-

---

6 „Selbstverständlich" im Sinne von unproblematisch vertragen sich betriebswirtschaftliches und sozialpädagogisches Denken nicht. Während betriebswirtschaftliches Denken von einer Mangelsituation ausgeht und auf eine gerechte Verteilung auf einem ideellen Markt setzt, an dem alle gleich beteiligt sein können, geht Soziale Arbeit von der gesicherten Erkenntnis einer Benachteiligung ihres Klientels aus. Es kann eben nicht an diesem Markt zu den gleichen Konditionen wie der Durchschnitt teilnehmen. Man könnte sogar sagen, dass die Prinzipien des Marktes wie Wettbewerb, Konkurrenz und Leistungsdruck es dem Klientel der Sozialen Arbeit verunmöglichen, dabei sein zu können.

mentlehre Steuerungsprobleme. In allen Fällen handelt es sich um Wissenschaften, in denen „Handlungs- oder Interventionswissen oder technologisches Wissen" (Sommerfeld 1996, 28) erzeugt wird.[7]

In diesen Fällen werden mit der Anwendung (dem Handeln, der Intervention) begründete Fragestellungen aufgeworfen und Aufgabenstellungen verfolgt, mit denen bereits existierende Erklärungsansätze „durchgefiltert" werden. Die folgende Abbildung zeigt dies am Beispiel der Fragestellungen der Sozialen Arbeit.

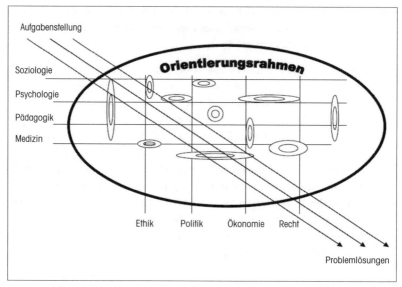

Abb. 20: Die transdisziplinäre Vernetzung der Wissenschaft der Sozialen Arbeit (Wendt 2005, 6)

---

7 „Das durch Wissenschaft erzeugte Wissen gliedert sich in drei Typen (Bunge 1985; Patry/Perrez 1982a und Olbrecht in diesem Band):
   a. Es wird Faktenwissen erzeugt.
   b. Es werden beschreibende oder erklärende Theorien über Zusammenhänge von Fakten und Phänomenen gebildet.
   c. Es wird auf die beiden anderen Typen bezogenes Handlungs- oder Interventionswissen oder technologisches Wissen erzeugt.
   Wissenschaftstheoretisch sind Disziplinen, die sich als spezialisierte Disziplinen mit Fragen des dritten Typus beschäftigen, „technologische Wissenschaften" oder „Handlungswissenschaften" oder „pragmatische" oder „praxeologische" oder „angewandte Wissenschaften". Ich stelle die Begriffe unkommentiert nebeneinander, weil sie trotz einiger möglicherweise bedeutungsvoller Unterschiede einen gemeinsamen Bezugspunkt haben: den konstitutiven Handlungsbezug ..." (Sommerfeld 1996, 28).

Es ist dabei notwenig, sich auf verschiedene Logiken der befragten Wissenschaften einzustellen. Für das Sozialmanagement werden dabei insbesondere folgende Logiken bemüht:

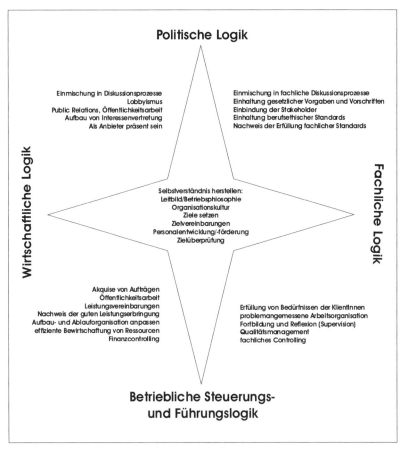

Abb. 21: *Managementlogiken in der Sozialwirtschaft (Wöhrle 2003, 151)*

Das gewonnene „Substrat" aus der Befragung der Basiswissenschaften wird benutzt, um die Fragen der konkreten Praxis zu beantworten und die Aufgabenstellungen zu erledigen. Mit der Benutzung bzw. Anwendung entstehen neue Erfahrungen. Mit der Anhäufung dieser Erfahrungen entsteht etwas Eigenes, das nicht mehr allein den befragten und genutzten Bezugswissenschaften zugerechnet werden kann, weil es ja unter einem bestimmten Blickwinkel genutzt, reflektiert und ausgewertet wurde. Und dennoch erscheint es eine sehr dünne Substanz für das Selbstverständnis auch einer transdisziplinär operierenden Disziplin, eines Faches oder einer Forschungsrichtung zu sein, wenn lediglich Fragestellungen und ein paar Ergebnisse bei der Anwendung von Wissen aus anderen Disziplinen bei diesem Filterungsvorgang „hängen" blieben. Wenn aber zu wenig eigenständige Substanz vorhanden ist, kann es möglich sein, dass Fragen weder gestellt noch behandelt werden können. „Denn die Gefahr des referenzwissenschaftlichen Blicks besteht nicht zuletzt darin, dass er die Ausklammerung von solchen Fragestellungen zur Konsequenz hat, die keine Entsprechung in einer der Bezugswissenschaften finden" (Dewe/Otto 1996, 23).

Wie gehen nun die beiden Wissenschaften vor, auf die sich die Suchrichtung Sozialmanagement vornehmlich beziehen muss?

Verhält sich die Managementlehre als kleinräumige (also nicht die Wirtschaftswissenschaft umfassende) Veranstaltung bescheiden und beansprucht wissenschaftslogisch lediglich einen infradisziplinären Zugang (Steinmann/Schreyögg 2000, 37[8]), so ist die Soziale Arbeit breiter und mit einem interdisziplinären Anspruch angetreten. Allerdings würde sie sich wissenschaftslogisch „einen Bruch heben", würde sie ihre Bezugswissenschaften Pädagogik, Soziologie, Politologie, Jura, Medizin usw. disziplinär zu integrieren suchen. Laut Wendt ist lediglich ein transdisziplinärer Zusammenhang herstellbar:

> „Das heißt, es wird nicht der Anspruch erhoben, z.B. einen Teil der Entwicklungspsychologie oder etwa die Aggressionsforschung subdisziplinär neu in der Wissenschaft der Sozialen Arbeit zu verorten. Auch nicht, aus den Teilstücken ein Kondominium mit der Psychologie oder der Soziologie zu machen. Der *Alltag* von Kindern und Jugendlichen allerdings enthält eine komplexe Problematik, die von verschiedenen Disziplinen bearbeitet wird. Die Sozialarbeitswissenschaft ist an einem offenen Austausch darüber interessiert, wie diese Problemkomplexe zu verstehen und wie sie zu lösen sind. Die Disziplin stellt einen *Orientierungsrahmen* und eine *Plattform* für diesen Austausch bereit, ohne auf ihr die Beiträge verschiedener Disziplinen neu zu deklarieren. Was psychologisch ist, soll psychologisch bleiben und was pädagogisch-didaktisch vorgebracht wird, soll auch so kenntlich bleiben. Es ist aber auf die Aufgaben- und Problemstellungen Sozialer Arbeit zu beziehen und in dieser Anwendung zu verorten" (Wendt 2005, 6).

---

8 Siehe weiter oben im Text.

Die Disziplin der Sozialen Arbeit kann also nicht alles rekonstruierend und integrierend nacharbeiten, was in anderen Wissenschaften geboten wird, aber sie kann einen Orientierungsrahmen und eine Plattform für Beiträge aus anderen Disziplinen bieten. Dafür braucht sie wiederum – wir waren schon mal so weit – eine eigene Substanz. Ohne diese entstände die Gefahr, dass fachlicher Beiträge aus ihren Bezugswissenschaften lediglich addiert würden. Jede Wissenschaft muss ihren Bezug zum umfassenden System Gesellschaft, einen Bezug zu sich selbst und zu den anderen Teilsystemen der Wissenschaft ausbilden (vgl. Neidhardt 1979).[9] Im Bezug zu sich selbst klärt sie, wie sie sich selber versteht und eingeordnet sieht und was der Gegenstand ihrer Beschäftigung ist. Dadurch erklärt sich ihr Blick auf die anderen Teilsysteme, die praktische Herangehensweise und forschende Auswertung der Erfahrungen, die mit den Erkenntnissen aus den Bezugswissenschaften gewonnen werden konnten. Mit den Selbst(er)klärungen und Abgleichen mit anderen Wissenschaften sowie den Forschungsergebnissen und Erfahrungen, die unter dem eigenen Blickwinkel und mit eigenen Methoden gewonnen wurden, reichert sich ein spezifischer Fundus von Eigenständigem an. In der Folge geht es der speziellen Wissenschaftsentwicklung um eine Profilgewinnung als eigenständige Instanz und damit doch wieder um Abgrenzung, jedoch auch um die Klärung der Verbundenheit mit den Bezugswissenschaften, ohne die sie nicht auskommt.

Schauen wir zunächst, was die Disziplin Sozialer Arbeit zu ihren ureigenen Angelegenheiten rechnet. Dazu gehören mit Sicherheit

- ihr Gegenstand (soziale Probleme und Entwicklungsprobleme in ihrer Genese, ihren Formen und Folgen),
- ihre Eingebundenheit in gesellschaftliche Zusammenhänge (hier müssten neben den sozialpolitischen Bezügen und denen zum Alltag der Gesellschaftsmitglieder auch sozialwirtschaftliche und organisationale Zusammenhänge eingearbeitet sein),
- ihre eigene Geschichte und ihre eigenen Methoden sowie eigenständige Theoriebildungen,
- ihre eigenen Werte und Normen,
- ihre Handlungsfelder, Interventionsmöglichkeiten und die Profession,
- ihre Forschungsmethoden und ihr reflexiver Blick auf die Praxis.

---

[9] „Als Teilsystem im gesellschaftlichen Kontext anderer Teilsysteme besitzt es [das System Wissenschaft] dauerhaft drei Systemreferenzen, die es zu regeln gilt; den Bezug zu sich selbst, den Bezug zum umfassenden System Gesellschaft und den Bezug zu anderen Teilsystemen, etwa der Wirtschaft, der Religion, der Politik etc." (Neidhardt 1979, 325).

Da alle Handlungswissenschaften ähnliche Bestände aufweisen und sich ähnlichen Fragen stellen müssen, schenken wir uns an dieser Stelle den Blick auf die Managementlehre und wenden wir diese abstrakten Stichworte als Raster für das Sozialmanagement bzw. das Management in der Sozialwirtschaft an. Dabei bleibt im Hinterkopf, dass auf der Basis dessen, was theoretisch auffindbar ist, gegenwärtig keine eigenständige Disziplin angestrebt werden kann, höchstens ein Fach festgestellt werden kann, das nach seiner Heimat sucht. Aber auch eine Suchrichtung, die sich disziplinär nicht einfach zuordnen kann, muss eine Selbstdefinition vornehmen, um genügend eigene Substanz zu haben, auch solche Fragen stellen zu können, die in den befragten Disziplinen nicht vorkommen.

9. Vorläufiges Fazit

Bei so viel Abgleich und Unklarheit sollte am Ende auch etwas stehen, das herausgefunden wurde. Und es sollte deutlich werden, wie es weitergehen kann.

Hinsichtlich des Gegenstandes konnten wir ein bequemes Andocken an die Managementlehre feststellen. Auch unser Management muss sich mit Steuerungsproblemen befassen. Dabei konnte zwischen Sozialmanagement und Management in der Sozialwirtschaft differenziert werden. Die Wirtschaftswissenschaft bietet zwar Ausbildungen für den Zweig des Wirtschaftens in sozialen Organisationen an, befasst sich aber kaum theoretisch mit ihm. Die Frage, ob dies nicht notwendig ist, weil im Rahmen der Wirtschaftswissenschaften alles gesagt ist, was auch für das Sozialmanagement gilt, kann als verneint angesehen werden. Bereits die Entstehungsgeschichte bedürfte eines eigenen Kapitels. Sozialmanagement entsteht in einer Umbruchsituation und ist dem Umbruch der sozialpolitischen Steuerungsmechanismen geschuldet. Auch wenn der Umbruch zur Seite der „Verbetriebswirtschaftlichung" hin erfolgt, kann Sozialmanagement nicht einfach vereinnahmt werden. Die organisationale Einbindung liegt immer noch quer zu den Wirtschaftswissenschaften, denn es sind insbesondere die von „normalen" profitorientierten Unternehmen abgegrenzt definierten Organisationen (im öffentlichen, Nonprofit-, Nongovernment- und Dritten Sektor), die gemanagt werden sollen. Auch ist die Sozialwirtschaft für die Wirtschaftswissenschaft keine alltägliche Größe. Wenn eine Einbindung erfolgen soll, müsste einiges eingearbeitet werden.

Betrachtet man die einschlägigen Publikationen und die wie Pilze aus dem Boden schießenden Studiengänge Sozialmanagement an Fachbereichen Sozialer Arbeit, so kommt man zu dem Schluss, dass die entstehende Disziplin der Sozialen Arbeit entgegen der Wirtschaftswissenschaft sehr an dem neu entstandenen Phänomen interessiert ist. Allerdings behandelt sie das Sozialmanagement hinsichtlich ihrer Theoriebildung ambivalent. Zwar dringen unmerklich Bestandteile ein, aber ebenso wird es als ganzer Brocken abgewehrt und nur wenige Autoren und Autorinnen sehen Chancen für die Theoriebildung Sozialer Arbeit, wenn man sich näher mit dem Management des Bereichs beschäftigt. Die Rückwirkungen in die Diskussionszusammenhänge der Sozialen Arbeit bezüglich der Erkenntnisse über Qualitätsentwicklung sind deutlicher ausgeprägt als über neuere Erkenntnisse betriebswirtschaftlicher Steuerungsmechanismen. Deshalb sollte über das von mir eingeführte Hilfskonstrukt nachgedacht werden, Sozialmanagement durchaus näher an der Fachlichkeit Sozialer Arbeit zu definieren als das Management der Sozialwirtschaft. Offensichtlich existieren unterschiedliche Geschwindigkeiten hinsichtlich der Aufarbeitung neuer Erkenntnisse. Vielleicht ist dies aber auch ein Indiz für Unvereinbarkeiten. Ebenso wird der Begriff der Sozialwirtschaft, in dem Wendt alle Aspekte der Dienstleistungserbringung Sozialer Arbeit aufgehoben sehen will und der damit in allen Punkten anschlussfähig ist, nicht zügig in die Theoriebildung der Sozialen Arbeit eingearbeitet. Es rächt sich die Distanz zur Volks- und Betriebswirtschaft in den nach 1945 eingerichteten Ausbildungsgängen Sozialer Arbeit. Wir haben es hier mit einem fachlich nicht begründeten Bruch mit den frühen Konzepten von Alice Salomon zu tun. Auch wenn die Nähe zur Sozialpädagogik dies erklären mag, bleibt doch erklärungsbedürftig, weshalb die auf Sozialarbeit ausgerichteten Fachhochschulen hier keine deutlich anderen Akzente setzten. Damit bleibt die Nahtstelle zu einer integrierenden Theoriebildung nach wie vor brüchig.

In der Distanz als Sozialmanagement zur Wirtschaftswissenschaft und Sozialen Arbeit gleichermaßen ist einiges entstanden, sozusagen aus der Not geboren. Sozialmanager und Sozialmanagerinnen mussten ausgebildet werden und sie sollten auf ihr Tun hin möglichst gut theoretisch und methodisch vorbereitet werden. Hiervon kündet die Literatur. So entwickelt sich ein Fach. Es existiert eine Lehre, in der Institutionen und Organisationen vorgestellt werden. Hier wird die Frage beantwortet: „Wer tut was?" Ebenso werden Funktionen vorgestellt unter dem Motto: „Was ist zu tun?" Da nicht einfach das Programm der Wirtschaftswissenschaft übernommen werden kann, wird auf die Besonderheiten des Wirtschaftens eingegangen, sozusagen die Frage beantwortet: „Was ist anders?" Hier bekommt der Aspekt der Sachziele entgegen der Formalziele Raum, hier wird auf Standards und auf Besonderheiten des öffentlichen Wirtschaftens eingegangen. Und schließlich bindet die Lehre von der Führung und Leitung – unter der Fragestellung: „Wie ist das zu tun, was zu tun ist?" – reflektorisch ethisch-moralische Kategorien der Sozialen Arbeit ein. Diese eigenständige Lehre des Sozialmanagements, die zentral an Fachbereichen der Sozialen Arbeit angesiedelt ist, fordert geradezu heraus, die Abgrenzungen und die eigene Substanz deutlicher herauszuarbeiten. Es ist für die Studiengänge Sozialmanagement (in den konkreten Fachbereichen haben sie sehr unterschiedliche Namen – vgl. Albert 2003) eine herausragende Aufgabe, mehr

Material hinsichtlich des abgrenzbaren Eigenen vorzulegen und dieses im Abgleich zu sortieren und zu bewerten. Gleichzeitig ist feststellbar, dass zwar unterschiedliche Ansätze unterschieden wurden, jedoch dass alte Kategorien verworfen werden müssen und sich in der heutigen Landschaft – obwohl mehr Literatur als zu Zeiten erster Unterscheidungen produziert wurde – eher eine sich angleichende Lehrmeinung durchsetzt (Wöhrle 2005 a). Damit ist nicht ausgesagt, dass sich nicht doch unterschiedliche Richtungen ausgebildet haben. Die Aussage bedeutet lediglich, dass sie weder hinsichtlich ihrer Unterscheidung in wesentlichen Details noch im Sinne der Prüfung ihrer Tauglichkeit für eine Theoriebildung erforscht sind.

Feststellbar ist eine eigene Forschung in den Studiengängen des Sozialmanagements hinsichtlich der Ausbildungsgänge für Sozialmanager (Boeßenecker/Markert 2003), nicht jedoch hinsichtlich deren Einsatzgebiete (bis auf wenige Verbleibstudien von Hochschulabsolventen an einigen Hochschulen). Untersuchungen, die Kriterien für die Abgrenzung zwischen dem Managen in unterschiedlichen Sektoren des Wirtschaftens entwickelt haben, sind mir nicht bekannt. Der Bedarf für Forschung hinsichtlich des Managements in der Sozialwirtschaft ist mannigfach. Er existiert hinsichtlich einer „Grundlagenforschung", mit der ein Bezugssystem geschaffen wird, das eine Verbindung herstellt zwischen sozialen Problemlagen, Maßnahmen zur Behebung dieser Problemlagen, abhängig von den nationalen und internationalen sozialen Systemen, die an der Problemlagenbeseitigung arbeiten und vergleichend zwischen ihnen. Darauf bezogen müssen Daten erhoben werden, die sowohl in Bezug auf Organisierung der Problembearbeitung durch administratives und Sozialmanagement (im Ausschnitt nachdem die politisch verhandelbaren Ziele feststehen bis zur Art der Ergebnisüberprüfungen und den Ergebnissen selbst) als auch in Bezug auf das Management der mit der Problembearbeitung beauftragten Organisationen (inklusive deren Ausstattung, Personal, Kosten, Leistungen und Art des Managens) Vergleiche zulassen. Die volkswirtschaftlichen Größendimensionen (sowohl der Schäden durch soziale Problemlagen als auch des Nutzens ihrer Beseitigung) muss im Vergleich zu anderen Sektoren verdeutlicht werden, wobei eine Vergleichsgröße (in Annäherung der Leistungen an das Bruttoinlandprodukt oder der Sozialleistungsquote) erforderlich wäre. Eine Utopie wäre, neue Bezugsgrößen aufgrund der Bedeutung des sozialen Faktors zu erfinden. Hinsichtlich der bereits existierenden Anwendungs- und Praxisforschung, die den Praktikern im Managementgeschäft Anhaltspunkte und Anregungen liefert, sollte eine deutlichere Vernetzung hergestellt werden, so dass auf Daten schneller zugegriffen werden kann.[10]

---

10 Auf welche Fragestellungen sich die Forschung im Einzelnen beziehen sollte, kann an anderer Stelle deutlicher nachgelesen werden (Wöhrle 2003, 170 ff).

Wenn beide Aspekte der systematischen Wissensvermittlung und der Forschung ernsthaft betrieben werden, so müsste das Fach Sozialmanagement eigenständige Entwürfe vorlegen, die Herausforderungen für die exponierten Bezugswissenschaften (hier gebündelt benannt als Wirtschaftswissenschaft und Soziale Arbeit) darstellen. Dieser Weg der Klärung von hereingeholten und zu klärenden Begrifflichkeiten und eigenständiger Forschung würde dem „Modus zwei" der Wissensgewinnung (nach Gibbons 1994) entsprechen. Hier entstünde dann etwas, das nicht der eigenlogischen Ausdifferenzierung bestehender Wissenschaften folgt, sondern in Folge gesellschaftlichen Bedarfs und als Herausforderung an das bestehende Wissenschaftssystem angemessene anwendungsorientiertes Wissen liefert. Weil es sich bei den exponierten Bezugswissenschaften um relativ junge und nicht sonderlich gefestigte handelt, wäre dieser Vorgang – und er findet vermutlich statt – ein besonders spannend zu beobachtender.

Mit dem Ausgesagten sind Abgrenzungen aufgrund von verweigerten Annahmen in bekannte Terrains von Wissenschaften benannt und damit eine eigene Suche des Sozialmanagements festgestellt worden, die noch nicht weit gediehen ist, aber zumindest eine Spur hinsichtlich einer eigenen Wissensgewinnung unabhängig von vorschneller Verortung in einer Disziplin gefunden hat.

Wenn wir eher auf Sicherheit und eine Zuordnung aus sind, so zeichnen sich gegenwärtig bereits eindeutige Zuständigkeiten ab:

- Das fachliche Management (hier bezeichnet als Sozialmanagement) würde in den Zuständigkeitsbereich der entstehenden Disziplin der Sozialen Arbeit fallen, damit alle Fragen der Qualitätssicherung und -entwicklung, ein großer Teil der Personalentwicklung und ein begrenzter Teil der Betreuung der Stakeholder.
- Das betriebswirtschaftliche Management würde aus den Betriebswirtschaften rekrutiert werden, ihm fielen das Rechnungswesen, das Controlling, die Erschließung neuer Finanzierungsgrundlagen usw. zu.
- Spezielle Rechtsfragen (Gemeinnützigkeit, spezielle Rechtsformen von Organisationen etc.) blieben – wie immer – den Juristen vorbehalten, die sich nahe an der spezifischen Fachlichkeit ansiedeln.
- Weite Teile wie z. B. Organisationsentwicklung, Marketing, Stakeholderbetreuung, insbesondere aber die fachlich untersetzte Erschließung neuer Finanzierungsquellen wären strittig, die Zuordnung müsste im produktiven Streit geklärt werden (wobei Doppelzuständigkeiten kein prinzipielles Problem darstellen).
- Für das Ganze wäre das Management in der Sozialwirtschaft zuständig. Der Begriff böte die notwendige Breite.

So einleuchtend dies erscheint, halte ich diese Aufteilung für *verfrüht*, denn damit würde gerade in dieser frühen und kritischen Phase das Wirtschaften aus dem Gebiet der Sozialen Arbeit abgegeben. Wendt interveniert hier mit dem ausgearbeiteten Begriff der Sozialwirtschaft – wohlwissend, dass die Zweckrationalität erfolgsorientierten Handels im Management (Steinmann / Schreyögg 2000), die an den Klienten orientierte Fachlichkeit der Sozialen Arbeit durch die an den Auftraggebern orientierten Erfolgsorientierung überrannt werden kann. Hinsichtlich der gesamtgesellschaftlichen Einbindung wäre damit ein Brückenkopf aufgegeben. Auch andere Verhältnisbestimmungen – wie im dritten Punkt benannt – könnten neu ausgetragen werden, wenn nicht vorschnell zugeordnet wird. Zumindest müssten die grundverschiedenen Rechenschaftslegungen im innerbetrieblichen Ausgleich gleichrangig angesiedelt werden können. Ein Hilfskonstrukt hierfür könnte das doppelköpfige Management, zusammengesetzt aus wirtschaftlicher und fachlicher Leitung sein. Allerdings handelt es sich leider hierbei nicht um einen theoretisch auszutragenden Disput, denn die Praxis wird es aufgrund ihrer Handlungszwänge richten. Die Wissenschaft wird anschließend feststellen dürfen, wie die Verhältnisbestimmung ausgegangen ist.

Sowohl die Profession des Managements in der Sozialwirtschaft wie die, die sich eher als Sozialmanagement bezeichnet, erarbeitet sich langsam ihre „Heimat" über Tagungen und Publikationen, die jedoch weder der Sozialen Arbeit noch der Wirtschaftswissenschaft zugerechnet werden können. Wenn ein Trend zum „Eigenständigen" feststellbar ist, dann dieser. Allerdings folgt er einer praktischen, nicht einer wissenschaftslogischen Ausrichtung. Doch warum sollte der Druck nicht von der Praxis ausgehen?

Die Wissenschaft ist allerdings aufgefordert, das zu verarbeiten, was aus intensiven Anstrengungen aus der Praxis an Anfragen entsteht und was als Sortierungsbedarf durch die uferlos entstandenen Publikationen unter der Rubrik des Sozialmanagements als Materiallage bereits entstanden ist. Der vorliegende Beitrag will dazu herausfordern, dass eine Sichtung erfolgt. Die Vorstellung einer stringenten Theorienbildung ist dabei in weiter Ferne. Allerdings sollte diese Feststellung alle Absolventen und Absolventinnen von Studiengängen des Sozialmanagements herausfordern. Hier konnte lediglich ein oberflächlicher Abgleich geliefert werden, der mehr Fragen aufwirft, als dass bereits Klärungen möglich sind. Mein Anliegen ist, dass dieser Versuch als Baustelle benutzt wird, auf dem verschiedene Anhaltspunkte und Materialien gefunden werden können, die zu eigenständigen Fragestellungen, Hypothesen, Untersuchungen empirischer Natur, Literaturstudien etc. herausfordern. Es liegt viel vor, aber es wurde selten noch einmal unter einem kritischen Blick darüber gegangen. Es ist Zeit, dass das kritische Reflexionsvermögen, das die entstehende Disziplin der Sozialen Arbeit an anderer Stelle trefflich demonstriert, nun auch auf das Sozialmanagement angewandt wird. Und – noch eine Stufe höher hinsichtlich des Reflexionsvermögens – sollte nun damit begonnen werden, an der Identitätsfindung des Sozialmanagements zu arbeiten. Es ist ja nicht nur ein Fach im Wissenschaftsbetrieb heimatlos, es sind ja auch seine Absolventen und Absolventinnen.

Literatur

Albert, S.: Vergleichende Analyse von an deutschsprachigen Hochschulen angebotenen Sozialmanagement-Studiengängen mit einem akademischen Abschluss anhand ihrer Curricula, Masterarbeit an der Hochschule Mittweida, 2003
Arnold, U./Maelicke, B. (Hrsg.): Lehrbuch der Sozialwirtschaft, Baden-Baden 1998
Badelt, Ch. (Hrsg.): Handbuch der Nonprofit-Organisation. Strukturen und Management, Stuttgart 1999, 2. Aufl.
Bader, C.: Sozialmanagement. Anspruch eines Konzepts und seine Wirklichkeit in Non-Profit-Organisationen, Freiburg i.Br. 1999
Bassarak, H. (Hrsg.): Modernisierung kommunaler Sozialverwaltungen und der Sozialen Dienste, Düsseldorf 1997
Bauer, R.: Gegenstandsdefinition. Arbeitspapier Nr. 1, Observatorium für die Entwicklung der sozialen Dienste in Europa, Frankfurt a. M. 2001, gefunden in Internet am 25.02.2006 unter: http://www.soziale-dienste-in-europa.de/Anlage16855/Arbeitspapier_Nr._1.pdf
Berekoven, L.: Der Dienstleistungsmarkt in der Bundesrepublik Deutschland, Göttingen 1983
Berger, J./Offe, C.: Die Entwicklungsdynamik des Dienstleistungssektors, S. 229 ff, in: Berger, J./Offe, C.: „Arbeitsgesellschaft": Strukturprobleme und Zukunftsperspektiven, Frankfurt a.M. 1984
Bleicher, K.: Das Konzept integriertes Management, Frankfurt am Main usw. 1991
Boeßenecker, K.-H./Markert, A.: Studienführer Sozialmanagement/Sozialwirtschaft an Hochschulen in Deutschland, Österreich und der Schweiz, Baden-Baden 2003
Buttner, P./Katzenmayer, K.: Soziale Arbeit „und so weiter". Ein Überblick über die Studiengänge und Fachbereiche der Sozialen Arbeit in Deutschland, S. 47 ff, in: Blätter der Wohlfahrtspflege 2/2006
Comelli, G.: Training als Beitrag zur Organisationsentwicklung, München und Wien 1985
Corsten, H.: Dienstleistungsmanagement, München und Wien 1997

Decker, F.: Effizientes Management für soziale Institutionen, Landsberg/Lech 1992
Dewe, B./Otto, H.-U.: Zugänge zur Sozialpädagogik. Reflexive Wissenschaftstheorie und kognitive Identität, Weinheim und München 1996
Donabedian, A.: Evaluating the Quality of Medical Care, MMFQ, 4/1966
Donabedian, A.: An exploration of structure, process and outcome as approaches to quality assessment, S. 69 ff, in: Selbmann, H.-K./Überla, K.H. (Hg.): Quality Assessment of medical care, Gerlingen 1982
Effinger, H.: Sozialarbeitswissenschaft als Teildisziplin einer Wissenschaft personenbezogener Dienstleistungen im Wohlfahrtsdreieck, S. 185 ff, in: Merten/Sommerfeld/Koditek, T. 1996
Eichhorn, P.: Das Prinzip Wirtschaftlichkeit. Basis der Betriebswirtschaftslehre, Wiesbaden 2000
Flösser, G./Schmidt, M.: Managementkonzepte in der sozialen Arbeit, S. 88 ff, in: Flösser, G./Otto, H.-U. (Hrsg.): Sozialmanagement oder Management des Sozialen?, Bielefeld 1992
Enderle, G./Homann, K./Honecker, M./Kerber, W./Steinmann, H. (Hrsg.): Lexikon der Wirtschaftsethik, Freiburg/Basel/Berlin 1993
Gehrmann, G./Müller, K. D.: Management in sozialen Organisationen, Berlin, Bonn, Regensburg 1993
Gibbons, M., et al.: The New Production of Knowledge. Sage, London 1994
Gomez, P.: Ganzheitliches Wertmanagement – Von der Vision zur Prozessorganisation, Der VIP-Kreislauf als Klammer moderner Management-Konzepte, S. 62 ff, in: IO Management, Nr. 3/1998
Grunwald, K.: Neugestaltung der freien Wohlfahrtspflege. Management organisationalen Wandels und die Ziele der Sozialen Arbeit, Weinheim und München 2001
Häußermann, H./Siebel, W.: Dienstleistungsgesellschaften, Frankfurt/Main 1995
Haupert, B.: Gegenrede. Wider die neoliberale Invasion der Sozialen Arbeit, gefunden am 24.09.2005 im Internet unter: http://www.qualitative-sozialforschung.de/haupert.htm
Hemel, U.: Wert und Werte. Ethik für Manager – ein Leitfaden für die Praxis, München 2005
Hentschel, B.: Dienstleistungsqualität aus Kundensicht. Vom merkmals- zum ereignisorientierten Ansatz, Wiesbaden 1992
Hottelet, H.: Sozialmanagement: Ein Konzept im Wandel, S. 8 ff, in: SOCIALmanagement 3/1999
Karsten, M.-E.: Sozialmanagement, S. 1757 ff, in: Otto/Thiersch (Hrsg.): Handbuch der Sozialarbeit/Sozialpädagogik 2001, 2. völlig neu überarbeitete und aktualisierte Auflage

Klappenecker, K./Schramm, D.: Organisationsberatung in sozialpädagogischen Institutionen, Dissertation Universität Tübingen 1982

Kocka, J.: Unternehmer in der deutschen Industrialisierung, Göttingen 1975

König, J./Oerthel, Ch./Puch, H.-J. (Hrsg.): Visionen sozialen Handelns. Menschlich + fachlich + wirtschaftlich – ConSozial 2005, München 2006

Kommunale Gemeinschaftsstelle für Verwaltungsvereinfachung (KGST): Wege zum Dienstleistungsunternehmen Kommunalverwaltung. Fallstudie Tilburg. Bericht Nr. 19/1992, Köln

Kramer, D.: Lobbyismus im Sozialmanagement, Studienbrief 2–202–2103 im Rahmen des Postgradualen Fernstudienganges Sozialmanagement des Hochschulverbundes Distance Learning; Bezugsadresse: Service-Agentur des HDL c/o AWW e.V., Magdeburger Str. 50, 14770 Brandenburg oder: vertrieb@aww-brandenburg.de

Maelicke, B. (Hrsg.): Veränderungsmanagement in der Sozialwirtschaft, Baden-Baden 2000

Maier, K.: Überlegungen zur Etablierung einer Sozialarbeitswissenschaft auf dem Hintergrund der Entwicklung der Politikwissenschaft, S. 137 ff, in: Puhl 1996

McNamara, C.: Complete Guide to Ethics Management: An Ethics Toolkit for Managers, gefunden im November 2005 im Internet unter: http://www.managementhelp.org/ethics/ethxgde.htm

Merchel, J.: Einführung in das Studium (des weiterbildenden Verbundstudiengangs Sozialmanagement der Fachhochschule Münster und Niederrhein) hrsg. v. Ministerium für Schule, Wissenschaft und Forschung des Landes Nordrhein-Westfalen (zu beziehen über: Institut für Verbundstudien der Fachhochschule Nordrhein-Westfalen, Haidener Straße 182, 58095 Hagen) Hagen 2000

Merchel, J.: Sozialmanagement. Eine Einführung in Hintergründe, Anforderungen und Gestaltungsperspektiven des Managements in Einrichtungen der Sozialen Arbeit, Münster 2001, 2. Aufl. 2006

Merten, R./Sommerfeld, P./Koditek, Th. (Hrsg.): Sozialarbeitswissenschaft – Kontroversen und Perspektiven, Neuwied, Kriftel, Berlin 1996

Meyer, A.: Marketing für Dienstleistungsanbieter. Vergleichende Analyse verschiedener Dienstleistungsarten, in: Herrmann, A./Meyer, A.: Zukunftsorientiertes Marketing in Theorie und Praxis, Berlin 1984

Morath, F.A./Altehage, M.A.: New Public Management. Ein neues Paradigma?, in: Morath, F.A.: Integrative Verwaltungsreform. Konzepte – Empirie – Erfahrungsberichte. Diskussionsbeitrag 1998 in der Reihe: Management, Forschung und Praxis (hrsg.v. R.G. Klimecki), Universität Konstanz 1998 (veröffentlicht im Internet unter: www.ub.uni-konstanz.de/serials/klimecki.htm)

Müller-Schöll, A. / Priepke, M.: Sozialmanagement. Zur Förderung systematischen Entscheidens, Planens, Organisierens, Führens und Kontrollierens in Gruppen, Frankfurt/M. 1983, 1. Aufl.; 1989, 2. Aufl.

Neidhardt, F.: Praxisverhältnisse und Anwendungsprobleme der Soziologie, S. 324 ff, in: Kölner Zeitschrift für Soziologie und Sozialpsychologie, Sonderheft 21, 1979

Olk, Th.: Abschied vom Experten. Sozialarbeit auf dem Weg zu einer alternativen Professionalität, Weinheim und München 1986

Olk, Th.: Jugendhilfe als Dienstleistung. Vom öffentlichen Gewährleistungsauftrag zur Machtorientierung, S. 11 ff, in: Widersprüche, 14. Jahrgang 1994

Ortmann, F.: Öffentliche Verwaltung und Sozialarbeit, Weinheim und München 1994

Otto, H.-U. / Thiersch, H. (Hrsg.): Handbuch der Sozialarbeit / Sozialpädagogik 2001, 2. völlig neu überarbeitete und aktualisierte Auflage

Otto, U.: Zwischen Drinnen und Draußen. Aspekte des Sozialmanagement in pädagogischen Handlungsfeldern, gefunden am 24.09.2005 im Internet unter: http://w210.ub.uni-tuebingen.de/dbt/volltexte/2002/581/pdf/tobias_festschrift_130902.prn.pdf
Eine thesenförmige frühere Fassung dieses Artikels erschien im Sozialmagazin 2002, 27.Jg., H. 3

Pankoke, E.: Soziales Management: „Systemdenken" und „strategisches Lernen" für soziale Dienste, S. 113 ff, in: Bassarak (Hrsg.): Modernisierung kommunaler Sozialverwaltungen und der Sozialen Dienste, Düsseldorf 1997

Pankoke, E.: Sozial – Wirtschaft. Voraussetzungen und Herausforderungen, unveröffentl. Manuskript 2005

Puch, H.-J. / Westermeyer, K.: Managementkonzepte. Eine Einführung für soziale Berufe, Freiburg 1999

Puhl, P. (Hrsg.): Sozialarbeitswissenschaft. Neue Chancen für theoriegeleitete Soziale Arbeit, Weinheim und München 1996

Rüegg-Stürm, J.: Das neue St. Galler Management-Modell, Grundkategorien einer integrierten Managementlehre, der HSG-Ansatz, Bern usw. 2002

Schaarschuch, A.: Dienstleistung und Soziale Arbeit. Theoretische Überlegungen zur Rekonstruktion Sozialer Arbeit als Dienstleistung, S. 87 ff, in: Widersprüche, 16. Jahrgang 1996; siehe auch: http://www.widersprueche-zeitschrift.de/article723.html

Schellberg, K.: Abgrenzungsmerkmale Sozialmarkt, unveröffentl. Manuskript 2002

Schellberg, K.: Betriebswirtschaftslehre für Sozialunternehmen, Augsburg 2004

Schwarz, G.: Sozialmanagement, München 1994

Schwarz, P.: Management in Nonprofit-Organisationen. Öffentliche Verwaltung und Betriebe, Verbände, Vereine, Parteien, Kirchen und Sozialwerke, Die Orientierung, Nr. 88, Bern 1986

Seibel, W.: Funktionaler Dilettantismus. Erfolgreich scheiternde Organisationen im Dritten Sektor zwischen Markt und Staat. Baden-Baden 1992

Simon, W.: Moderne Managementkonzepte von A – Z, Strategiemodelle, Führungsinstrumente, Managemetntools, Offenbach 2002

Sommerfeld, P.: Soziale Arbeit – Grundlagen und Perspektiven einer eigenständigen wissenschaftlichen Disziplin, S. 21 ff, in: Merten / Sommerfeld / Koditek 1996

Spickers, J.: Die Entwicklung des St.Galler Management-Modells, gefunden im Januar 2006 im Internet unter: http://www.ifb.unisg.ch/org/IfB/ifbweb.nsf/ www.PubInhalteGer/St.Galler+Management-Modell

Steinmann, H. / Schreyögg, G.: Management. Grundlagen der Unternehmensführung, Wiesbaden 1990

Stüdemann, K.: Betriebswirtschaftslehre, in: Corsten (Hrsg.): Lexikon der Betriebswirtschaftslehre, München 2000

Ulrich, H.: Gesammelte Schriften, Band 2, Bern usw. 2001

Wendt, W. R.: Sozialwirtschaftslehre. Grundlagen und Perspektiven, Baden-Baden 2002

Wendt, W. R.: Sozialwirtschaft – eine Systematik, Baden-Baden 2003

Wendt, W. R.: Transdisziplinarität und ihre Bedeutung für die Wissenschaft der Sozialen Arbeit, gefunden im November 2005 im Internet unter: http://www.dgsinfo.de/texte1.shtml

Wöhrle, A.: Jugendhilfe und Management. Fortbildung und Beratung im Kontext von Personal- und Organisationsentwicklung, München 1992

Wöhrle, A. (Hrsg.): Profession und Wissenschaft Sozialer Arbeit. Positionen in einer Phase der generellen Neuverortung und Spezifika in den neuen Bundesländern, Pfaffenweiler 1998

Wöhrle, A.: Grundlagen des Managements in der Sozialwirtschaft, BadenBaden 2003

Wöhrle, A.: Expandierendes Sozialmanagement ohne theoretische Grundlegung, S. 101 ff, in: Kolhoff / Beck / Engelhardt / Hege / Sandmann: Zwischen Ökonomie und sozialer Verantwortung, Augsburg 2005a

Wöhrle, A.: Den Wandel managen. Organisationen analysieren und entwickeln, Baden-Baden 2005b

Zimmer, A. / Nährlich, S.: Zur volkswirtschaftlichen Bedeutung der Sozialwirtschaft, S. 64 ff, in: Arnold / Maelicke 1998

Die Autoren

Prof. Dr. Wolf Rainer Wendt

Dipl.-Psychologe, seit 1972 Leiter der Abteilung Sozialpädagogische Heime im Stuttgarter Jugendamt. Von 1978 bis zu seiner Emeritierung Professor und Studienleiter des Ausbildungsbereichs Sozialwesen der Berufsakademie Stuttgart. Vorsitzender der Deutschen Gesellschaft für Sozialarbeit seit 1993. Seit Anfang 2004 Honorarprofessor am Institut für Erziehungswissenschaft / Abteilung Sozialpädagogik der Universität Tübingen.

Prof. Dr. rer. soc. Armin Wöhrle

Industriekaufmann, Dipl.-Sozialarbeiter (FH), Dipl. Pädagoge (Uni), Professur mit den Schwerpunkten Sozialmanagement, Projektentwicklung und Beratung im Fachbereich Soziale Arbeit an der Hochschule Mittweida (FH), praktisch tätiger Organisationsberater, Vorsitzender des Fachausschusses Sozialmanagement im Hochschulverbund Distance Learning (HDL) seit 1997.